U0031480

國家的決斷

給台灣人看的二戰後國際關係史

張國城——著

The Decision of the State

目錄

推薦序
以史識為本、為國家決斷

張登及（臺灣大學政治學系教授）

以筆者所知，國城教授完全有能力直接去寫一本《國際關係史》。

目前臺灣市面上通行的中文版國際關係史不是較早版本，或者專門用以幫助外交特考等考試（考用書），再就是西方名家的中譯作品。這些書自然各有優長，像是筆者與國城教授都熟悉的季辛吉《大外交》、《世界秩序》與米爾斯海默（John J. Mearsheimer）的《大國政治的悲劇》，都是視角獨到，雅俗共賞的名著。但是獨到的作品總也有其視野，自然也有它的主要訴求和希望對話的對象。國城教授有感於國際知識對臺灣社會的重要，旗幟鮮明地率先撰寫「給臺灣人看的二戰後國際關係史」，更是使命感使然。筆者有幸比多數讀者先攬卷拜讀，其實更加期待日後作者能補上「二戰前」的故事。筆者還深信，國城教授說是「給臺灣人看」，這雖是對臺灣讀者的殷切期待，其實也是自謙之詞。他的業師米爾斯海默的名作，雖然帶著強烈的美國攻勢現實主義理論風格，卻歡迎全世界不同意見來切磋。筆者認為《國家的決斷》不止臺灣讀者值得一看，對想要瞭解島嶼人民思考與「決斷」的其他讀者來說，這也是呈現「決斷」選項需要的顯影圖和路徑圖。

國城教授兼備「治史」、「問學」與「經世」三長才，筆者又是有幸比讀者們更早知道，所以向各界推薦，自是有相當把握。

國城教授早在國中時期（就是本書處理的冷戰時期）就對國內外政治、經濟、軍事議題懷抱熱情與興趣。他也絕不是「躲進小樓成一統」的獨善之士，更有推己及人、經世致用的豪情。記得在臺灣大學就讀時，冷戰還未結束，但一眾富有傳統的學術社團都已為「蘇東波」（八〇年代末蘇聯東歐巨變）、「六四」亢奮不已而投身運動洪流，國城教授卻獨到地看出冷戰與蘇聯、社會主義問題必將是長期現象，不可能在人們淺薄的譏笑聲中憑空消失，非下苦功鑽研不可。本書冷戰、蘇聯、東歐、中國、美國各章的洞見，還有今日的世局，都是他當年遠略的見證。

筆者有幸追隨國城教授在蘇聯瓦解「前」，手創「臺大蘇聯與東歐事務學會」並籌備「中國大陸事務學會」兩個學術性社團，在條件艱難的情況下，研讀列寧著作並興辦學術研討，迄今也快三十年了，可說目睹了國城教授在國際關係史、國際共運史、中共黨史、國民黨史（其實就是作者也精通的中國史的一個局部）、二戰與國共戰爭史、社會主義理論、國際戰略與地緣政治等領域深厚素養的完成。筆者管見認為，分享國城教授懷抱的臺灣政治家與學者所在多有，但其中能通曉上面這些指引臺灣「決斷」最重要、最必要的學科或問題的青壯代以降臺灣學者，恐怕是屈指可數。

本書的優點除了來自作者本身不懈的努力和深厚的積澱，還有兩個重要的特色，值得特別提出。

第一是作者平衡「科普」與「學術」，在每一章節都提示「觀察重點」與「對臺灣的影響和啟示」。坦白說，如果要風雅一些，國城教授完全可以取法其業師。但或許（恕筆者揣測）部分國人閱讀風氣和習慣江河日下，已到了不提醒就不會畫重點的地步，逼使本書寫作上要偏向「群眾路線」。還為了兼具教戰守策的要求，作者只能工筆一點。

第二是作者雖然有堅定不移的價值關懷，卻能做到盡可能尊重「史實」，並在有限篇幅限制下，提供適當佐證的功夫。這在躁動不安的政經氣氛中，尤其不容易。因為環境越險峻、形勢變化越快，加上資訊時代圖文「資料」取得太容易，在知識領域已經形成反智、濫情的氛圍。作者堅持根據（能掌握的）史實去形成他獨立判斷得出的「史識」，從他評論美日看待戰後臺灣（與臺灣人民）的法律地位，分析邱吉爾、吉田茂在美蘇對峙中的巧思，介紹胡志明如何利用強權矛盾爭取弱勢方最大利益，考察美國為何力阻國民政府「反攻大陸」，針砭臺灣依賴美國的心理對國防戰略發展的限制，論證波蘭和匈牙利與歐盟衝突時國家主權的關鍵作用，凡此見識，非厚積薄發，不能為功。

但凡「史識」，總要以史實為本。有關凱撒或戈巴契夫的「史實」，必將持續湧出，永遠不可能讓一種「史識」獲得定論。國城教授堅持現實主義理論關於「國家」是國際政治主要行為者的大傳統，也理解國家是「認知」與「決斷」建構而成，「史識」更是如此。筆者衷心期待八旗出版社再接再厲，推出國城教授的《國際關係史》；並願以史識的追求，與國城教授和讀者共勉。

張登及

己亥年十月九日於臺灣大學介宙館

自序
一個台灣人的反思

張國城

台灣人到底有沒有國家？或者說，台灣到底是屬於哪一個國家？這在台灣一直是一個有爭議的話題。但是顯而易見的是，在二〇一九年時，台灣沒有辦法參與絕大多數以國家資格為會籍的國際組織，而且幾乎無法發展正常的國與國關係，也得不到世界上九成以上國家的承認。以台灣的人口、經濟規模和所處位置，這並不是正常狀況。而這種情況，並不是我們不去管它就可以假裝不存在，**因為導致這種困境的因素，嚴重影響台灣內部的政治發展與台灣人的政治選擇，這對台灣是有嚴重傷害的**。從醫學的角度來看，就像高血壓看似無明顯症狀，也不會立刻妨礙患者的正常生活，但不治療就會對人體器官功能造成永久傷害。因為它會改變器官正常的機轉。[1] **同樣的，在政治領域中，因應異常的環境所形成的權宜、不正常的應對方式，終究會對人民造成傷害。**

一個政治實體失去正常國家應有的國際地位，必然妨害它在全球化環境下住民的權益，尤其是它在安全遭到嚴重威脅的時候。其次，缺少國家身分會形成人民的迷思和錯誤認知，就如高血壓讓入球小動脈收縮和擴張會改變腎臟的功能，導致腎臟疾病的好發一樣。對正常人來說，有了高血壓就要治療。同樣的，建構正常國家地位對台灣的長遠發展也會有正面效用。當然眼下看起來台灣人沒有國家地位照樣衣食無憂，如同高血壓也不會造成立即生命危險一樣。

因為這種現況，台灣人對國際關係的現實有許許多多的認識謬誤，因此導致了許多謬論。這些謬誤的產生，最大原因就是對國際關係的原理原則、其他國家的決策邏輯，以及對台灣有影響的重大國際事件不夠了解，甚至是完全不了解，或者是有所了解，但是解讀有所偏差。**這些原因多半來自於台灣過去的政治氛圍，使得許多事實及背後的原因不能被太多人知道；或是因為台灣特殊的國際地位，以至於對於外交和國際事務需要產生特定的台式定義，以免激起民眾對當局政策的質疑；要不然就是出於無奈或無力，只好將主觀的想望當作應有的客觀分析，否則將難以生活。釐清這些謬論就是本書寫作的初心。**

因此，本書針對十多個重大的國際事件或進程予以詳細闡述，多數事件是一般人所聽過的。本書將先標示出本章裡「台灣人該注意的重點」，之後對史實作提綱挈領的介紹，最後再指出常見的盲點或誤解，以及台灣人可以從中得到的啟示。這些啟示很多並不是新資訊，有不少是形成台灣現況的重要歷史元素，筆者只是把它挖掘出來而已。當然，內容的篩選是以台灣為視角進行取捨。

在臺北醫學大學的教學生涯中，筆者經常要求同學要進行「反思」。就是先對上課內容做提綱挈領的紀錄，結合自己的經驗、過往所學或查找的資料形成自己的想法、論述（我怎麼想）；再分析這種想法和論述形成的原因（我為什麼會那樣想）；最後形成初步結論及可以提出的問題。在書寫本書的過程中，筆者最重要的反思是「**台灣錯過了太多機會**」。歷史上，台灣不是沒有機會獲得國家的地位（姑且不論名稱為何），但卻一再因為需要在國際上代表中國而放棄機會。譬如當年聯合國會籍的保衛戰以及是否接受在大會中「雙重代表權」的爭議。筆者長期以為外交就是戰爭，即使國際情勢不利於我方，也該以一切方式努力到最後一刻，甚至應當及早進行，因為當時美日早已直接表示支持，且再壞也不會更壞；但台灣一般常見的說法卻是「中共不會接受雙重代表權，因此我方接受也沒用」，或是「就算接受了雙重代表權，也會被中共驅逐」。事實上，這兩種說法都有重大盲點。**關於前者，台灣（或說中華民國）應該就自己的最大利益去思考，但多年來許多人的思維卻是不斷想自我琢磨出一個「自認為北京能接受的方法或說詞」，再以「這種方法或說詞」指導台灣的作為**（遠如雙重代表權、近如一九九〇年代的「邦聯」「國協」、再到「九二共識、一中各表」）**都是顯例**。後者則忽略了聯合國從來沒有授予任何一國驅逐其他會員的權力。而且縱使被驅逐，又何劣於後來的情況？總總不合理的推論指出的是，恐怕有其他的因素讓中華民國政府自己不想接受「雙重代表權」。

一個民族或一個地區要獲得獨立國家的地位，必須抓住國際體系發生重大變化的關鍵時刻。兩次世界大戰和蘇聯解體都具有此等規模的變化。和台灣直接相關的是二戰結束，但台灣依然選擇由外來力量所統治。到了今天，台灣因為沒有國家地位，因此在國際間幾乎沒有影響力，他國所需要和台灣打交道的事情多半僅止於該國國民與台灣之間的領事事務，以及經貿往來而已。台灣對於國際事務的參與，多數情況下也只能產生有利於台灣「形象」的作用。這些都和真正國家所需要的「外交」有很大的距離。因為，一個政治實體的良好「形象」充其量僅能讓他國在幫助它時增加一些道德信念、減少一些民意反對而已（還得是民意對外交作為有一定影響力的國家下才行），並不能對它的生存與安全必然產生正面作用。

筆者的第二個反思是台灣人受中國影響實在太深，但對中國其實又不甚了解，形成非常特異的現象。

第三是國家的地位對於居住在裡面的人實在太過重要，因為現代國際社會以國家為行為主體。國家地位帶給國民從事國際活動的正當性，這就是最大的保障之一。他國若歧視或對於我國國民不友好，我國也可對等處理。但是如果還處於追求被承認、期待加入國際組織的「準國家」地位，怎敢輕言得罪他國？有人或許會說，保障國民權益不能只靠有個國家空殼子，其他如軍事等等的硬實力比較重要。但事實上，國家地位本身就能對任何硬實力產生加成效果。因為國家可以和他國結盟，有些是白紙黑字的，如《美日安保條約》，有些則是議題性、臨時性或策略性的結盟。國家還可以在國際組織中和他國結盟。國家還可以利用人類社會中普遍存在的「同理心」，說服其他和我國實力與處境相類似的小國團結起來，對抗大國的威脅，因為建立起這樣的規範符合多數利益：「今日強權若不可以欺負我，明日也不可以欺負你。」這些在本書中都有實例說明。

第四個反思是台灣人通常將國家擬人化。然而事實上，根據格雷厄姆・艾利森（Graham T. Allison）在國際關係學經典《決策的本質：解析古巴飛彈危機》（*Essence of Decision: Explaining the Cuban Missile Crisis*）的研究，國家的決策幾乎都受到三個重要的決策模型——理性決策模型、組織行為模型和政府政治模型——的影響。本書雖不專門討論國際關係理論，但讀者在每一字句間都可找到國際關係理論運用的痕跡。

筆者從大學時代起即浸淫在國際關係的理論探討與當代政治研習之中，雖然也具備會計師專業資格，之後先後進入美國芝加哥大學政治系與澳洲新南威爾斯大學取得碩士與博士學位，在芝加哥期間有幸親炙於當代國際關係現實主義理論大師約翰・米爾斯海默（John Mearsheimer）教授的教導，為本書的撰寫奠定了知識上的基礎。返台後，筆者在北醫的所見所聞以及工作經驗，許多可以作為反思台灣國際處境的參考工具。此外，從一九九四年以來，筆者在政府許多單位的工作經驗，也對本書觀點的形成有很大幫助。

本書在寫作時參酌、引用了一些筆者所主持的科技部專題研究計畫的成果，包括兩項科技部的「人文社會科學經典譯注計畫」，除了上述艾利森教授的《決策的本質》之外，還有哈佛大學教授約瑟夫・奈伊（Joseph Nye）的《了解國際衝突：一項對歷史和理論的介紹》（*Understanding Global*

Conflict and Cooperation），非常感謝科技部當時的支助。筆者仿效艾利森在《決策的本質》寫作時的做法，就是找出具體的人物，試想以他們為寫作對象，希望本書能夠讓他們讀起來覺得不那麼枯燥，又能確實幫助他們對台灣現在面臨、或曾經面臨的外在挑戰有更深入、更理性的了解，同時請他們監督筆者對於「一些在台灣社會還有所爭議，但卻不能不談的國際事件」的觀點至少沒有邏輯上的錯誤。因此要謝謝游凱晶和林名仁兩位醫師對部分章節的試閱及寶貴意見。他們都是北醫的頂尖同學，幾乎上過筆者所有開過的課，「博學審問、多有妙悟」是對他們不虞的評價。汪浩先生是筆者的良師益友，對他學養的讚許在台灣已是多不勝數，本書許多內容受益於和他的討論以及他的著作。

由於本書的定位是一本適合台灣一般人閱讀的國際關係史，為了閱讀方便，對於歷史大事件的發生日期、重要歷史文獻和政府的官方宣示，原則上不特別引注來源。多數討論到的歷史事件始末也可在台灣讀者易於利用的公開來源（如網路、維基百科……）輕易找到，不是因為沒有外文的重要著作可以稽考，而是希望更多非專業出身的讀者對國際關係的理論、原理原則和事件能透過筆者淺顯的敘述順帶產生興趣，筆者就功德無量了。當然引用前也經筆者多方核實。然而因為筆者能力淺陋，外加寫作時間不長，恐怕仍有未臻完善之處，若有任何錯誤非常歡迎讀者提出；俾便於再版時修正。

前面說過台灣人對國際關係原理原則，以及台灣的對外關係歷史存有極多的謬論和迷思，這是

妨礙台灣人對政治及「國家」做出理性決斷的重大因素。而這些決斷終究會損及台灣人的命運，好比除了本態性高血壓外，還有可以找到原因，可以治癒的「次發性高血壓」。很多時候不刨根究底挖掘產生疾病的根本「原因」（有沒有腎動脈狹窄阻塞？有沒有腎上腺腫瘤等），卻只是治療「結果」（控制血壓），最後不但事倍功半，更不幸的是常常開錯藥方。日積月累之後，就算後來發現、找到真正的病因，也可能為時晚矣、回天乏術。[2]因此，誠如《左傳.子產論尹何為邑》所言，「心所謂危、亦以告也」。對於一個學國際關係的人來說，念茲在茲的就是探幽掘微，在千絲萬縷的複雜現象中發現真正的病因，予以揭露。這就是寫作本書的最大目的。

關於台灣的處置	對效力的質疑
➢ 表明台灣與澎湖應歸還給「中華民國」。	➢ 非正式合約，而屬聲明或新聞公報性質，沒有法律效力。 ➢ 宣言上沒有人簽字。 ➢ 日本沒有代表與會。
➢《開羅宣言》之條件必將實施，而日本之主權必將限於本州、北海道、九州、四國及吾人所決定之其他小島之內。	➢ 非正式合約
➢ 日本接受美、中、英三國政府首領於一九四五年七月二十六日在波茨坦所發表，其後又經蘇聯所加入之公告所列舉之條款。	
➢ 台灣將來的地位，必須等到太平洋安全的恢復，及對日本的和平條約成立後，或者聯合國予以考慮，才能確定。	➢ 杜魯門在同年一月五日曾說：「為實踐《開羅宣言》與《波茨坦公告》，台灣移交給蔣介石四年以來，美國及其他盟國均接受中國在台灣行使權力。
➢ 日本放棄對於台灣、澎湖群島以及南沙群島及西沙群島之一切權利，名義與要求。	➢ 沒有明言日本將台灣歸還給誰。
➢ 日本放棄對於台灣、澎湖群島以及南沙群島及西沙群島的一切權利、權利根據與要求。 ➢ 規定條約適用範圍的第一號照會中，雙方明言「本條約各條款，關於中華民國之一方，應適用於現在在中華民國政府控制下或將來在其控制下之全部領土。」	➢ 日方仍未明言放棄領土的歸屬。

表一：二戰結束後決定台灣歸屬的重要宣言與條約

名稱	參與者
開羅宣言 宣布：1943.11.23	蔣中正、羅斯福、邱吉爾
波茨坦宣言 宣布：1945.07.26	杜魯門、邱吉爾（杜魯門代為簽名）、蔣介石（授權杜魯門簽名以示同意）、史達林（事後簽署）
降伏文書 簽署：1945.09.02	重光葵、麥克阿瑟、徐永昌等
杜魯門宣言 發表：1950.06.27	杜魯門
舊金山和約 **（對日和約）** 簽署：1951.09.08 生效：1952.04.28	共48國簽約，但不包含中華民國或中華人民共和國代表
中日和約 **（台北和約）** 簽署：1952.04.28 生效：1952.08.05	葉公超、河田烈

重要內容與對台灣的影響

- 美國承諾保護中華民國的領土保全及政治安定，免於中國的武力攻擊或共產主義者的破壞活動。
- 美國將冷戰架構完全帶入台灣，不僅在軍事上協防中華民國，而且在政治上防止共產主義滲透台灣，並成功地阻止了中國進攻台灣，確立台海兩岸長期分裂分治局面迄今。
- 第六條規定「適用上，所謂「領土」及「領域」，中華民國是指台灣及澎湖諸島」，實質上形成了否定「台灣地位未定論」的作用。

- 雙方聲明，中（華人民共和國）美關係正常化符合兩國利益。
- 中國政府堅決反對任何旨在製造「一中一臺」、「一個中國、兩個政府」、「兩個中國」、「臺灣獨立」和鼓吹「臺灣地位未定」的活動。
- 美國政府「認識」(acknowledges)「在臺灣海峽兩邊的所有中國人都認為只有一個中國，臺灣是中國的一部分。美國政府對這一立場不提出異議。它重申它對由中國人自己和平解決臺灣問題的關心」。

- 美國首次「承認」(recognizes)「承認中華人民共和國政府是中國的唯一合法政府。」
- 美國人民將繼續與臺灣人民保持文化、商務和其他非官方關係。
- 美國政府「承認」(acknowledges) 中國的立場，即只有一個中國，臺灣是中國的一部分。

- 美國承認中華人民共和國政府是中國的唯一合法政府，並承認中國的立場，即只有一個中國，臺灣是中國的一部分。
- 美國政府非常重視與中國的關係，並重申無意侵犯中國的主權和領土完整，無意干涉中國的內政，也無意執行「兩個中國」或「一中一台」政策。美國政府理解並欣賞1979年1月1日中國發表的告臺灣同胞書和1981年9月30日中國提出的九點方針中所表明的中國爭取和平解決臺灣問題的政策。
- 美國政府聲明，向臺灣出售的武器在性能和數量上將不超過中美建交後近幾年供應的水平，並準備逐步減少對臺灣的武器出售，並經過一段時間導致最後的解決。

- 本法的目的在於「維持西太平洋地區的和平、安全及穩定」，並「授權繼續維持美國人民及臺灣人民間的商務、文化及其他各種關係，以促進美國外交政策的推行。」
- 美國政府表明「任何企圖以非和平方式來決定臺灣的前途之舉——包括使用經濟抵制及禁運手段在內，將被視為對西太平洋地區和平及安定的威脅，而為美國所嚴重關切」。
- 美國政府會「提供防禦性武器給臺灣人民」，並「維持美國的能力，以抵抗任何訴諸武力、或使用其他方式高壓手段，而危及臺灣人民安全及社會經濟制度的行動」。
- 美國政府重申「維護及促進所有臺灣人民的人權是美國的目標」

表二：美國對台重要條約、公報與法案

名稱	發生背景
中美共同防禦條約 簽訂：1952.12.02 生效：1955.03.03 中止：1980.01.01	➢ 1954年9月爆發第一次台海危機，中國解放軍對金門展開大規模砲擊，以「試探美國對我外圍島嶼協防之態度」 ➢ 在1954年9月8日的東南亞公約組織會議上，英國、法國、菲律賓和巴基斯坦等國因畏懼中國而反對中華民國加入，導致台灣無法接受集體安全的保障。
上海公報 宣布：1972.02.28	➢ 與蘇聯的冷戰對美國造成巨大的政治與經濟壓力，與北越的戰爭更在美國國內激起強烈的反戰聲浪。美國因此亟欲拉攏中國以對抗蘇聯，並解決越南問題。 ➢ 1972年2月21日尼克森訪問中國，為歷史上第一位訪問中國的美國總統。
建交公報 簽署：1979.01.01	➢ 美國與中華人民共和國正式建交。 ➢ 當時的中國國務院副總理鄧小平訪問美國前夕公布，加強了中華人民共和國在國際上的合法性。 ➢ 美國同時宣布與中華民國斷交，《中美共同防禦條約》同時廢除，協防台灣的美軍全部撤離。
八一七公報 發表：1982.08.17	➢《上海公報》和《建交公報》一直沒有有效解決美國對台灣的軍售問題。雙方只是闡明了各自的立場，未達成共識。 ➢ 雷根總統啟動冷戰升級，把蘇聯視為頭號目標，中華人民共和國的戰略重要性於是大幅提升。中方乃順勢要求美國解決台灣問題，特別是美國對台灣的軍售。
台灣關係法 生效：1979.01.01	➢ 中（華民國）與美斷交後，美國國會以國內法的形式制訂了《台灣關係法》，其精神承襲《中美共同防禦條約》，成為今日台灣的最大屏障。

註釋：以上中美三個聯合公報與《台灣關係法》的中英文內容皆採自美國在臺協會公布的「中美關係重要文件」，https://web-archive-2017.ait.org.tw/zh/taiwan-relations-act.html

1 第一章

第二次世界大戰的結束

本章觀察重點

二戰是如何結束的？
這種結束方式對台灣的影響？

開羅宣言、波茨坦宣言與日本投降

二次大戰結束的方式對世界和台灣的影響非常重大。主要是因為戰勝國對於戰後世局的安排、結束戰爭的方式，及戰時的各項條約文獻決定了戰後的國際秩序。同時也讓台灣的主權歸屬產生了變化。

二戰的主要戰場有四：蘇聯、歐洲、中國及太平洋。四個戰場的發展其實都對世局影響極大。直接與台灣有關的是中國戰場與太平洋戰場。

蘇聯戰場是戰鬥最激烈，投入兵力與傷亡最慘烈的戰場。一九四一年德國進攻蘇聯，初期勢若破竹，只用了約半年時間就幾乎攻抵莫斯科。之後蘇聯發動反攻，用了接近兩年時間才將德軍趕回到一九四一年發起攻擊的地方。德蘇戰爭讓蘇聯必須全力對德作戰，因此對於亞洲對日作戰保持中立態度，避免遭德日兩面夾攻。

事實上早在德義日三國結成三國軸心時，蘇聯就確定了「友日制德」方針。因此，一九四一年四月十三日，蘇聯人民委員會主席兼外交人民委員莫洛托夫（Vyacheslav Molotov）[1]與日本外相松岡洋右在莫斯科簽署了「日蘇中立條約」，條約有效期為五年，於同年四月二十五日起生效。

日蘇中立條約共有四款，主要內容包括日蘇雙方保持和平友好關係，相互尊重對方之領土完整，不予侵犯；如果締約一方成為第三者的戰爭對象，另一方應在整個衝突過程中保持中立。條約在形式上避免讓蘇聯和日本發生直接軍事衝突。對於蘇聯，避免了在東西兩面同時受到一九四〇年形成的軸心國對其可能的軍事進攻；日本所得到的好處就是讓蘇聯承認滿洲國，並且減緩了自一九三七年以來，對中國抗日戰爭所提供的巨額軍事援助。同時由於蘇聯保持中立，也讓日本得以在北方無虞的情況下，大膽發動了太平洋戰爭。

由於蘇聯中立，太平洋戰爭僅在最後幾天蘇聯才參加。這讓蘇聯無法實質參加戰後對日本（包括台灣）的軍事占領和政治安排。

歐洲是德國所在地，因此歐洲戰場是摧毀德國的最後決戰地。德國本土最後遭到美國、英國、蘇聯（次要的還有法國和加拿大）軍隊圍攻並徹底占領。由於德國實力最強，所以盟國為了處理對德作戰和戰後處理德國問題，召開了多次國際會議，這種情勢改變了歐洲的面貌、推動聯合國成立，也直接促動了冷戰的發生。

中國戰場則是太平洋戰爭的起源。一九〇一年八國聯軍攻入北京後，依《辛丑條約》約定，日本開始在華北駐軍。一九三一年，日本決定在侵占中國東北後製造政權，所以一九三二年三月九日在長春成立滿洲國，大舉增加在中國東北的駐軍；另外清廷被推翻後，駐華北日軍由「清國駐屯軍」改名「中國駐屯軍」，駐地就在北京近郊盧溝橋所在宛平城外。

當時日本政策是蠶食中國。滿洲國建立後，中國無力解決，所以一九三五年日本推動華北五省自治，十二月國民政府設立「冀察政務委員會」應對。一九三七年日本駐軍和中國軍隊發生衝突的蘆溝橋事變爆發，中日進入全面戰爭。一九四一年日本發動珍珠港事變之後，中國戰場成為二戰戰場的一部分。

中日戰爭爆發後，國軍曾經轟炸台灣，更重要的是中國開始起心動念收復台灣，終結《馬關條約》。也有台人離開台灣前往中國大陸協助國軍抗戰。中日戰爭激發了台灣人回歸中國、反抗日本殖民統治的意志。如果沒有中日戰爭，當時的中國無論主觀心態還是實際作為，是不會有收回台灣的主張和能力的。

太平洋戰爭則直接源於一九三七年開始的中日戰爭，由於日本為支持中日戰爭的需求，需要大量物資，但美國對其卻實行經濟制裁，斷絕其戰略物資的輸入。在需求大增但來源反而斷絕的情況下，日本決定發動戰爭，以武力奪取歐美在大洋洲的各殖民地所蘊藏的豐富資源。一九四一年十二月七日，日本在未宣戰的情況下轟炸美國太平洋海軍基地珍珠港，同時於西太平洋向馬來西亞（英國殖民地）、印尼（荷蘭殖民地）、緬甸（英國殖民地）和菲律賓（美屬自治領）進攻。[2]美國由此對日宣戰，加入同盟國陣營，而與日本同盟的納粹德國與義大利亦向美國宣戰。

二戰的經過不是本章篇幅所能涵蓋，簡單地說，在太平洋方面，由於日本的國力和科技與美國相差很大，雖然在戰爭初期得到相當的軍事勝利，但在開戰後不到半年，軍事情勢就開始轉而對美國有利。加上蘇聯戰場上蘇聯的表現，讓對蘇關係成為美國戰略思想的中心，讓美國總統羅斯福設想盟國戰勝的新世界，使過去全世界被歐洲古老帝國主宰的局面壽終正寢。二戰後，美、英、蘇、

1945年7月17日進行至8月2日的波茨坦會議，參與者包括英國首相艾德禮（Clement Attlee）、英國外交大臣貝文（Ernest Bevin）、蘇聯外交人民委員莫洛托夫、蘇共總書記史達林（白色制服者）、美國海軍五星上將李海（William D. Leahy），美國總統特使戴維斯（Joseph Davies）、美國國務卿伯恩斯（James Byrnes）與杜魯門。
（資料來源：維基百科）

中四國一起擔負維護世界和平的責任。

一九四三年十月，英美中蘇在莫斯科舉行四大國外長會談，這次會談確認了四大國聯合行動的重要性，之後美國、英國、蘇聯和中華民國簽署了四項宣言，包括《共同安全宣言》、《關於義大利宣言》、《關於奧地利宣言》和《關於暴行宣言》。宣言中確認四大國繼續對分別與之交戰的軸心國採取敵對行動，直到軸心國無條件投降為止，也就是不可以單獨談和。[3]

基於此一原則，莫斯科會議後一個月四大國領袖在開羅進行會議，之後舉行了開羅會議，簽訂了《開羅宣言》（Cairo Declaration）。[4]《開羅宣言》是同盟國基於戰爭勝利與軍事需要片面發表的政策性聲明，非正式條約。它的用語像戰時宣傳文件，而非法律文件。但之後的《波茨坦宣言》（Potsdam Declaration）表明將貫徹《開羅宣言》的立場，而日本在降書中表示接受《波茨坦宣言》。[5]

一九四五年二戰的結束已經在望，七月二十六日美國、英國和中國聯合發表《波茨坦宣言》，內容非常重要，因此全文摘錄如下：

> 第一，余等：美國總統、中華民國國民政府主席及英國首相代表余等億萬國民，業經會商，並同意對日本應予以一機會，以結束此次戰事。
>
> 第二，美國、英帝國及中國之龐大陸、海、空部隊，業已增強多倍，其由西方調來之軍隊及空軍，即將予日本以最後之打擊，彼等之武力受所有同盟國之決心之支持及鼓勵，對日作戰，不至其停止抵抗不止。
>
> 第三，德國無效果及無意義抵抗全世界激起之自由人之力量，所得之結果，彰彰在前，可為日本人民之殷鑒。此種力量當其對付抵抗之納粹時，不得不將德國人民全體之土地、工業及其生活方式摧殘殆盡。但現在集中對待日本之力量則較之更為龐大，不可衡量。吾等之軍力，加以吾人之堅決意志為後盾，若予以全部實施，必將使日本軍隊完全毀滅，無可逃遁，而日本之本土亦必終歸全部殘毀。

第四，現時業已到來，日本必須決定一途，其將繼續受其一意孤行計算錯誤，使日本帝國已陷於完全毀滅之境之軍人之統制，即或走向理智之路。

第五，以下為吾人之條件，吾人決不更改，亦無其他另一方式。猶豫遷延，更為吾人所不容許。

第六，欺騙及錯誤領導日本人民使其妄欲征服世界者之威權及勢力，必須永久剔除。蓋吾人堅持非將負責之窮兵黷武主義驅出世界，則和平安全及正義之新秩序勢不可能。

第七，直至如此之新秩序成立時，及直至日本製造戰爭之力量業已毀滅，有確定可信之證據時，日本領土經盟國之指定，必須占領，俾吾人在此陳述之基本目的得以完成。

第八，《開羅宣言》之條件必將實施，而日本之主權必將限於本州、北海道、九州、四國及吾人所決定之其他小島之內。

第九，日本軍隊在完全解除武裝以後，將被允許返其家鄉，得有和平及生產生活之機會。

第十，吾人無意奴役日本民族或消滅其國家，但對於戰罪人犯，包括虐待吾人俘虜在內，將處以法律之裁判，日本政府必須將阻止日本人民民主趨勢在內之復興及增強之所有障礙予以消除，言論、宗教及思想自由以及對於基本人權之重視必須成立。

第十一，日本將被允許維持其經濟所必需及可以償付貨物賠款之工業，但可以使其重新武裝作戰之工業不在其內。為此目的，可准其獲得原料，以別於統制原料，日本最後參加國際貿易關係當可准許。

第十二，上述目的達到及依據日本人民自由之意志成立一傾向和平及負責之政府後，同盟國占領軍隊當即撤退。

第十三，吾人通告日本政府立即宣布所有日本武裝部隊無條件投降，並對此種行動誠意實行予以適當之各項保證，除此一途，日本即將迅速完全毀滅。

《波茨坦宣言》雖然非正式條約，但對戰後對日的處置有指導性作用。包括《舊金山和約》、和平憲法和戰後日本的防衛政策都和《波茨坦宣言》第七到十三款的敘述直接有關。

二戰結束的直接原因在於日本投降。日本投降是因為美國在一九四五年八月六日和九日分別在廣島和長崎投下原子彈。八月十五日中午十二點，昭和天皇在錄音講話中首次向日本民眾發表《終戰詔書》，決定接受《波茨坦宣言》並無條件投降。一九四五年九月二日同盟國正式舉辦投降典禮，大日本帝國代表團共十一人登上停泊於東京灣的美國戰艦密蘇里號，並且於當天九時在戰艦甲板上簽署《降伏文書》。

同時，因為廣島和長崎的慘劇證實了核武的巨大破壞力，自此之後，一直到今天，核武成了影響國際情勢和軍事戰略的最重要因素。就當時來看，它是一種「不對稱」的武器，也就是一枚炸彈的破壞力相當於兩千架B29轟炸機的投彈量，因此立刻讓美國的陸海空軍戰略全部朝著因應核子時代之來臨發展。核武對世局以及台灣的影響，本書第十四章將詳述。

一九四五年九月，部署於中國近百萬名日軍部隊於南京市向同盟國中國戰區最高統帥蔣中正宣布投降。九月九日上午九時，中國陸軍總司令何應欽在南京陸軍總部（原黃埔軍校）大禮堂主持受降典禮，日本中國派遣軍總司令官岡村寧次大將在日本投降書上簽字。岡村寧次同時接受中國戰區最高統帥第一號命令，確認台灣所有一切陸海空軍及輔助部隊向蔣無條件投降，並服從蔣委員長及何應欽指揮。自此二戰在中國戰場算是完全結束。

《開羅宣言》的真假及法律地位一向充滿爭議。筆者認為《開羅宣言》雖為無人簽字的政策性聲明，不是正式條約，但同盟國和日本在戰後到《舊金山和約》簽定之前，都有接受其意旨的行為存在。而在《舊金山和約》裡，日本也明白承認放棄諸多領土，[6]這些領土不是只有台澎，包括千島群島等地。日本在和約中也沒有明講千島群島放棄給誰，結果是當時占領千島群島的蘇聯接收了千島群島的主權。目前日本官方已不再提及千島群島的主權歸屬，也就是承認俄羅斯擁有千島群島的主權，但仍對北方四島的主權表達立場，因為日本不承認北方四島屬於千島群島。所以，日本也經常在官方文件中提及《開羅宣言》，但主要是和北方四島主權有關。[7]

美軍一度計畫占領台灣

二戰由於結束於美國投下原子彈，因此台灣雖然屬於日本領土，但並未遭美軍直接攻擊，倖免於地面戰場的命運。若無投下原子彈，美國勢必進攻日本本土，台灣作為日本主要領土，恐怕難逃沖繩的命運。事實上，台灣作為日本領土，早在美軍軍事攻擊的計畫之中。一九四三年末，考量到占領台灣後的統治事務，美國海軍成立了台灣研究小組，進行對台調查與官員訓練計畫。一九四五年二月，美軍完成攻擊台灣的作戰計畫，另外麥克阿瑟計畫攻占呂宋作為備案，這就是攻台「堤路作戰計畫」（Operation Causeway）的濫觴。根據「堤路作戰計畫」，如果沒有必要進攻呂宋，就預定於一九四四年十二月十五日登陸，占領台灣的日期設定在一九四五年二月二十四日。要是決定必須攻占呂宋，台灣的作戰就延期。

美國占領台灣的目的包含建立基地轟炸日本本土、支持挺進中國、切斷日本的海空聯繫，確保美軍到中國沿海的海空聯繫，斷絕日本由台灣、及中國南部取得資源，同時對日本持續施加壓力。

美國海軍計劃先以優勢兵力奪取台灣制海、制空權，計劃一是占領澎湖，建立兩棲船團的泊地，再由台灣西海岸南、北兩端同時搶灘登陸，會師台中，完成全島占領。另外也有計畫是從南進攻，由第四兩棲軍（陸戰隊兩個師、陸軍一個步兵師）在高雄登陸、前進鳳山、掩護友軍。另外由陸軍第二十四軍（四個步兵師）在屏東登陸，攻取岡山機場，另外派出空降部隊搶攻恆春機場，最後夾攻高雄港作為兩棲船團的泊地。關於可以使用的部隊，亦經再三斟酌檢討，特遣部隊的指揮官亦經正式任命，出動兵力不斷修正，最後約二十四萬人，近千艘的各型艦艇和海軍官兵近十萬人，各型陸基作戰飛機和艦載機兩千架。

美軍進攻台灣的計畫後來因羅斯福裁定先攻打菲律賓而擱置。菲律賓被美軍攻占後，台灣被跳島戰術繞過，琉球成了下一個攻擊目標。美軍攻菲律賓而非台灣的原因在於政治因素，當時麥克阿瑟向羅斯福強烈表明美國對菲律賓人民有承諾，且攻打菲律賓會有當地游擊隊協助美軍。相形之下沒有證據顯示在台灣有組織性的抗日武裝能和美軍裡應外合，且台灣地形複雜、日本統治鞏固、經營確實，攻打台灣的傷亡恐怕非同小可。沖繩戰役之後美軍判斷攻台恐需傷亡二十萬人以上，因此決定不攻打台灣。[8]

美軍在進行攻台準備時，為了充分獲取情報，使中華民國的重要性大為提升。因為中華民國在一九四三年開始進行戰後重新在台灣行使主權的準備，積極收集台灣情報、培訓人員，所以成為美國情報合作的重要來源。美國對台灣「戰略地位」的關注，也從這時候開始。

日本與台灣脫離關係

二戰結束對台灣最大的影響，當然就是結束了日本在台灣的主權，迎來了中華民國的統治。日本統治給台灣建立了發展的基礎，而中華民國則是在這些基礎上繼續發展。

由於中華民國是二戰的戰勝國，因此台灣人普遍接受「台灣應該歸還中華民國」此一安排，「民族自決」並未成為主流。另一方面，由於日本是戰敗國，因此存在一種應該要服從同盟國的思維，因此對於少數主張台灣獨立者，日本總督府均予以壓制。

由於戰爭結束得很突然，台灣的日本政軍機關和統治體系還相當完整，因此各項生產設備、軍事武器和物資幾乎都完整地移交給中華民國。為了接受這麼一個完整的台灣，從中國大陸來了大量人士，對台灣戰後社會的衝擊非常劇烈。我們可以想像，如果二戰後期美軍曾大規模登陸台灣進行地面作戰，那麼戰後的台灣勢必不會如此完整地移交給中華民國，也不用接受那麼多來自中國大陸的軍政人員。這些人來到台灣之後占據高位，且由於二戰時中國本土遭受的嚴重損失，使得中華民國對台灣的管理在戰後很長一段時間著重於物資的接收和內運，對於台灣本地的財政、經濟和社會的發展並不關心。「人」與「物」的雙重因素形成了台灣人對大陸人極壞的觀感，是後來「二二八事件」發生的主因之一。

二戰中簽訂的諸多戰時政策文件或宣言，雖然國際法效力有疑義，但是由於出自於戰勝國，因此戰敗國的日本可說是奉命惟謹，沒有質疑其合法性。譬如許多人士認為台灣人在一九五二年《舊金山和約》簽訂前，法理上應該還是日本的國民，但實際狀況卻是從日本在降書簽字後，就急於退出台灣，完全不再承認台灣人仍是日本的國民。另一方面，當時日本狀況困窘，台灣人也不樂於繼續當日本人。

二戰中台灣人也有不少被日本徵兵參與二次大戰，許多人不幸陣亡，[9]但是由於日本政府不承認台灣人是日本人，戰後日本政府對這些人並未給予和日本本國士兵相同的待遇。日本政府堅持，因為台灣已經被中華民國統治，在不具有日本國籍身分的情況下，這些原台籍日本兵與軍屬（服務軍隊的文職人員，如挑夫、翻譯等等）不能與日本人等同享有由日本政府所訂之《恩給法》及《戰傷病者戰歿者遺族援護法》之權利。加上一九五二年《中日和約》簽訂後，日本認為對於台灣人民的義務已經隨著《中日和約》的簽訂而告一段落。直到一九七七年，「台灣前國軍退伍軍人及遺族協會」、「台日和平友好促進會」等五個台灣民間團體開始對日本政府要求補償金，包括當年的「軍事郵政儲金」、「簡易人壽保險金」以及「海外日本兵軍餉」等，迫使日本政府編列預算，於一九八七年九月十一日在眾議院、十八日在參議院相繼通過，支給台灣人原日本兵死亡及重傷者遺族《特別弔慰金支給法》，發放每位陣亡者遺族「弔慰金兩百萬日圓」。至於「原日本軍人軍眷之未付薪金」、「軍事郵政儲金」、「外地郵政儲金」、「簡易人壽保險金」、「郵政年金」等五項給付，則以最後金額的一百二十倍支付。

「盟軍代管論」於理不通

由於美國曾經計畫攻取台灣，因此對台灣的各項兵要地理、水文、社會狀況都詳盡調查。之後這些調查併同當時的作戰計畫，反而成為美國協防台灣的重要依據。而美國為了攻台而與中華民國政府進行的連繫，之後也成為戰後中華民國政府進入台灣時，美軍願意提供運輸的重要原因。這使得中華民國能夠快速接收台灣。

然而，二戰的正式結束是以《舊金山和約》的簽訂為準。在各國都同意《舊金山和約》之後，就等於和戰敗國日本化敵為友，所謂「盟軍」、「敵國」的分野和地位就已消失。因此在《舊金山和約》簽訂後，美國隨即結束對日本的占領。這也是和約簽訂後戰勝國必須履行的義務，這也有促使戰敗國趕快配合戰勝國所提條件，以求趕快簽訂和約的用意在。

因此今天若有人還在聲稱台灣仍處於盟軍占領或代管之下，[10]和國際法的基本原則是有所出入的。筆者認為也不能再以這種二戰時兩大陣營的戰略，去要求今天的國家還要去確認或履行。若干人士認為台灣是由美國交給中華民國代管，但沒有任何正式書面文獻證實這種意圖的出現，而且二戰中盟軍對戰敗國土地的代管幾乎也在和約簽訂之後陸續結束。且盟軍或美國若自己有管理的意圖，沒有不能自己出面管理台灣、而非得委諸中華民國代管的必要。琉球和朝鮮半島南部就是最好的例子。美國代管朝鮮半島至一九四八年，琉球直到一九七〇年。兩地都曾是日本領土，美軍也未攻擊朝鮮半島南部，一樣可自行進行管理。因此盟國之一的中華民國出現在台灣並實施統治，可以視為盟國有「將台灣主權轉移給中華民國」而非「僅委託中華民國代管」的意圖存在。

但是中國內戰全面爆發之後，隨著國民政府節節敗退，中共席捲中國的態勢越來越明朗，美國不欲台灣落入中共政權之手，但眼看著中共就要取得整個中國的控制權，因此趕緊將台灣從中國在法理上分離出來，不承認中國對台灣有主權，是當時防止台灣被赤化的第一步。所以「台灣地位未定論」乃隨之出現。另外，美國也曾經遊說孫立人反對蔣中正的統治，在美方支持下另立政權；不過孫無意為之，因此未能成功。

再說，就算台灣處於盟軍代管之下，代管本身也不意味著主權的移轉。美國管理琉球但從未否定琉球群島的主權屬於日本。日本在《舊金山和約》中也沒有放棄琉球群島，即使在美軍政時期，在琉球出生的人也是日本國民，而從未因其出生在美國管理期而獲得美國國籍。

二戰結束前，美國對於西太平洋的軍事行動，也改變了台灣人的生活。雖然未直接進攻，美軍對台灣的猛烈轟炸讓台灣的鐵路、港口及工業生產設施受到相當程度的毀壞。這些毀壞連同二戰後台灣對中國內戰的支援，導致了二戰後相當長的一段時間，台灣生活水準較之二戰時期為低。這和蘇聯占領的德國東部地區有些類似。

台灣住民接受中華民國的統治

關於二戰的結束，台灣最常出現的誤解就是中華民國「光復」台灣這件事。嚴格的說，當時是由中華民國主持在台灣的日軍受降事宜，並由中華民國代表盟軍管理台灣。這和當時越南北部的情況類似，只不過在越南北部有了在地的反抗力量——胡志明的越南民主同盟（越盟），要求中華民國和其他外國一樣盡快退出越南。但台灣是歡迎國民政府軍進駐的，並且願意接受中華民國對台灣的安排，包括劃定行政區域、派遣官吏、接收財產和舉行選舉。雖然其他的同盟國對這些處置有不同意見，但沒有任何一國具體反對或阻止。

台灣人也積極以戰勝國，即中華民國的一分子自居。一九四五年就有台籍代表赴中華民國首都南京參與日本受降典禮。台灣人民踴躍參與的也是中華民國的選舉，而非日本的選舉。而日本也自動停止了對台灣的主權，例如台灣人的日本國籍遭日本政府否認。因此旅居日本的台灣人都自動被歸為外僑，日本各項選舉台灣人也沒有投票權。一九四六年舉行第一屆國民大會代表選舉，台灣依據《中華民國憲法》規定，選出國民大會代表二十七名。另外立法委員、監察委員和考試委員也都有台籍人士出任。

這些都使二戰後的台灣自外於當時民族自決的浪潮以外，因為住民的意願明顯是服從中華民國的統治。雖然英國偶爾提出異議，但是因為英國在台灣沒有顯著的戰略利益（二戰後英國在亞洲最重要的戰略考量是確保香港不被北京併吞。詳見第七章），而且中華民國統治台灣並無損英國在這一地區的其他利益，因此英國也無意去阻止中華民國對台灣的統治。

二戰結束對台灣的另一項影響就是中國人大量來到台灣。現在很多人可能不太清楚，並不是一九四九年之後中國人才開始來到台灣，而是從一九四五年之後，為了接收在台灣的日本資產和管理台灣，中華民國政府就陸續派遣大批人員來台。一九四八年國共內戰情勢逆轉之後，來台人員更多，到一九四八年已達二十萬人以上。而許多日本賠償中華民國的物資，也直接運來台灣。這雖然和從台灣運往中國大陸支援內戰的物資數量不能相比，但也是二戰結束對台灣的影響之一。

2 第二章

戰後日本、中國和台灣的三邊關係

本章觀察重點

戰後中國、日本和台灣的關係其性質如何？
《中日和約》簽訂的過程？《中日和約》對台灣的定位？
台灣與日本的經貿互動？

日本在兩個中國之間的取捨

日本戰敗投降後，在一九四五年九月二日於美國軍艦密蘇里號上簽訂降書，律定「余等茲為天皇、日本國政府、及其繼續者，承約切實履行《波茨坦宣言》之條款，發布為實施宣言之聯合國最高司令官，及其他特派聯合國代表要求之一切命令，且實施一切措置。」之後，日本成為戰敗國，而中華民國成為戰勝國，日本和中國的關係就直接影響台灣了。

首先是根據《開羅宣言》及《波茨坦宣言》，台灣應當歸屬中華民國。但是也有說法認為，該兩文件僅為同盟國的單方面宣示，沒有確定台灣地位的法律效力。實際上，日本完全將台灣的一切移交給中華民國，其他同盟國在台灣的權益完全為中華民國所占有。原則上，關於台灣的法律歸屬，以及受法律歸屬規範的各項安排，都應該透過對日和約才有合法性，然而對日和約的簽訂主要由美國所操控，而美國對日本政治有單獨改造的意願，在日本被改造為民主國家前，美國並不急於簽訂和約。

事實上，這也是一九四五年八月二日由美國、英國、蘇聯簽署的《波茨坦協定》（**Potsdam Agreement**，與七月二十六日由美、英、中簽署、處理戰後日本問題的《波茨坦宣言》不一樣）的精神，該文指出「同盟國將占領和管理德國，並劃定臨時性的德波邊界為奧德河／尼斯河線。根據《波茲坦協定》一・三・一款之規定：該協定將是臨時性的，當一個足夠能達成此目的的德國政府建立後，一個對德和約將最終取代該協定。」而《最終解決德國問題條約》（The Treaty on the Final Settlement With Respect to Germany）遲到一九九〇年，兩德統一之後才簽訂。

對此，中華民國當然沒有置喙的餘地。一九四七年十月二十六日，外交部長王世杰在東京發表談話，表達中華民國的官方立場是：「對日和約，中國將堅持保留四強否決權，中日未來關係，須視日本黷武主義是否掃除而定。」這段話和美國當時的宗旨是一致的。

日本戰後最大內政問題是如何應付美軍的占領。這時候日本政府雖然在被占領中，仍然維持了金融自主，保有發行貨幣的全權，沒有讓美軍發行軍票，並且維持了政府、國會和天皇的運作，比起德國完全被毀，由四國分區占領的情況可以說強太多。因此，也還有讓日本政府獨立思考外交議題的空間。最大的外交議題當然是趕緊簽訂和約，結束占領恢復獨立自主的地位。其次，是收回為蘇軍占領的千島群島南部（日本稱北方四島）。

《波茨坦宣言》規定，在對日和約簽訂之後，占領日本即可結束。但是和約究竟如何簽訂、包含哪些條款、何時簽訂，主要取決於美國。但中華民國因為身為戰時的四大盟國之一，也有若干發言權（雖然很少出聲），日本方面不願生事，所以在一九四五至一九四九年間對中華民國是採取恭順的態度，但對於四大盟國中的另一大國蘇聯，因為戰後美蘇對立已表面化，日本考量美國的態度，不對蘇聯而對中華民國表達親善。這對中華民國在台灣的統治意外地產生了影響；很多人士主張在一九五二年簽訂《舊金山和約》前，台灣人仍是日本人，但在日本官方的實務上是完全不承認

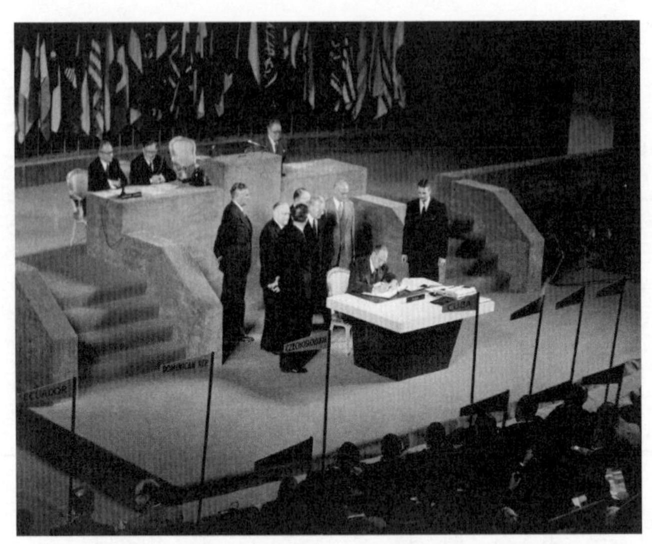

1951年9月8日，《舊金山和約》由美國國務卿艾奇遜與日本首相吉田茂簽署完成。圖中簽約者為艾奇遜。
（資料來源：維基百科）

的。但對於北方四島和琉球，居住於該島的人始終被承認是日本國民。

一九五〇年九月十一日，美國國務卿杜勒斯（John Foster Dulles）制定了「對日媾和七原則」，第二款第三項指出台灣、澎湖、庫頁島南部和千島群島的地位，交由四大盟國決定，和約生效後一年內不能決定時，交由聯合國大會決定。這對日本是有利的，因為四大盟國就當時狀況，很難達成一致決定。若提交聯合國大會，因為當時多數會員國站在美國那一邊，在決議中否定蘇聯的占領現況是有可能的。蘇聯因此拒絕參加舊金山和會作為抗議。也就是說，就法理上來講，蘇聯（俄羅斯）是唯一目前仍對日本存在二戰時的「盟軍」地位的國家。如果現在還有哪一塊日本戰時的領土還需處於「盟軍」代管之下，則唯一還能主張這種權益的是尚未與日本簽訂和約的戰勝國蘇聯（俄羅斯）。

韓戰爆發後，美國二戰時的盟友蘇聯成了敵人，而敵人日本則成了具戰略重要性的盟友。美國為趕快結束亞洲的二戰狀態，決定盡快推動對日和約的簽訂。中國作為四大盟國之一，理應出席和會，但已經出現兩個以中國為名的政權，所以該由誰來代表就成了大問題。因為美國堅決反對一九四九年成立的中華人民共和國參加舊金山和會，而英國為了避免得罪中華人民共和國以保證香港的安全，以及維持中英間的貿易，極力反對台北的中華民國參加，因此陷入僵局。由於當時遠東委員會[1]的成員只有美國和菲律賓支持中華民國，而且半數以上的會員國表示如果台北作為中國代表簽約，他們將不在《舊金山和約》上簽字。這樣一來和會等於破局。美國乃和英國協商，最後英國表示不反對美國向日本提議與台北之間簽訂雙邊和約，但英國堅持應由日本自己選擇哪一個中國。這對日本有莫大助益。

最後，美國接受英國要求。《舊金山和約》簽訂之後，美國擔心日本和中華人民共和國簽訂和約，因此要求日本趕緊和台北當局簽訂和約。日本當然看得出這中間有取利的機會，一九五一年十月，日本首相吉田茂在國會發表演說時就指出：「日本將必須從一個現實主義的民主國家的立場決定是否承認中華人民共和國。目前，政府正在考慮同哪個國家開啟貿易關係以及在上海設立商務辦事處的問題。」

吉田茂的談話讓美國認為事態嚴重，決定以參議院的反對作為武器。因為《舊金山和約》生效

吉田茂，日本政治家，二戰前強力反對日本與英國、美國作戰，二戰後分別於1946至1947、1948至1954年擔任日本首相。他立場親美，與駐日盟軍總司令麥克阿瑟交好，並完成了《舊金山和約》的簽署。1964年吉田茂訪台與蔣中正多次晤談，並發表《中共對策要綱案》。2008年擔任首相的麻生太郎為其外孫。
（資料來源：維基百科）

的關鍵在於取得美國參議院出席參議員投票的三分之二以上的贊成票，美國參議院堅持一定要等到日本政府在與哪一個中國政府談判媾和有明確態度後，方舉行投票。一九五一年十二月十三日，杜勒斯與吉田茂開始正式會談。會談中吉田茂仍不肯作出與台灣當局進行媾和談判的明確承諾，反而對杜勒斯說：「中國問題用武力是解決不了的。自由世界各國應該擴大和中國的接觸，使共產黨控制下的人民感受到自由世界國家的自由氣氛。由於日本與中國同文同種，它比美英兩國更能實現上述目的。」

在美國的壓力之下，一九五一年十二月二十四日，吉田茂致函杜勒斯，被稱為第一次《吉田書簡》。[2]主要內容包括：第一，日本政府希望與鄰邦中國建立全面的政治和平及通商關係，準備與中華民國國民政府締結恢復正常關係的條約；第二，該條約適用於中華民國現在控制或將來進入其控制下的一切領土；第三，日本政府無意與中共政權簽訂雙邊條約，並將遵照聯合國決議對中共政權採取措施；第四，中蘇同盟實際上是針對日本的軍事同盟；第五，中共支持圖謀以暴力推翻日本憲法制度及現今政府的日本共產黨。這等於是一份日本戰後對中政策的白皮書。

一九五二年一月十六日，日本政府公布《吉田書簡》內容。一月十八日，中華民國外交部長葉公超發表聲明稱「對日媾和應從速實現」，「中國政府現準備隨時與日本政府開始商洽，使和約早觀其成」。一月二十一日，吉田茂派遣元老政治家河田烈擔任談判代表。二月九日，葉公超約見日本駐台海外事務所所長木村四郎七，要求日本政府儘快派代表來台進行和談，又會見美國駐中華民國代辦藍欽（Karl Rankin）表示「正依照《舊金山和約》大致相同之條款準備雙邊和約草稿」，要求美國政府「視需要情形隨時居間斡旋」，重申《中日和約》應在《舊金山和約》生效之前予以簽署。顯然，中華民國當時並沒有戰勝國逼令戰敗國簽訂和約的威風，反而還得等到《吉田書簡》發布才能開啟談判，且處處希望美國協助。事後證明美國根本不聞不問。

河田烈來台之後，雙方開始進行和約談判，但一開始就不順利。首先是日本方面原本不想承認來台和中華民國談的是「和平條約」，而是「友好條約」，這還是暗合《吉田書簡》中日本要簽訂的是「兩國政府間正常關係的條約」，隱含不承認中華民國是戰勝國之意，也是討好英國。因為當時的英國就軍事和經濟實力上仍是世界大國（世界第三個核武國家），聯合國安理會裡它有否決權，在東亞仍有龐大的影響力（印度、緬甸、馬來亞、澳洲和紐西蘭），全世界更有許多殖民地，還有大英國協的領導地位。日本在戰後要重返國際社會並發展經貿、輸入原料，需要和英國維持良好關係。

其次是條約的適用範圍，因為美日都認為台北的中華民國已經對中國大陸失去控制，因此無法在中國大陸執行和約條款。這其實也暗藏「兩個中國」的含義——美國早在《吉田書簡》發表以前，就希望中華民國對和約中「適用範圍」盡速與美國政府商定，因為台北政府和日本簽訂的「適用範圍」如果包括中國大陸，不但實際上無法履行，而已經控制大陸的中共可能節外生枝要求日本和中共談判，傾向於日本該跟中共談判的英國可能見縫插針，這是美國所不願意見到的。日本則是不想讓與台北政府所訂的和約中有涉及需要在中國大陸執行的條款，以免約束了未來和中共政權可能簽訂的任何條約和協定。

經過六十八天的談判，《中華民國與日本國間和平條約》於一九五二年四月二十八日簽訂，八月五日生效。台北方面爭取到《和平條約》四字，彌補了《舊金山和約》中未能作為中國代表出席與日本簽訂和約的遺憾。因此在條約的適用範圍上，順應了日本的要求，沒有出現在和約正文，僅由「日本國全權代表致中華民國全權代表照會照會第一號」附帶說明：「關於本日簽訂之日本國與中華民國間和平條約，本代表謹代表本國政府提及貴我雙方所成立之了解，即：本約各條款，關於中華民國之一方，應適用於現在在中華民國政府控制下或將來在其控制下之全部領土。」此外，第七條「中華民國與日本國願儘速商訂一項條約或協定，藉以將兩國貿易、航業及其他商務關係，置於穩定與友好之基礎上」、第八條「中華民國與日本國願儘速商訂一項關於民用航空運輸之協定」、與第九條「中華民國與日本國願儘速締結一項為規範或限制捕魚、及保存暨開發公海漁業之協定」，**這些條款的適用範圍都全部不及中國大陸。**[3]

關於台北當局最關切的台灣主權歸屬，和約第二條規定「茲承認依照公曆一千九百五十一年九月八日在美利堅合眾國金山市簽訂之對日和平條約（以下簡稱《金山和約》）第二條，日本國業已放棄對於台灣及澎湖群島以及南沙群島及西沙群島之一切權利、權利名義與要求。」但是第十條規定「就本約而言，中華民國國民，應認為包括依照中華民國在台灣及澎湖所已施行，或將來可能施行之法律規章而具有中國國籍之一切台灣及澎湖居民，及前屬台灣及澎湖之居民及其後裔；中華民國法人，應認為包括依照中華民國在台灣及澎湖所已施行，或將來可能施行之法律規章所登記之一切法人。」然後在議定書第二項（子）款又規定：「中華民國之船舶，應認為包括依照中華民國在台灣及澎湖所已施行或將來可能施行之法律規章所登記之一切船舶；中華民國之產品應認為包括發源於台灣及澎湖之一切產品。」[4]中華民國政府的官方立場從此認定日本已經將台灣和澎湖的主權移交給中華民國。因此，日本換得了豁免賠償。議定書第一項（乙）款規定「為對日本人民表示寬大與友好之意起見，中華民國自動放棄根據金山和約第十四條甲項第一款日本國所應供應之服務之利益。」**筆者則認為，合理的說法是日本默認台灣屬於中華民國，至少承認了中華民國對台灣的治理。**

台灣與日本的經濟互動

日本在一九七二年之前，承認台北當局是中國唯一合法政府，但並不否定中華人民共和國的國家地位。一九六二年，日本政府允許中共在東京設立LT辦事處，以「中日友好協會」會長廖承志和高碕達之助兩人之英文姓氏之首為名，負責商貿往來和民間交流。一九七一年，第三十一屆世界桌球錦標賽在日本名古屋舉行，日本政府批准中國大陸桌球運動員入境參加世界桌球大賽。在這一時期，日本和中華人民共和國已經有國與國之間的往來。也就是說，實務上日本是採取某種形式的「兩個中國」政策。日本高層政要公開訪中，與中華人民共和國簽訂貿易協定，都比之後與台灣的關係高調許多。這一點令台北方面非常不快，但在當時國際情勢之下，中華民國需要日本在政治和經濟上的支援，在形勢比人弱的情況下不得不忍耐。

在經濟上，台灣非常需要日本的市場，也需要日本的資金和技術。戰後台日經濟關係正式開始於一九五〇年九月六日簽訂的「台日貿易協定」（全稱是「台灣與被占領之日本間的貿易協定」），因為當時日本仍處於美軍占領之下，因此日台貿易協定形式上是由台灣省政府與美軍占領當局「盟軍最高司令官總司令部」（Supreme Commander of the Allied Powers General Headquarters，簡稱GHQ）簽訂的。一九五〇年五月二十四日，「台灣生產管理委員會」副主任委員尹仲容、台灣銀行總經理瞿荊洲等人前往日本東京，與GHQ就重啟日台貿易活動進行洽商，歷時三個月，完成

「日台貿易協定」中有關貿易協定、財務協定、貿易計畫及償欠換文四大部分的磋商。原則上它是屬於一個以貨易貨的貿易協定，不過雙方貨物均以美元計價，設立專戶以記帳方式進行，雙方出口對方的貨物總值互抵後再結算差額，這對當時都缺乏外匯以直接進行交易的台日兩國來說是非常實用的，和現在的自由貿易有很大的差別。

《舊金山和約》簽訂後，日本政府恢復完整主權，決定和台灣重新簽訂貿易條約以取代「台日貿易協定」。雙方簽訂了「中華民國與日本國間貿易與付款辦法」自一九五三年四月一日起開始實施，至一九六一年九月三十日為止，前後約為九年。

「中華民國與日本國間貿易與付款辦法」包括付款辦法和貿易計畫等，大體以「台日貿易協定」為藍本，付款辦法仍依照以前的專戶記帳方式，貿易計畫則由雙方提出每一年度的貿易計畫，而日台雙方的進出口商品「至少應達到貿易計畫內規定之數量」，同時「雙方政府對於該項貿易計畫內所規定之貨物及服務之購買與銷售均將儘量予以便利，現有對於貿易貨幣及其他方面之管制，凡其結果可能限制貿易者，均將儘量設法予以放寬」。可以說是一種鼓勵貿易的辦法。

在一九五〇至六〇年代台灣對日出口主要是農產品，自日本進口的主要是機械設備等工業產品，日本對台灣的進出口貿易總額一九五〇年為七千五百多萬美元，一九五六年為一億兩千三百多萬美元，一九六〇年為一億六千五百多萬美元。從台灣對日出口額所占出口總額的比例來看，一九五一年為百分之四十八點三，一九五五年為百分之六十六點六，一九五九年仍為百分之四十點七。

在整個一九五〇年代台灣出口的將近一半依賴對日出口。進入六〇年代台灣對日出口有所減少，一九六三年為百分之三十三點一，一九六五年為百分之三十一點一，仍占對外出口的首位。由此可見，台灣對日出口的依賴度始終極高。

一九六〇年代之後，台灣的出口貿易形態開始逐漸轉型，即開始進入「自日本綜合商社訂貨，引進日本方面的機器設備、中間原料和技術等，在島內進行加工裝配成最終產品後，再經由日本綜合商社出口至美國市場」，確立了日本至台灣、台灣至美國的三角形加工出口貿易體系。[5]一九六四年自美國的進口額占台灣進口總額的比重為百分之三十二點五，自日本的進口額占百分之三十四點八，日本超過美國成為台灣的第一大進口供應國。

一九七〇年代以前，日本對台灣的重要性僅次於美國。除了維持邦交以確立國民黨政府合法性外，中華民國還需要日本協助遊說其他國家在聯合國支持台北的中國代表權。此外，也需要日本壓制在日台灣人的台獨活動。在當時多位台籍台獨政治犯（如陳智雄、柳文卿）自日本被遣返台灣，對台獨運動是極大打擊。而且自一九六五年起日本開始取代美國的角色，對台灣也施以經濟援助，包括低利貸款、技術轉移等。

一九六〇年代以後，日本開始長期大量出超，與歐美不斷發生貿易摩擦。因此，六〇年代末期美國就對傾銷至美國市場的日本紡織品、電子產品逐步設定配額限制。[6]為緩解與美國的貿易摩擦，避開美國的配額限制等貿易壁壘，日本開始調整對台投資策略目標，即利用台灣的低成本和較優惠的貿易待遇突破美國的限制，將勞動力密集型工序轉到台灣進行。[7]日本首先提供技術樣品和中間產品，直接在台灣加工裝配至成品，再以台灣產品的標籤，最終出口至美國。[8]

然而，台日間的貿易不時受到當時已經開始的中日貿易所影響。西元一九六三年八月二十日，日本池田勇人內閣通過由日本倉敷縲縈公司，向中國出售一套製造維尼龍工廠整廠設備，價格為兩千萬美元。其中立即付款部分僅五百萬美元，其餘一千五百萬美元由日本進出口銀行貸款，准由中方分五年分期支付，年息六分。這座工廠的生產能力為每天生產人造纖維三十噸。

中華民國政府立刻向日本政府提出嚴重抗議，但未能阻止。為了表示對日本政府的不滿，於九月二十一日召還駐日大使張厲生。當倉敷工廠案尚未解決之時，池田又在國會發言，主張「兩個中國」，並稱我國為「蔣政權」，稱中共為「中華人民共和國」。十月又發生了「周鴻慶事件」。當時中共派往日本的代表團團員周鴻慶前往中華民國駐日本大使館尋求政治庇護，池田內閣卻將其遣返中國大陸。

為此，中華民國與日本的關係出現危機。日本考量整體情勢，池田決定請已退休的吉田茂於一九六四年二月二十三日來台，在停留五天中三度晉見蔣中正，長談並面呈池田首相親筆函。吉田茂回日後，總統府祕書長張群，將吉田與蔣中正三次會談紀錄和總結，亦即《中共對策要綱案》，於三月四日寄給吉田茂。要綱包括下列五點：

第一，欲使大陸六億民眾與自由國家和平共存，並與自由國家擴大貿易，對世界和平與繁榮有所貢獻，必須解放現在共產主義控制下之中國大陸民眾，使其參加自由國家陣營是為至要。

第二，基於上述之目的，日本、中華民國應具體提攜合作，實現兩國之和平與繁榮，向中國大陸之民眾顯示自由主義制度之楷模，藉使大陸民眾離棄共產主義政權，誘導中國民眾將共產主義自大陸驅逐。

第三，中華民國政府根據中國大陸內部之情勢及其他世界局勢之變化，以客觀的判斷，認為七分政治、三分軍事之大陸反攻政策確能成功時，日本不反對反攻大陸，並予以精神上、道義上之支持。

第四，日本反對所謂兩個中國之構想。

第五，日本與中國大陸之貿易，以民間貿易為限，日本政府之政策，應慎重避免給予對中國大陸經濟援助之支持。

這份文件可以說是中華民國對日本與中華人民共和國之間貿易現實的一種妥協和承認，日本則以道義上的支持交換。四月四日，吉田茂覆函張群，表示對要綱毫無異議，為了避免刺激中共，該覆函由吉田而非池田具名。但日本另外向台方表示該函是由日本外務省起草，經池田首相核定後才由吉田具名，等於政府間之公文。此函即所謂的第二次《吉田書簡》。這件事情也是當時台日中三角關係的具體縮影；中華民國只求維繫面子，對於日本和中華人民共和國之間的關係發展，雖然反對但無力改變。

周恩來「以商圍政」促成中日建交

中華人民共和國成立之後，就將恢復對日關係視為外交上僅次於對蘇外交的頭等大事。毛澤東和周恩來都極其重視對日關係，中共當時的立場一是反對《中日和約》，主因當然是此約無疑確認台北當局是中國唯一合法政府。但是北京當時並無足夠實力要求日本改變簽約對象，因此中方的政策是聯合日本的左派，把這份和約詮釋為是日本受美國宰制下的產物，而非指責日本違反一個中國原則。大體上這一策略相當成功。第二是爭取日本好感，因此中共也採取和台北方面類似的「以德報怨」原則，對於日本的戰爭責任和相關戰犯，採取了相當寬大的態度。

第三是開展貿易。一九五二年四月，周恩來親自決策，決定讓參加莫斯科國際經濟會議的中國代表與日本代表接觸，向他們主動發出訪華邀請。日本代表立即決定應邀訪華。一九五二年六月一日，簽訂了《第一次中日民間貿易協定》。當時這個貿易協定的往返金額為三千萬英鎊（即，每方購入與售出的金額各為三千萬英鎊），以貨易貨，用英鎊計價。協議按當時雙方供求關係的輕重程度，將對方出口貨單分為甲、乙、丙三類，規定同類相換。中國主要輸出煤、大豆、棉花等礦產品、農產品；日本主要輸出紫銅、鋼材、紡織機器、農業機械等工業產品。

一九五三年四月九日，雙方又簽訂了《第二次中日民間貿易協定》。一九五四年八月十九日，中共釋放了四百一十七名日本戰犯。同年九月十一日，日本民間財經界成立「日本國際貿易促進協會」，作為促進中日貿易的中心機關。一九五五年五月四日，中日雙方再簽訂《第三次中日民間貿易協定》，十二月五日，日本「日中漁業協議會」與中國「中日漁業協會」成立協定。一九五六年十月六日，日本在北京舉行「第一次日本商品展覽會」。

一九五七年四月十五日，中共開始在每年春、秋兩季舉行「中國出口商品交易會」，日本商社每次參加所成立的交易額，達到每年中日貿易的百分之三十至四十。七月十六日，日本政府發表放寬對中共貿易的禁止品項。一九五八年三月五日，《第四次中日民間貿易協定》簽訂。七月七日，中共提出「中日關係政治三原則」，要求日本政府停止反華言行、停止製造「兩個中國」及不再阻撓與中華人民共和國關係正常化。

一九六〇年六月，岸信介下台。七月，池田勇人繼任日本首相後，改變了岸信介內閣一貫追隨美國、敵視中國的態度，在對華關係中表現了更多的自主傾向，部分調整了日本的對華政策。池田特別對發展中日貿易感興趣。一九六〇年八月二十七日，周恩來提出了中國對日本的貿易方針：一、中日兩國任何協定，包括貿易、漁業、郵政、航運等必須由雙方政府締結；二、在兩國政府一時不能締結協定時，兩國可以做買賣。日本的企業可以和中國某個公司談判簽訂民間契約，做定期生意，也可以把短期契約變成比較長期的契約；三、對於中斷貿易後依靠中國原料謀生而造成嚴重困難的日本中小企業，中國方面可以個別給予照顧。這就是著名的「中日貿易三原則」。

一九六一年一月，池田撤銷了日中間易貨貿易的制度，改變了日本方面過去強行規定的日中間進出口物資必須同等數量的制度。

一九六一年六月二日，中共為了在日本產業界造成親中的政治目的，對於中共表示友好的數十家日本企業，特別指定為「友好商社」，准許他們與中國方面單獨進行特權貿易。具體辦法是：凡是願意遵循「中日貿易三原則」的企業，可以向日中貿易促進會、日本國際貿易促進協會、日中友好協會提出申請，經上述機構向中國國際貿易促進委員會推薦，再由後者承認日本這些企業為「友好商社」，它們就可以直接與中國各貿易公司聯繫，進行貿易商談，簽訂民間貿易契約。中國提出貿易三原則後一年多，日本就有包括大公司、大銀行在內的一百八十一家企業與中國簽訂了貿易契約。此外，中國國際貿易促進委員會還邀請日本友好企業來華參加廣交會，洽談貿易，使中日貿易日漸擴大。另一個辦法是：用議定書形式將中日關係政治三原則、貿易三原則、政治經濟不可分原則確定下來。

一九六二年十一月九日，雙方貿易代表簽訂了「關於中日長期總合貿易的備忘錄」，每年協定一年的貿易數量。中國的目的是要「以商圍政」，擴大中日貿易領域，由此激起日本經濟界向日本政府要求改善中日關係的積極性，加大「以民促官」的力度。在周恩來的決定下，中國主動在外貿方面對日本經濟界作了讓步，取消了一些限制措施，與日本許多企業建立了更加廣泛的貿易關係。同時，不僅繼續同日本各友好公司打交道以支持日本中小企業和進步友好人士，而且也同日本大企業做買賣。這樣做既發展了中日貿易，也促使日本中小企業和日本一部分大企業集團向日本政府施壓改善中日關係。一九六二年十二月二十七日，雙方簽署了《中國國際貿易促進委員會和日中貿易促進會、日本國際貿易促進協會、日本國際貿易促進協會關西本部議定書》。

一九六二年九月，池田專派自民黨元老松村謙三訪華，與周恩來確認貿易備忘錄的重要內容，所謂「備忘錄貿易」，就是中日貿易由雙方有名望的個人來擔保，這種「個人」是不具政府官員身分，但具有元老地位並對政府決策有很大實際影響的人。松村謙三推薦由日本前通商產業大臣、自民黨國會議員高碕達之助擔任日方代表，另行訪華，與「中日友好協會」會長廖承志商定具體方案，達成備忘錄貿易。十一月九日，中日雙方達成《中日長期綜合貿易備忘錄》，廖承志和高碕達之助在備忘錄上簽字。從《中日長期綜合貿易備忘錄》的內容看，它的特點包括：

第一，這是由中日兩國政府支持的貿易備忘錄。廖承志和高碕達之助實際上是各自政府的代表。而且，備忘錄還規定兩國政府要按備忘錄方式簽訂的有關協定給予保證。因此，它實質上是兩國政府間的一項協定。

第二，備忘錄使中日貿易納入了長期、穩定的軌道。規定以五年為一個貿易時期。從貿易種類上看，它規定了綜合貿易的性質和品種，並且打破了甲甲交換、乙乙交換的框架，使雙方交易餘地擴大。因此它實際上突破了西方國家禁止對中國貿易的《巴黎統籌協定》的限制。

第三，它不限於經濟領域。它是在中日雙方確認政治三原則、貿易三原則、政治經濟不可分原則基礎上達成的。

第四，備忘錄開了中國從西方引進新技術的先河。以此為開端，中國不斷從中日貿易中引進新技術、進口成套設備。對於提高中國的技術水平，起了很大作用。

第五，備忘錄以日本政府的支持為背景，實行分期付款的結算方法，並由生產單位之間直接交涉，簽訂長期貿易合同，這使兩國貿易界對中日貿易更加關心。而且，此前中日雙方簽訂的友好貿易議定書仍然有效，這樣就形成了中日貿易「民間」與「半官方」兩個管道。

第六，備忘錄由雙方常設組織機構加以保證。

一九七二年二月，尼克森旋風訪中，與周恩來簽訂《上海公報》，舉世譁然。一九七二年七月七日，田中角榮上台，表示要積極推進日中關係、來中國謝罪，並盡快和中華人民共和國恢復邦交。周恩來表達歡迎，並且投桃報李，七月十六日，他針對日本社會黨副委員長佐佐木更三轉來田中首相關於打算來華謝罪的話表示：「不要講什麼謝罪的話了。現在日本新政府離過去發動侵略的日本軍國主義已經相當遠了。」周恩來還主動向田中發出了訪華邀請。七月二十七日，周恩來會見日本公明黨執行委員長竹入義勝時表示：「只要日本政府承認中華人民共和國為唯一合法政府，中日之間一切問題都好解決。」九月二十九日，在北京人民大會堂上，日本首相田中角榮、外相大平正芳與周恩來、中共外長姬鵬飛在《中華人民共和國政府和日本國政府聯合聲明》上簽字。[9]

關於台灣問題，雙方在《中日國交正常化共同聲明》的第三項明言：「中華人民共和國政府，重新表明台灣是中華人民共和國領土的不可分的一部分。日本政府，對於中華人民共和國的這個立場表示十分理解並尊重。」日本則以此換得了中共放棄對日索賠的實質利益。

而在台灣方面，當九月二十九日中日雙方發表共同聲明正式建交後，中華民國政府也立即發表嚴正聲明，以「漢賊不兩立」的原則，與日本政府斷絕國交。不過，由於台灣和日本之間的經濟貿易關係極為密不可分，因此，當憤怒的情緒趨於和緩之後，雙方便同意互相交換名目上的「民間」機關（實際上由政府人員或其代理人負責辦理），而繼續維持這種除了外交事項以外的經貿文化等關係。

在日本方面，這個「民間」機關叫做「財團法人交流協會」（已更名為「日本台灣交流協會」），於一九七二年十二月一日設於東京，在台北市及高雄市各設有辦事處。台灣的這個「民間」

機關叫做「亞東關係協會」，於一九七二年十二月二日設於台北，而在東京、大阪各有辦事處，另外在福岡則有分處。這種變相的兩國關係被稱為「日本模式」，後來美國與中共建交時，便是仿效這種模式處理與台灣的關係。[10]

《中日和約》有將台灣交給中華民國嗎？

台灣社會上最大的爭議就是「《中日和約》有將台灣交給中華民國嗎？」因為若這問題的答案是「沒有」，中華民國在台灣行使主權就有問題，這樣就更增加了台灣獨立的法理基礎。探討《中日和約》的文字，並未明確如此規範，但也很難做出相反的論述。此外，台灣對日本仍然具備相當的重要性，日本不能不和台灣往來，但要和台灣往來，不可能繞過或忽視實際統治台灣的中華民國政府。因此筆者認為日本的態度是「默認」或「不挑戰」。

另一個問題是《中日和約》對日本戰爭責任的問題。台灣長期以來對於日本存有「不道歉」的印象。然而，有關戰爭的相關責任應該在和約中就已經明白釐清。和約中未揭載的責任及義務，原則上不能再行要求。

一九九〇年代以來，日本外務大臣以上層級的官員，公開對二戰侵略表示道歉的次數，截至二〇一九年八月為止超過三十次。日本雖未做出明白對中華民國的道歉，但作為投降方，也很難說日本有違反國際法上戰敗國應負義務的行為。

條約的重要性

台灣人一定要了解國際法上的條約，意義和效力到底在哪。首先，國際法上的條約等於國際上的法律，是對各國約束能力最強的規範。[11]從日本和兩岸之間的關係演變史，我們可以清楚發現條約是非常重要的。簽約主體的地位、條約的名稱和內容同等重要。條約強調什麼，忽略什麼，對之後的外交關係有直接指導的作用。

其次，條約文字都非常嚴謹。凡是未明言表達出來的，都視同是「故意不表達或省略」。第三就是條約該如何制定。一般來說都是透過談判之後簽約，但也有在他國的暗示、宣言或要求下去簽訂的。

台灣人還需要從這段歷史中反思的就是日本對台灣的地位究竟如何處理。由於日本是戰敗國，因此戰後的外交必須受限於戰勝國。對日本來說，主要需要配合的戰勝國是美國和英國。英國從二十世紀之後，就對日本的外交影響極大。一九〇二年英國和日本訂定「英日同盟」[12]。基於英日同盟，日本攻打德國在中國山東的殖民地是以戰爭方式履行同盟義務。在之後的太平洋戰爭中，日本和英國反目成仇，日軍攻打英國的領土（馬來亞、緬甸），事實上日本發動太平洋戰爭是要侵奪英國的領土，但為了順利奪取必須排除美國的障礙，因此才偷襲珍珠港。因此戰後日本對英國有負罪的心理。

很多人士認為美國是太平洋戰爭的主要戰勝國，但事實上它的權益和英國是一樣的，不存在美國可以單方面處理的重要事務。而英國在二戰後也收回了在戰前的所有領土，所獲還大過美國。當然之後陸續獨立是另一段故事了。

日本戰後的中國政策，在一九七二年之前可以說是不具名的「兩個中國」政策。這是受到英國的影響，但這也讓它可以左右逢源，得到條件相對良好的和約。而恢復完整獨立國家地位後再處理對兩個中國的和約，雖然不是它刻意的操作，但無心插柳柳成蔭。這點和英國的堅持不讓中華民國參與《舊金山和約》簽訂有直接關係。之後日本對中貿易的蓬勃，也和日本不將台灣明白交給中華民國有關；中共認為這至少代表日本無意介入台海問題。

二〇一〇年一月十四日，日本駐台代表今井正表示，日本已於《舊金山和約》放棄台灣，因而無立場認定台灣歸屬。二〇一二年三月九日，日本首相野田佳彥答覆參議員山谷惠里子，稱日本政府在《舊金山和約》第二條中，業已放棄對台灣的所有領土權利、權利名義、請求，而台灣歸屬何國，「日本沒有獨自認定的立場」。

過去中國拉攏日本的手段，用在今天的台灣

筆者對一九七二年之前中日貿易發展的進程之所以用較多篇幅說明，**是因為從對日關係的歷程，我們可以發現，這其實和之後中國發展對台關係是同樣的邏輯**，中國當時利用了幾個因素。第一是日本有和中國友好交往的願望，這是政治障礙打斷不了的。其次，日本企業界有自身的利益。通過中日貿易，日本企業能為自己的產品找到廣闊的市場，因此許多日本企業成為中日友好的推動者。第三，中國的國際地位日益提高。

至於中國的手段，包括以下七種：

第一，先在日本找到和自己立場相近的政黨（當時是日本社會黨），先建立對話管道，再給一些好處和便利，逐漸吸引執政黨自民黨內較為親中的人士進來。由點到線到面，最終影響執政領袖；

第二，「以民促官」，在官方關係尚未建立之前，不拘泥形式，先以「民間協定」方式，製造事實；

第三，在協定簽訂之後給予若干「讓利」。先給某些企業好處，吸引更多企業加入，也讓「民間協定」因需要處理、涵蓋的對象與事項越來越多之後，簽訂更多「民間協定」就成了

必然之舉；

第四，逐漸在「民間協定」中，強調政治原則；

第五，尋找日方重量級人士擔任白手套，實際上是各自政府的代表。而且，白手套人士簽訂的文件還規定兩國政府要按備忘錄方式簽訂的有關協定給予保證。因此，它實質上是兩國政府間的一項協定；

第六、雙方相互設立機構。在初期可先以白手套人士為名義主持人。台灣和中國之後分別以辜振甫、汪道涵各自擔任「民間」性質的海基會、海協會主持人，正是完全相同的模式；

第七，到了已經出現龐大的、具有依賴性的利益階層之後，外交政策的改變就水到渠成。

美日經貿體系帶來台灣經濟蓬勃發展

關於中國這些手法，日本方面當然也不是不知道，但是日本是一個獨立國家，和中國來往沒有損害主權獨立的問題，中國的目的也只是希望日本承認中華人民共和國為中國唯一合法政府，並與台灣斷交。事實上，從吉田茂時代日本人就注意到一件事，就是德國因為歐洲經濟的整合，和鄰國迅速去除了貿易壁壘，因此復興比日本快速。而日本和最大的鄰國，即中國，卻因為冷戰架構和美國的限制，不能夠自由貿易。因此他決定採取「政經分離」方針。到了一九六〇年代，日本強力支持中華民國在聯合國裡的中國代表權之戰，出錢出力，給足了美國和台北面子，另一方面又和中國大陸貿易日益蓬勃，基本未受美國牽制，並且在與中華人民共和國的建交過程中，因為從一九五〇年代的政經分離和對中貿易中獲得了中方很大的信任，因此豁免了二戰賠償，取得了相當有利的條件。堪稱研究外交者不可忽視的重要範例。

另一方面，台日經貿關係的重要大過一般人的認知。美援讓台灣恢復經濟生產力，而對日經貿關係雖然讓日本賺足了錢，卻是讓台灣人的生產力得以發揚的關鍵。

現代國家是否能夠擺脫貧窮進而富裕，是否能發揮生產力是關鍵。人都是自利的，也沒有哪個國家人民不想過好日子，但是何以發展程度有雲泥之差，就和生產力是否發揮有直接關係。在日本／台灣／美國這種三角形加工出口體系中，日本居樞紐角色。雖然日本這麼做是為了其本身利益，但客觀上對當時台灣的經濟幫助非常大——因為台灣在這體系中的分工是提供加工的勞力，對日的進口雖然大量入超，但提供了大量工作機會，極有利於台灣民眾改善生活，脫貧走向小康，而且也有利於遏制左派的工運思潮。而美國則提供台灣商品出口市場，和日本的經營路線恰巧做了非常完美的結合。而日本從一九五〇到一九八〇年代的高度經濟成長，也讓其坐穩亞洲經濟龍頭的角色。

中華民國政府可說完全受惠於這種有利的國際經貿氛圍。傳統上台灣人常聽說在過去台灣商人「一卡皮箱走天下」，其實是一卡皮箱走美日。因為台灣的進出口在一九九〇年之前高度集中這兩國，並沒有那麼需要行走全世界。在解嚴以前，台灣人在國際上的待遇也遠不如今日，當時被稱為

「國際孤兒」，要進入很多國家的簽證是相當費事的，對外也遠比今日封閉，和共產國家或和我無邦交的第三世界國家甚至完全不能來往。因為整合入美日經貿體系，才使台灣經濟得以在如此封閉的情況下能夠快速發展。當然，也因為這種經濟體系的影響，台灣缺乏建立包含上中下游完整工業體系的誘因。

關於日本對台灣的政治定位，則以一九七二年為分水嶺，之前和之後有相當不同的變化。這和日本二戰後的國家大戰略有關。

3 第三章

美國對歐亞戰後重建的援助

本章觀察重點

二戰後美國做了哪些援助？
為什麼要從事這些援助？
這些援助是如何進行的？

不只給魚還給釣竿的馬歇爾計畫

美國的援助最有名的就是「馬歇爾計畫」。它最初並不是一個完整的構想，但正式名稱應該是「歐洲復興計畫」（European Recovery Program）的馬歇爾計畫，卻是自二次世界大戰以來美國外交史上最成功的舉措。

馬歇爾計畫的產生首先是戰時歐洲大陸的嚴重破壞，在一九四六至一九四七年冬天又酷寒，造成歐洲國家民不聊生、百廢待興的生活狀況。這種破壞雖然是二次大戰的結果，但是美國對德國和德國占領區實施的無差別戰略轟炸也有一定責任。

第二是「杜魯門主義」（Truman Doctrine）的模糊。杜魯門主義明確表示要幫助希臘和土耳其對抗蘇聯的壓力，後來蘇聯雖然未繼續赤化兩國，但美國仍認為「杜魯門主義」傳達的訊號不夠具體，對歐洲的援助不夠。美國認為要協助歐洲或任何地方對抗共產主義，就是要讓當地人民繁榮富足。人民如果繁榮富足，或者至少是有希望實現繁榮富足，就不會支持共產主義。

其次，二次大戰雖然結束了，歐洲仍然充滿戰時累積下來的仇恨，美國認為如果能在歐洲消除產生納粹法西斯和二十世紀的其他衝突的根源——極權主義和經濟蕭條——那麼因此而出現的繁榮可能會緩解民族主義的競爭，防止未來的武裝衝突，美國可能就不必再次介入到未來的歐洲戰爭。[1]

此外，美國國務卿馬歇爾在一九四七年三月至四月為解決德國未來的問題專門舉行的莫斯科外長會議（Moscow Conference of Foreign Minister）中，了解到蘇聯和美國對於戰後歐洲的處理南轅北轍。美國決策者的想法部分來自羅斯福時代對兩次世界大戰和大蕭條的起因的理解：階級仇恨、貧窮、落後和絕望。因此，在二戰結束後，美國的目標是建立一個使一般人民繁榮富足的戰後世界。然而，蘇聯則認為必須嚴厲報復德國，才能再次阻止戰爭在歐洲發生。德國之所以可以對蘇聯造成那麼大的破壞，是因為德國的工業生產能力。因此徹底得箝制德國的經濟才能夠讓蘇聯不至於再遭受德國的威脅。

經歷了許多討論和一些臨時性援助後，眼見東西方之間的緊張關係日益加劇，杜魯門終於簽署了國會法案，「歐洲復興計畫」正式產生。美國還新成立了一個稱為「經濟合作署」（Economic Cooperation Administration）的聯邦機構，負責管理此項計畫。

計畫確立時提出的首要目標是，截至一九五二年在西歐建立起「健康、不依賴大量外援的獨立經濟」。經濟歷史學家韋克斯勒（Immanuel Wexler）寫道：為了實現這一目標，「法案規定，此一『復興計畫』必須建立在四項具體努力的基礎之上：（一）努力發展生產；（二）擴大對外貿易；（三）實現並保持國內財政穩定；（四）發展歐洲各國之間的經濟合作。」[2]很多歐洲人原以為他們可以獲得一項大規模援助計畫，但美國並無意只援助物資。他們很快認識到，只有通過永久地改變歐洲經濟的結構才能實現上述目標。而這正是馬歇爾「治本而不治標」的原意。

為了應對這一挑戰，「歐洲經濟合作會議」很快演變成「歐洲經濟合作組織」（OEEC），[3]由比利時總理斯巴克（Paul-Henri Spaak）擔任主席。與此同時，美國駐每個參與國的大使館與所在國紛紛簽署了雙邊協定，協定明確規定了歐洲各國政府對新的經濟援助機構所承擔的義務，其中包括同意該機構有權在每個國家首都設立經濟合作署代表處，並成立正式委員會，溝通每個代表處與參與國政府之間的聯繫，以便監督專案的實施。

委員會最重要的任務是制訂有效使用新的「對等基金」（Counterpart Fund）的計畫。這是使馬歇爾計畫有別於其他傳統援助專案的最有力工具。這項基金是專為接受歐洲復興計畫提供的物資在當地銷售所得的利潤，而在每個國家銀行開設的帳戶。大部分的援助物資不像歐洲人所想像的那樣，完全免費或可以變為現金，**也就是說，美援物資不是白送的**。從美國運來的商品，在當地銷售給出價最高的公家或私人企業。銷售這些商品所得的資金不是回到美國人手中，而是被存入新的基金，用於支付重建和現代化建設的專案。這些專案由經濟合作署代表處和各個參與復興計畫的國家共同決定。[4]

與歐洲復興計畫針鋒相對的是蘇聯克里姆林宮成立的「共產黨與工人情報局」（Cominform），其任務是協調蘇聯領導下的各國共產黨的政治努力，和指導各個參與國內部的宣傳工作。當時，共產黨勢力領導著希臘的武裝叛亂，似乎有能力在義大利奪取政權，給法國帶來混亂，並有針對德國的具體行動計畫。波蘭和捷克相繼成立共產政權，[5]而此時的西方卻毫無作為，是冷戰為馬歇爾計畫提供了緊迫感和凝聚力。但是真正獲得歐洲國家歡迎的是馬歇爾計畫創造的經濟活力。**蘇聯也援助東歐國家，但不是協助其建立自由市場和能進行對外自由貿易的工業體系，因此蘇聯的援助完全成了負擔，埋下了最後東歐變天和蘇聯解體的原因。**

美國對日本經濟體的改造

美國在二戰後對日本是改造多於援助。「盟軍最高司令官總司令部」（GHQ）成立後，命令日本著手實行「經濟民主化」，依GHQ指令實行財閥解體政策，一九四六年四月四日，GHQ核准《控股公司整理委員會令》草案。一九四六年四月二十日，《控股公司整理委員會令》公布施行，日本政府籌備成立「控股公司整理委員會」。一九四六年六月三日，GHQ下令限制日本十大財閥家族的個人金融活動。一九四六年八月八日，控股公司整理委員會開始運作，命令被整肅的控股公司和財閥家族必須將持有的股票交由控股公司整理委員會處理。被整肅的控股公司和財閥家族上交持有股票，繳稅後公開出售，使得財閥家族失去股票與資本，各子公司間的控股關係瓦解，財閥趨於解體。

一九四七年日本政府頒布《禁止壟斷法》和《過度經濟力集中排除法》[6]，禁止卡特爾式商業壟斷，指定「經濟力過度集中」企業，命令其分散分拆，進而達到防止壟斷財團復活的目的。一九四八年二月，原本三井物產要被分拆為兩百多個公司，三菱商事要被分拆為一百三十九個公司。此外依照麥克阿瑟給予首相幣原喜重郎的指示獎勵成立工會。

在農業上，展開農地改革，一九四五年十二月頒布第一次《農地改革法》，又於次年十月頒布第二次《農地改革法》。按照法律，國家徵購被地主占有的土地，售給佃農和少地農民；成立市町村農地委員會。通過農地改革，自耕農人口急劇增長。

GHQ的財閥解體工作除了逼迫財閥出清持股之外，也驅逐他們在經營階層的地位。日本在戰後總共有三千六百名以上的工商界高階人士被迫辭職，他們空出來的職位，就由底下的年輕幹部依次填補。戰前，日本的企業大都掌握在高齡的資本家兼經營者手中，他們的經營心態保守，戰後的經營者不但年輕，而且由於本身不是資本家，因此即使是風險性頗高的事業，也敢勇於全力開創。戰後新一代經營者的這種特質，演變到後來，形成了所謂「日本式經營」的特徵，不僅以長期的眼光發展事業，更看重營收的成長甚於盈利的增加。這種以長期成長為導向的經營理念，對戰後再出發的日本經濟而言，可說相當適合。[7]

為了謀求經濟復興，戰後的日本農業改革從消費端開始入手，即抑制糧食價格。但是，如果抑制農產品價格，就會造成糧食產量下降，從而無法做到糧食增產。日本的做法是在將農地所有權交給佃耕農的同時，增加化肥、特別是硫酸銨的產量，這樣一來，儘管抑制了米價，但也做到了糧食增產。農民的收入增加，購買力增強，讓日本的經濟走入復甦進而起飛。

一年一億美元的對台援助

一九四八年，美國通過了《一九四八年援華法案》（China Aid Act of 1948），這是一九四八年四月二日美國國會通過的《對外援助法案》（Foreign Assistance Act）和《經濟合作法》合併案之一部分。援外法案本來用途是為了施行馬歇爾計畫，援華法案是計劃中的例外。其中，華是指亞洲的中華民國政府。另外，該法案原訂援助時間為一年。

《援華法案》分為兩部分，一部分為三億三千八百萬美金的經濟援助，用於進口美國的食品，棉花、石油、化肥、藥品，煤炭和金屬（但之後眾議院撥款委員會有所刪減）；另一部分為一億兩千五百萬美元特種捐贈（實際為軍事援助）。美中雙方約定在各自政府內部設立援助機構，監督、協商相關經濟援助的使用情況。另外，成立「鄉村復興聯合委員會」，幫助中國農村地區實現經濟復興。雙方還要簽署一個經濟合作協定，以促進中美之間的經貿往來。[8]

一九四八年七月，中華民國政府與美國政府在南京市簽定《中美經濟援助協定》，行政院設立行政院「美援運用委員會」（簡稱「美援會」）。但是由於國共內戰情勢逆轉，這些美援多半沒有落實。

一九四八年九月，美國宣布恢復援助中華民國在台灣的公營事業，首批援款為五百萬美元，分撥給台糖一百萬元、台鐵一百五十萬元及台電兩百五十萬元。之後到一九四九年為止，美國贈款約一千萬美元。

韓戰爆發後，美國再度宣布經援台灣八百五十萬美元，主要是糧食等大宗物資。

一九五一年，美國國會通過了《共同安全法》（Mutual Security Acts），將美國國會以前通過的《經濟合作法》）（一九四八）、《共同防禦援助法》（一九四九）和《國際開發法》（一九五〇）均包括在這個共同安全計畫之內。因此，它是美國在這一段時間內對外援助的法律依據。該安全法於一九六一年初由美國國會通過新的對外援助法案取代。之後美國對台援助主要根據此一法案進行。一九六三年九月，「美援會」改組為「行政院國際經濟合作發展委員會」（簡稱「經合會」）。

從一九五一年到一九六五年，中華民國大約每年自華府得到大約一億美元（當時幣值）的援助。[9]美援的內容除包括民生物資與戰略物資之外，也包括基礎建設所需的物資，例如建築道路、橋梁、堤壩、電廠及天然資源的開發等。這些支援對中華民國的貢獻無可比擬，因為當時中華民國根本無力購買和興建這些物資和設施。為有效運用美援，一九五八年由行政院副院長王雲五主持的行政改革委員會提出了一套改革建議，其中包括裁撤非法定機構和恢復建制單位權責的議案。美援運用委員會改組，成為一個綜合協調全盤財經政策的單位，其地位的重要性超過經濟部。

馬歇爾計畫雖然針對的是歐洲，但其精神直接指導著對台美援的運用。美援的直接助益包括以下幾點：第一，直接增加當時的物資供給：美援不僅是資本設備，甚至包括大宗物資（如糧食、醫藥等）。第二，平抑物價上漲的潛在壓力，因為美援的物資來到，增加供給自然平抑物價，促進

美國總統艾森豪於1960年6月18日訪問台灣時與總統蔣中正先生搭敞篷車前往圓山行館，途中接受熱情群眾歡迎。蔣總統夫婦親至松山機場迎接，艾森豪總統並於傍晚在總統府前廣場對上萬群眾發表演說。

（資料來源：維基百科。攝影：姚琢奇）

了台灣的整體經濟成長。第三，控制台灣二戰後的通貨膨脹，減緩了外匯短缺的困境。因為美援有相當部分是贈款和貸款，等於以美元充實新台幣的發行準備。[10]第四，促進中華民國政府的穩定與再一次的資本形成。[11]第五，促使中華民國政府改革內部組織架構及效率。

在對外貿易方面，在美援的幫助下，台灣在一九五三年開始推動第一個「四年經濟建設計劃」，此時工業發展的主要目標以供應國內市場為主，以取代進口，減少外匯支出。重點工業在紡織、食品加工、合板、肥料等。在經歷五〇年代的兩次的四年經建計劃之後，若干工業產品已足夠滿足國內市場需要，且漸有剩餘。因此美援會在一九五八到一九五九年間實施外匯貿易改革，由計畫型導向自由化。並且計畫建立「加工出口區」，引進各種加工業，奠定工業發展基礎，提供更多就業機會。

一九六〇年代以後，美援逐漸減少。為因應此一趨勢，台灣的工業發展重點乃以拓展外銷為主。繼一九六〇年制訂「獎勵投資條例」之外，為了降低投資者的管理成本，以便吸引僑外投資人來台投資，一九六五年開始營建高雄加工出口區，這是亞洲第一個加工出口區。一九六九年再設置楠梓與台中兩個加工出口區。從一九六〇年到一九七三年止，工業生產指數增加六點九倍，平均每年工業成長率達百分之十七。以國內生產淨額而言，一九六三年起，工業產值比例就超過農業產值比例。一九六八年起，製造業產值比例也超過農業產值比例，台灣已由農業經濟型態轉變為工業經濟型態。自一九六一年到一九七三年的十三年間，台灣的對外貿易呈現長期持續成長。一九七一年開始出現貿易出超，從此就步入了長期貿易出超的新經濟局面。

中華民國站穩腳跟的關鍵

台灣雖不是馬歇爾計畫的直接適用對象，但它的精神仍然主導了美國對外援助的實施，其宗旨不在於「援助物資」的多寡，而在於「營造環境」。這對之後美國對台灣的援助思維影響非常大。**美國除了對台灣進行實物援助之外，更重要的是協助台灣建立了一個基本適於經濟發展的環境。包**

括有節制的社會主義政策、鼓勵儲蓄和生產。計畫的四項基本原則——努力發展生產、擴大對外貿易、實現並保持國內財政穩定、發展經濟合作——都在台灣得到了實現。在整個五〇年代台灣電力設施固定資本形成毛額中，美援金額就占了一半。交通運輸固定資產（當時主要是鐵路）也全靠美援得以重建。

就財政而言，國府遷台初期，各級政府赤字達歲入的百分之十四點二，得到美援對財政直接協助後，一九五一年即降為百分之四點七，以後始終維持在百分之四以下。筆者認為，這才是中華民國能夠在台灣站穩腳步的主要原因。

很少人注意到的是中華民國政府對美國的「四項原則」並非完全照單全收。因為中華民國長期有「反攻大陸」的政策，但此一政策被美國所反對。原因除了美國害怕引起第三次世界大戰和美中（共）衝突之外，反攻大陸需要龐大的軍費，必然損害台灣的財政穩定。

一九五〇年爆發的韓戰使冷戰對抗進一步激化，因此美國在歐洲縮短了馬歇爾計畫實施的時間，並在很大程度上改變了其內容——原本的經濟援助部分轉為軍事援助，讓西歐以「共同安全」（Mutual Security）名義強化軍備。對台美援的到來與美國參加韓戰有直接關係。首先，美國援韓的軍品許多在戰爭結束後送往台灣；其次，美國認為共產主義的孳生源於人民的貧窮，因此讓人民生活水準改善是遏制共產主義的最主要方法。

當然，歐洲因為有北約組織成立，加上蘇聯威脅太大，因此美援也和軍援合為一體。美國國會在一九五〇年和一九五一年通過的馬歇爾計畫修正案裡，另外提供四億美元，幫助西歐在增加消費品生產的同時，增加防衛蘇聯威脅的國防軍工生產。因此各國普遍重建了國防工業。在二戰前，連荷蘭、比利時這樣的較小國家都有獨立的軍工生產體系，二戰時被德國占領當然終止了一切，在二戰結束後這個部分也是最不被重視的部分。但從一九五〇年代開始，美國認為為了加強北約，各國都應為這一總體目標做出更大的貢獻，並因此重建自己國家自二次大戰以來大大削弱的武裝力量。因此法國、義大利、荷蘭（後來還加上西德）都重建國內的國防工業，美國則授權它們製造北約國家的制式裝備（最有名的例子就是**F-104**戰鬥機）[12]，但是在台灣，美援以實體武器援助為主，並沒有積極協助中華民國建立軍工生產體系。

美國還協助中華民國進入世界經貿組織和體系。一九六六年成立的「亞洲開發銀行」（**Asian Development Bank**），總部設於菲律賓馬尼拉，為亞洲最主要的經濟發展機構，其下設有「亞洲開發基金」（**Asian Development Fund**）協助低度開發會員國消弭貧窮。亞銀現有六十七個會員國，中華民國係創始會員國之一，亦為亞洲開發基金捐助國。理事會為亞銀最高權力機構，二〇一九年時，我國現任理事為財政部長蘇建榮，副理事為中央銀行副總裁陳南光。[13]關於亞銀，第六章還有更詳細的討論。

美援的另一影響是促進台灣建立「重視對外貿易」的基本經濟發展模式。到了二〇一八年，台灣進出口貿易總值達六千兩百二十四億美元，占GDP（國民生產總值）居世界前列。這當然有貿易集中單一對象過高的問題。二〇一九年時，台灣的最大貿易夥伴是中國。二〇一六年台灣對中進出口貿易是一千五百七十六億美元，出超六百六十九億美元，二〇一七年是一千八百一十七億，出超七百八十六億美元，二〇一八年是一九三五億美元，出超八百三十一億美元。二〇一八年經濟部指出，就出口依存度（出口占GDP比重）觀察，二〇一七年我國出口依存度為百分之五十五點四，南韓為百分之三十七點五，中國大陸為百分之十八點五，日本、歐盟、美國介於百分之七至十五之間，都顯示台灣經濟發展仰賴出口之程度相對較高。然而，過於強調出口與順差，也是台灣重工業輕農業、不重視環境保護與新台幣幣值長期低估的原因。

戰後，台灣和日本都歷經土地改革，不過台灣是由中華民國政府執行，日本政府則是在盟軍管制下執行。[14]只不過日本政府沒有以債券、公營企業股票的方式徵收土地，而是以現金收購，允許農民分期三十年付款，同時提供年利百分之三點二的低息貸款給農民，並且強制壓制地價。一九四六年每一百五十公斤的稻米政府收購價是六百日圓，到了一九四七年，已經漲到一千九百日圓。在黑市，稻米價格還要更高。而且，政府在惡性通貨膨脹的情況下，仍然保持限定了土地的平均價格，即水田一町步七百六十圓，旱田四百五十日圓。日本未曾經歷過如二二八事件那樣在和平時期進行的對平民軍事鎮壓，因此，日本才堪稱是真正和平的「土地改革」。而日本在美國軍事管制之下，居然培養出左派壯大，高度社會主義色彩的政策和社會，影響一直持續到今天，也是非常獨特的歷史範例。

戰後台灣的左派思想消沉，一般人多認為是白色恐怖的嚴厲，衍生出「戒嚴保台說」。其實美援帶來的人民經濟生活改善恐怕才是台灣免於共產主義統治的主要原因。

4 第四章

日本的非軍事化與美日同盟

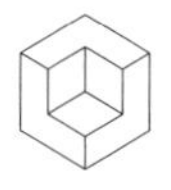

本章觀察的重點

何謂《憲法》第九條？軍事同盟的意義？
美日同盟的形成過程及內涵？它如何影響日本戰後的外交與國防政策？
對這一個區域的影響又是什麼？

棄絕戰爭的《憲法》第九條

不少台灣人知道日本有所謂《憲法》第九條，這是日本的「非軍事化」的最鮮明象徵。它始自二戰後同盟國軍事占領日本期間，設置了由同盟國組成的「遠東委員會」作為最高決策機構，主要的統治機關則為一九四五年十月二日成立的「盟軍最高司令官總司令部」（GHQ），並設有對日理事會作為總司令的諮詢機構。GHQ設置期間，對日本政府有絕對的指導權。進駐日本的盟軍以美軍為主，加上少部分以英國為首的大英國協占領軍組成。

占領軍進占日本後，第一項工作就是解除日軍的武裝。除了日本本國的軍隊以外，在亞洲各地的日軍也都就地放下了武器。在國際法上，投降的要件就是軍隊放下武器，因此開啟了日本非軍事化的第一步。

除了放下武器之外，GHQ也開始進行消除日本軍國主義的工作。一九四五年九月，日本軍隊與其所屬機關完全解散，並且陸續將東條英機等高級將領作為戰犯逮捕，之後有多人被處以絞刑。一九四六年一月四日，GHQ發出解散右翼團體及裁撤軍國主義頭目公職的指令，規定所有戰爭的「協助者」，一概從政界、經濟界、言論界的崗位上離開，結果約十二萬名舊政府公務員遭到「放逐」（解職）的命運。

美國的第三步是要將「非軍事化」入憲，成為基本的政治規範和文化。一九四六年二月，麥克阿瑟對日本新《憲法》指示三原則，包含限制皇權、棄絕戰爭、廢除封建制度，其中第二項棄絕戰爭要求「廢除發動國家主權之戰爭。日本放棄以戰爭解決紛爭、甚至保護自己安全為手段。其防衛與保護委由當前世界正推動國際和平之崇高理想，禁止設立陸海空三軍，並不賦予任何日本武力有交戰權」。由於根據當時統計，二戰期間日本軍民傷亡高達三百一十一萬人，因此這樣的條文並沒有遭到太大的反對，甚至存在一定程度的共識。

《日本憲法》第九條為目前《日本憲法》第二章「放棄戰爭」的主要內容，包括放棄戰爭、不維持戰力、不擁有交戰權。原文如下：

> 日本國民衷心謀求基於正義與秩序的國際和平，永遠放棄以國權發動的戰爭、武力威脅或武力行使作為解決國際爭端的手段。為達到前項目的，不保持陸海空軍及其他戰爭力量，不承認國家的交戰權。

《日本憲法》也因而得名「和平憲法」或「非戰憲法」。

共產勢力的興起與自衛隊的建立

一九四五年日本投降後，如前章所述，日本廢除了陸海空軍，並明定於《憲法》。由占領軍帶來的「民主」，出乎意外地讓「左派」力量強大起來。這點非軍事化導致的社會失序有加乘的作用。但是隨著美蘇的軍事對抗日益加劇，美國決定要為日本人帶來民主。但「日本民主的將來絕不可交到社會黨與共產黨的手裡」，於是一九四六年成立的吉田茂內閣很快就發表了「保持社會秩序」聲明，放任警察對「爭議勞動者」的逮捕。

一九四六年秋天日本爆發全國大罷工，在占領軍的策劃下政府隨即拋出《勞動關係調整法》，對罷工做出嚴格限制，與先前制訂的《工會法》發生明顯的衝突。占領軍司令部先是口頭要求罷工「自動終止」，工會置之不理，決定在一九四七年二月一日舉行更大規模的總罷工。麥克阿瑟親自下令禁止罷工。這次罷工讓占領軍當局意識到日本有「赤化」的可能性，同時警察不足以完全維持日本國內的秩序。

位於日本的美軍基地

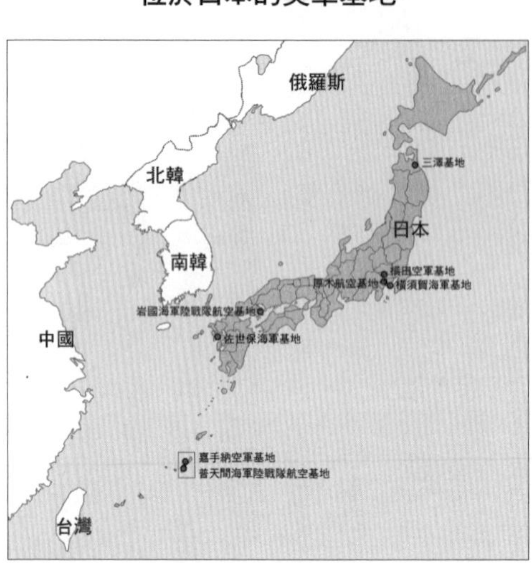

（資料來源：維基百科）

韓戰爆發後，美國擔憂無武裝的日本會成為共產主義的下一個侵略對象，因此在一九五〇年七月八日，麥克阿瑟向日本首相吉田茂遞交一份公函（通稱「麥克阿瑟書信」，在盟軍司令部正式紀錄中稱「Increase in Japanese Security Agencies」），要求日本組建一支編制四個師團、共七萬五千人的警察預備隊（National Police Reserve）。八月十日，日本政府以「波茲坦敕令」[1]的形式發布「警察預備隊令」（昭和二十五年政令第二六〇號）。此舉正式開始了日本的重新武裝。警察預備隊並不是類似義警或是警察的二軍這樣的概念，而是類軍事化的組織，在警察力量不足以應付治安時出動。

一九五一年，美國和日本簽訂了《美日安保條約》（Treaty of Mutual Cooperation and Security between the United States and Japan，此約於一九六〇年被一份新的安保條約取代，故又稱《美日舊安保條約》）。[2]在這份條約中明定日本的安全由美國所負責。為此美國可以在《舊金山和約》簽訂之後繼續駐軍日本。

此外，因為日本投降後，由於在美占領軍政策之下，戰前的右翼勢力遭到反軍國主義政策的壓制，社會主義和共產主義思想解禁，雖然促進了諸多勞動政策及平權政策的發展進步，但工潮工運也蓬勃發展。由於戰後日本國內有大規模的左派工潮，因此駐日美軍還有在日本政府請求之下，協助鎮壓內亂的權力。[3]

這份條約最大的意義是將駐日美軍從占領軍的地位轉化為同盟軍，其次是讓日本政府再次確立為國際法上的獨立主體。第三則是明白表示了美國的意願：日本必須再次建軍，不可拘泥於《憲

法》規定。[4]

安保條約簽訂後，美國政府開始要求日本將建軍事務提上日程。一九五二年七月十日，日本政府向國會提出《保安廳法》，要求設置保安廳，後於七月三十一日批准。八月一日，保安廳成立，將警察預備隊和海上警備隊納入管理。十月十五日，警察預備隊改名為「保安隊」，除原先的警察預備隊改名為保安隊之外，另新設海上警備隊。一九五四年七月一日，日本政府將保安廳改組為防衛廳，同時成立由防衛廳管轄的自衛隊，分為陸上自衛隊（保安隊改編）、海上自衛隊（警備隊改編）與航空自衛隊（新設置）。值得注意的，是當時主張建立自衛隊的政治人物，並不是著眼於日本應該要強化國防，而是希望這樣就有理由要美軍趕快撤出，至少也是降低在日的規模，減少基地的面積。

自衛隊成立之初裝備簡陋，特別是海上自衛隊。因為「陸自」接收美軍韓戰時的裝備，「空自」則直接接收美國第一代噴射戰鬥機，跨越了螺旋槳飛機時期，在一九五〇年代初期與美國和英法等北約盟國相比並不算落後。但「海自」規模卻相當小，裝備也比較落後，一直到一九七〇年代才進入飛彈化，但是對於反潛和掃雷則相當重視。[5]而且日本追求武器國產化，國內不能研發的武器也設法獲得美國或原產國授權在日本生產。結果是目前日本是世界上少有的軍備幾乎能全部自給的國家。特別是陸上和海上自衛隊。

一九五七年日本制定了「國防基本方針」，係由內閣國防會議制定，一九五七年五月閣議通過。包括四點：第一，支援聯合國活動，促進國際合作，同時承諾促進世界和平之實現；第二，安定國民生活、發揚愛國心，以建立國家安全所需之基礎；第三，配合國力國情，在自衛所需的限度內，逐步整備有效的防衛力量；第四，對於外來入侵，在將來聯合國有能力制止這種侵略前，依靠同美國的安全保障體制予以阻止。

依據日本防衛省的正式說法，在「國防基本方針」的基礎上，日本依據自身需要，逐步建立適度的防衛力量，在《憲法》之下貫徹「專守防衛」的基本原則，不追求成為軍事大國，不對他國形成威脅，確保「文民統治」，遵守「無核三原則」，並堅決維持日美安保體制。

顯然這時候日本的國防依然是仰賴美國的。但是由於自衛隊建立，日本有了自己的軍事力量，因此美日軍事同盟形成。一九六〇年一月十九日，美日又在華盛頓簽訂了一份新的安全互助條約，此條約宣示兩國將會共同維持與發展武力以聯合抵禦武裝攻擊，且同時也將日本國土內受到的攻擊認定為對美國的危害。本約也包括美軍駐日的條文。此條約在冷戰時期強化了美日關係，也包括了後來進一步的國際合作與經濟合作的條款。該條約用以取代一九五一年的《美日舊安保條約》。

之後，日本通過了四次「防衛力整備計畫」，一九七六年三木武夫內閣代之以「防衛大綱」，確定日本的防衛力量，並且詳列應獲得的裝備與需達成的特定目標。一九九五年村山富市內閣、二〇〇四年小泉純一郎內閣、二〇一〇年菅直人內閣共頒布四次。安倍內閣於二〇一三年與二〇一九年頒布兩次新大綱，同一內閣於八年內進行兩次修定並不尋常，官方的說法是為因應國際局勢的快速變化，而造成局勢變化的關鍵一般被認為是中國。二〇一三年版防衛大綱的主軸為「統合機動防衛力」，加強陸海空自衛隊的統合運用，最大焦點就是強化西南離島防禦，新成立仿自美國兩棲部隊的「水陸兩用部隊」，採購垂直起降的魚鷹運輸機、西南離島部署監視雷達及地對艦飛彈。

二〇一九年防衛大綱的主軸為「多次元統合防衛力」，不但加強陸海空自衛隊的統合運用，還要與太空、網路、電磁波等電子戰進行「跨領域作戰」。此版防衛大綱不諱言指出，中國擴張勢力造成權力平衡的變化加速且複雜，既存秩序的不確定性增加，還明文寫道「中國的軍事動向是地區與國際社會安全上的重大隱憂，今後有必要持續強烈關切」。

目前日本自衛隊全體軍職人員稱「自衛官」，共二十三萬人，全由防衛省統籌管轄，內閣總理大臣（首相）統帥。根據《憲法》第九條，日本放棄與他國以軍事手段解決爭端的權力，因此自衛隊在名義上不是軍事組織，但實際上的功能等同其他國家的軍隊。日本的防務支出位居世界前列，原因是需要負擔駐日美軍基地部分維護所致。

非軍事化讓自衛隊的規模在冷戰時期相較於其他西方國家來說並不大，而且在執行任務上受到嚴格限制。不過就武器裝備的性能和部隊的訓練水準來說，日本自衛隊以西方國家的標準來說算是相當不錯，不過缺乏實戰經驗。以八大工業國家來說（俗稱G8），日本是唯一在二戰之後完全沒有打過仗的大國。就國防軍力透明化的程度，日本可說是世界前列。目前日本擁有世界上第五大空中力量，在二〇一五年的軍用飛機總數為一千六百一十二架。自衛隊雖然沒有實戰經驗，但是各項演訓相當落實。

日本自衛隊有違反《憲法》嗎？

日本自衛隊違反憲法嗎？數十年來有以下各種爭論。

第一種說法是「**自衛權放棄說**」，該派認為因為自衛權的行使不可避免有「武力行使」，故根據憲法本文，應看作自衛權被放棄。

第二種說法是「**自衛權保留說**」。此派又可以細分為三支。其一是「**非武裝自衛權說**」，主張日本沒有放棄自衛權，但僅限於以非伴隨軍事力之手段行使。也就是說，可以透過外交等方式來從事自衛。其二是「**自衛力肯定說**」，此為過去日本政府與最高法院見解，主張自衛權是國家慣有權利，而保持未至「戰力」程度的必要最小限度範圍內之實力（自衛力）並不違憲。這在一九五〇年代初期警察預備隊成立時，吉田茂首相在國會中應付在野黨質疑時即採此說。但由於當時警察預備隊實力有限，而且僅是一支地面武力，不可能發動戰爭。目前此說反映在一九五七年的「國防基本方針」第三款中。一九五九年日本最高法院所做出的「砂川判決」是司法權在前文及第九條相關判決中相當重要的一者。砂川判決中對於日本的自衛權有以下之闡述：「並不否認（日本）作為主權國家所擁有的固有的自衛權」、「為了保全（國家的）存立可以採取必要的自衛措施」。[6]

其三為「**自衛戰力肯定說**」，此說認為可保有大於「自衛力」的「自衛戰力」，因為《憲法》第九條沒有禁止為了自衛戰爭而維持戰力。**這是日本政府現實採取的政策。目前日本自衛隊所有的**

編組、訓練都是為了必要時遂行戰爭而設計，包括與外國實施的聯合演習，否則無法運作。

值得注意的是，日本人民支持建立自衛隊的比例在歷次民調中都居於多數，但對於自衛權該如何行使則沒有一定意見，或許說是許多人民不清楚或不表態。

對自衛隊與日本政策常見的誤解

對於日本戰後防衛政策和自衛隊的誤解很多。首先是許多人認為日本沒有軍隊，但自衛隊是道道地地的軍隊。其次是認為這支軍隊是「專守防衛」，沒有攻擊力。這就日本自衛隊的「想定」（scenario）和部署來看是如此沒錯。但從一九五〇年代開始，自衛隊就有潛艦兵力，而潛艦即使是傳統動力（亦即非核子動力潛艦），也是具有攻擊力的武器。

然而，除了潛艦外，日本公開言明不持有攻擊性武器，譬如出雲級直升機護衛艦「航艦化」議題，新防衛大綱已確認該級艦艇共有兩艘，即「出雲號」與「加賀號」，會進行一定程度的改裝，以搭載F-35B戰機，但其定位並非從原本的直升機護衛艦直接改為航空母艦，而是單純稱其「多用途護衛艦」。先前為消除執政聯盟內部疑慮，防衛省已重申「出雲級」護衛艦定位是「擔任防衛任務」，並強調不會讓F-35B持續部署在艦艇上，避免讓其成為違反日本憲法與相關定義的「攻擊型航空母艦」。[7]這在任何國家都無須如此小心翼翼又大費周章。

日本戰後採取中央和地方分權的制度，因此地方首長在過去常因左派立場，杯葛自衛隊的存在，這在台灣是不可思議的事（台灣充其量以安全、環保等理由反對國軍實施演訓）。在日本，過去甚至有地方自治體因認定自衛隊違憲而將營區斷水斷電的事例。

日本的非軍事化具體規定於《憲法》中，對日本戰後的國防政策有絕對性的約束。日本不發展核武、彈道飛彈等，都是源於《憲法》揭櫫的非軍事化。且修憲程序非常繁瑣，因此就目前（二〇一九年）看來，沒有修憲的可能。不過日本《憲法》並未明確規定防衛經費不得超過國民生產總值的百分之一。

出雲號護衛艦（JS Izumo〔DDH-183〕）為日本海上自衛隊的第七艘直升機護衛艦，以橫須賀港為母港。（資料來源：維基百科。攝影：Yamada Taro）

由於非軍事化的影響，日本國民長期以來對國防事務非常冷漠。極少政治人物會以領土爭議、愛國情緒或國防政策作為政治訴求，也幾乎從無首相以釣魚台主權（日本稱尖閣群島）或其他領土爭議作為選戰催票的方式，自民黨等主流政黨反而有避談這些領土糾紛的傾向，這和台灣一般人的認知大不相同。

非軍事化的另一影響是和平主義。日本社會無論對二戰責任的認知為何，主流民意已經沒有任何擴軍

侵略或恢復日本二戰前在亞洲勢力範圍的想法，歷任內閣也沒有這樣的政策。零星政策或許有助於增強日本在亞洲其他國家的經濟力，但是和制度性地去侵略或併吞他國有天壤之別。

亞洲各國的軍事力量和日本的對比也不同於二戰前的局面，所有當時被日本侵略的國家現在幾乎都已經具備一定的軍事力量。當時的中國、韓國今天都已是軍事強國，絕對不像當年那樣可以讓日本橫行無阻。因此，要談日本再興侵略或軍國主義復甦，姑且不論日本的非戰憲法或和平反戰思想根深蒂固，就談客觀實力對比，也是絕對不可能的事。

日本雖然和美國簽有安保條約，美國對於日本軍事上的控制力遠低於一般人的想像，甚至遠低於德國。美日之間沒有常設的軍事聯合指揮機構，美軍沒有指揮日本自衛隊的權限。除了核武之外，美國沒有約束日本不能發展或購買任何傳統武器，也沒有直接或間接限制日本自衛隊的兵力規模。

台灣不應奢望日軍的支援

日本戰後非軍事化的過程和現況可以給台灣啟示最大的應該是，日本不會再輕易介入他國的戰爭。很多台灣人認為日本在台灣被中國攻擊時會協防台灣，但以當前日本《憲法》來說，無論如何寬鬆解釋都是直接違憲的行為，日本充其量對美國的軍事行動提供支援，而且這種支援會相當有限。

除了違憲以外，日本也會擔憂損害和中國的關係。**台灣固然處於日本海運航線的要津，但日本**

認為只要美日安保體制存在，即使是當年蘇聯都不會任意威脅日本的安全。如果因為助美保台而讓中日關係破裂、衝突，甚至陷於戰爭，許多日本政治人物認為對日本的安全才是真正的威脅，即使台灣未淪入中共之手也一樣。

由於一部非戰憲法的規範，日本實質上無異於永久中立國。《憲法》第九條讓日本不能以戰爭為達成國家政策的工具，所以日本不能再像以前那樣，用參戰作為達成同盟義務的方式，譬如英日同盟讓日本參加第一次世界大戰並攻擊德國。所以日本等於告訴國際社會，只要不攻擊它，就毋庸擔心日本成為它的敵人或以軍事手段協助它的敵人。因為除非它本身遭到攻擊，日本不會介入其他國家之間的戰鬥。

美國對此嘖有煩言數十年，因為在美國看來，這種做法不僅有推卸國際責任之嫌，而且導致日本不重視自己的防衛和建軍。近年來由於自民黨政府積極參與國際維和、強化自衛隊戰力，美國批評之詞漸少。但就自衛隊的整體結構和部署、訓練來看，仍是一支守勢部隊。

為了防止戰前陸海對立的事態，日本在戰後建校的保安大學校（之後的防衛大學校）採取共同課程，不在學生時代劃分陸海空軍種。然而陸海空有著各自不同的國防思維。陸上自衛隊與航空自衛隊以日本本土防衛為中心，海上自衛隊則以護航以及與美軍合作的三海峽（對馬、宗谷、津輕）防衛為主要責任，不以本土防衛為首務。經常需要面對的「聯合作戰」課題，對三自衛隊來說其實並非易事，在最近才逐漸落實。

除此之外，日本戰後的建軍有非常多值得台灣學習的地方。首先是戰略清晰、國防事務透明、充分做到「文人領軍」。其次是有獨立自主的國防工業，陸海自衛隊所需的裝備幾乎完全可以自製，因此可以按照國家戰略研擬軍事戰略，再由擬訂好的軍事戰略按部就班籌獲所需的武器裝備，而不是如某些國家只能仰賴外國出售，一旦政治因素作梗，就得苦苦等待。日本人在思考防衛政策問題時，認為制訂長期計畫是相當重要的。佐道明廣在《自衛隊史——日本防衛政策七十年》一書中說得很清楚：

> 姑且不論步槍與車輛，自衛艦也好、飛機也好，這類高科技結晶的武器裝備需花費數年來完成，個別的單價也不菲。若要有效地分配有限的預算，用以擴充裝備和強化部隊的話，一份橫跨數年度的長期計畫無論如何是有其必要。為了彙整長期計畫，需有作為前提的國防基本方針。日本該防備何種敵人？又該如何防衛？一旦發生事情時，陸海空各自衛隊要完成什麼樣的任務？為此，又需要什麼樣的裝備？「國防基本方針」即是對上述問題的基本想法。[8]

此外，美日安保體制讓日本自衛隊和美軍能密切聯合，藉由和美軍聯訓不能丟臉的前提，使日本自衛隊能保持「應有的練度」和「適於軍事行動的架構」。這點在長久無戰爭的國家是非常不易的，因此日本的軍事潛力仍不可輕忽。

5 第五章

聯合國與北約的建立

本章觀察重點

聯合國成立的原因？聯合國和台灣的關係？
北約組織成立的原因？北約組織對台灣的影響？

聯合國的創立

聯合國可謂是現今最重要的國際組織，自一九四五年成立以來，它提供世界各國溝通、協商與交換決策的主要舞台，也作為推動執行重要國際決策與立法的推手。它成立於第二次世界大戰結束後的一九四五年，取代國際聯盟以防止戰爭的發生，並為各國提供對話平台。一九三九年，美國總統羅斯福首先使用了「聯合國」一詞，用於描述二次大戰中的同盟國家。

一九四二年一月一日，二十六國政府簽訂《聯合國共同宣言》，聯合國一詞得到首次正式使用。一九四三年十月下旬，蘇、美、英三國外長在莫斯科舉行會議（Moscow Conference），會議簽署了《中蘇美英四國關於普遍安全的宣言》（中國駐蘇大使傅秉常應邀參加簽字），宣布將儘快建立一個普遍性的國際組織。在一九四三年十一月的德黑蘭會議上，羅斯福同史達林就此問題又交換了意見。一九四四年八月二十一日至九月二十八日和九月二十九日至十月七日，蘇、美、英的代表和美、英、中的代表先後在美國的敦巴頓橡樹園（Dumbarton Oaks Conference）舉行會議。會議草擬了戰後國際組織的章程，簽署了《關於建立普遍性的國際組織的建議案》，其中將該國際組織定名為「聯合國」，並規定了它的宗旨、原則、會員國的資格和主要機構的職權。

聯合國既是一個普遍性國際組織，也是一個綜合性國際組織，聯合國下設了許多附屬機構以實現其宗旨。聯合國總部設在紐約市曼哈頓，並受到治外法權的約束。其他主要辦事處設在日內瓦，肯亞首都奈洛比和維也納。

一九四五年四月二十五日，聯合國國際組織會議在舊金山召開，五十國政府及諸多非政府機構參與並起草《聯合國憲章》。十月二十四日，當時的安理會五大常任理事國（法蘭西共和國、中華民國、蘇維埃社會主義共和國聯邦、大不列顛及北愛爾蘭聯合王國、美利堅合眾國）及多數其他簽署國（四十六國）共同批准憲章，聯合國正式宣告成立。一九四六年一月六日，聯合國大會和安理會舉行第一次會議，有五十一個國家代表出席，在英國倫敦的衛理公會中央禮堂舉行。大會選定紐約作為聯合國總部，其設施於一九五二年完工。

《聯合國憲章》是一份人類歷史與國際關係發展史上的重要文件，它不僅是聯合國建立的基礎條約，還確立了聯合國的宗旨、原則和組織機構設置，規定了成員國的責任、權利和義務，以及處理國際關係、維護世界和平與安全的基本原則和方法。

中華民國重返聯合國的努力

關於聯合國會員國的身分，《聯合國憲章》第三條規定：「凡曾經參加金山聯合國國際組織會議或前此曾簽字於一九四二年一月一日聯合國宣言之國家，簽訂本憲章，且依憲章第一百一十條規定而予以批准者，均為聯合國之創始會員國。」第四條則規定：「一、凡其他愛好和平之國家，接受本憲章所載之義務，經本組織認為確能並願意履行該項義務者，得為聯合國會員國。二、准許上述國家為聯合國會員國，將由大會經安全理事會之推薦以決議行之。」

因此中華民國作為聯合國創始會員國的身分是明載於《聯合國憲章》當中。**但在國際外交實務上已無意義，因為聯合國已經接納中華人民共和國為中國唯一合法政府，承繼了中華民國自聯合國創始之後在聯合國的所有權利。從一九九〇年代的實際經驗可以證明台灣已無法以「中華民國」名義，援引《聯合國憲章》此一規定恢復在聯合國中的會籍。**目前聯合國內已無「中華民國」（Republic of China），僅有「中國」（China）。《憲章》內有中華民國並無法對目前台灣入會有所幫助，因為《憲章》僅為歷史文件，裡面同樣有蘇聯（USSR），但聯合國和全世界均同意俄羅斯聯邦享有一切蘇聯的地位及權益，代表創始國的國號和政權都是可以改的。

《聯合國憲章》是有開除會員國的條款，但從未使用過。一九七一年「第二七五八號決議案」並非中止「中國」此一國家在聯合國的會員及權利，[1]而是恢復「中華人民共和國」的權利，代表這不是新國入會，而且用「恢復」一詞，意味著之前就已經承認中華人民共和國是一個國家。

聯合國與台灣的關係究竟為何？一九七一年以前，聯合國承認台灣是中國的一部分，當時台北和北京政府對此都沒有異議，因為當時兩個政府爭議的焦點都是誰可以持有中國代表權。一九七一年之前美國、英國等其他國家也未曾在聯合國內對「台灣是中國的一部分」要求聯合國表態。**未來台灣是否能重回聯合國，要看是否要以新國家地位申請加入。就國際法來講，兩個國家的國號中有**

同一領土名稱並非特例（如大韓民國與朝鮮民主主義人民共和國）。因此台灣若要以「中華民國」名稱加入，並非完全不可能，但意義上和用台灣名義是一樣的，都是代表此一主體是獨立於中華人民共和國之外的國家。

退出聯合國後，中華民國對聯合國保持消極態度，直到一九九〇年代李登輝總統執政時期，當局開始每年研究「中華民國重返聯合國」問題。一九九一年六月，立法院通過委員黃主文等人的提案，決議「建議政府於適當時機以『中華民國』名義重返聯合國」。

自一九九三年起，中華民國外交部開始透過與中華民國建有官方外交關係的國家，向聯合國秘書長遞交陳請信函，並在聯合國大會等國際場合中提案或發言，支持中華民國政府爭取聯合國席位的立場。一九九三年至一九九六年間，提案重點為根據聯合國會籍普及化原則，建請大會成立特別委員會審議中華民國所處的特殊國際環境。一九九七年至一九九八年間，則改為要求聯合國大會撤銷「第二七五八號決議」中，有關排除中華民國席次的部分。一九九九年起，又加入要求聯合國大會設立工作小組，審查中華民國特殊國際處境，以確保其兩千三百多萬人民參與聯合國之基本權利。中方照例動員大批國家，以「反對納入議程」的方式予以實質阻撓。[2]

陳水扁於二〇〇〇年執政後，對於參與聯合國更為積極；二〇〇八年三月二十二日舉行了兩項與聯合國有關的公民投票：一案是由民主進步黨提案的「以台灣名義加入聯合國全國性公民投票案」，俗稱「入聯公投」；另一案是由中國國民黨提案的「推動我國以務實、有彈性的策略重返聯合國及加入其他國際組織全國性公民投票案」，俗稱「返聯公投」。但兩項公投案均因投票率未達百分之五十而宣告失敗。

戰後歐洲問題與北約的建立

一九四九年建立的「北大西洋公約組織」（North Atlantic Treaty Organization，縮寫NATO）與一九五五年建立的華沙公約組織（Warsaw Treaty Organization）起源於二戰後的雅爾達會議。在一九四五年的雅爾達會議中，史達林表示希望控制東歐，因為蘇聯在二戰中遭到慘重的損失，必須在歐洲保持軍事存在，並且建立緩衝區以保持安全，這對蘇聯的戰略布局極重要。此外，在雅爾達會議中，美英蘇三方領袖都認為尚須建立章程以管理戰後的德國。美國和英國還認為必須和蘇聯講明在未來歐洲的勢力範圍，因為到了一九四四年八月，蘇聯紅軍已經在波蘭及羅馬尼亞境內，且繼續向西前進。當雅爾達會議進行時，紅軍已經到達柏林四十英里外地方，史達林自信可在會議上採取強勢以爭取條件，而羅斯福則希望史達林承諾蘇聯加入聯合國。

波蘭問題是雅爾達會議的焦點。「對於俄國人來說，波蘭問題不僅是榮譽問題（波蘭曾經進攻俄羅斯），而且是安全問題。在整個歷史上，波蘭一直是敵人入侵俄國的走廊，波蘭是關係到俄國生死存亡之問題。」因此，史達林清楚表達他對於波蘭議題沒有談判空間：蘇聯將從波蘭東部獲得領土，而波蘭將擴張西面領土作為補償。

雅爾達會議決定了戰後歐洲的勢力分布。大體上說，蘇聯占有東歐，和美英為首的西歐國家共同存在。但是在戰後美國雖然解放了西歐，但無意改變西歐各國的政治體制，因此西歐在戰爭結束後紛紛恢復獨立主權及自由民主制度。這種政治方向讓蘇聯認為它在東歐建立的社會主義體制及蘇聯的控制力量有被影響、鬆動的可能。

一九四五年德國戰敗後，遭到美、英、法、蘇四國分區占領。各占領區之間的體制與政策存在巨大差異。雅爾達會議中規定德國將會進行非軍事化和去納粹化。德國戰爭賠款部分以強迫勞動形式來支付。但是美國反對（實際上也不採取）在美占區令德國人強迫勞動來償付美國的戰爭損失，這與蘇聯占領區的政策截然不同，因此造成了嚴重的難民問題。蘇聯認為美國未遵守《雅爾達協定》，並意圖顛覆破壞蘇聯的占領。

英國實際上支持美國的做法，因為英國有馬歇爾計畫和海外自治領，對德國賠償需求大於美國，但小於蘇聯。[3]邱吉爾的真正意圖是，戰後英國將聯合法國和德國，以便共同抗衡蘇聯的勢力，因此不願過分削弱德國。由於邱吉爾堅持自己的意見，關於德國賠償問題在會議中沒有達成一致的協議。因此造成蘇占區和英美占領區中的巨大差異。[4]蘇占區人民開始大量逃往英美占領區，也讓西方盟國軍隊和蘇聯軍隊之間的零星衝突開始出現。

接著浮現的是德國建國問題。美國決心結束在德國的分區占領，並且成立一個民主的新德國，所以首先決定合併美英法三國占領區，進而舉行選舉，建立新德國。美國的做法得到英國的贊同，一九四八年二月至六月，美、英、法、比、荷、盧六國在倫敦召開多次外長會議，並提出「倫敦建議」，內容為法占區與英美雙占區協調經濟政策，共同管制對外貿易，並共同制憲，成立新德國，並將新德國納入馬歇爾計畫。

蘇聯得知計畫後，於一九四八年六月十九日提出抗議，並於六月二十四日，全面切斷西占區與西柏林的水陸交通及貨運，[5]史稱「第一次柏林危機」，形成第一次美蘇冷戰高潮。六月二十九日，美國與英國實行空運，派出大批飛機向柏林兩百五十萬居民大規模空運糧食及各種日用品，在一年間飛行次數二十七萬七千七百二十八架次，空運貨物兩百一十一萬噸。同時對蘇占區所缺的鋼、焦煤及電力等實行反封鎖。

第一次柏林危機讓美國和西方國家意識到和蘇聯因為二次大戰共同抗德所建立的合作關係，已經徹底告終。西方國家認為蘇聯已經是威脅，而且近在咫尺。蘇聯則認為西方國家執意讓德國復國又拉入西方陣營，是明顯欲對蘇聯為敵，這種威脅也是近在咫尺。加上東歐各國紛紛由共產黨奪權，也令美英認為東歐已拉下「鐵幕」。

柏林危機也直接加快了德國復國的步伐。一九四八年九月二十日，德意志聯邦共和國（西德）正式成立。同時，蘇占區也積極籌建東德國。一九四九年十月七日，德意志民主共和國（東德）成立。

隨著「馬歇爾計畫」的實施，西歐各國逐漸恢復生產和生活水準，這讓蘇聯更感壓力。英法則希望美國留在歐洲以約束德國；美國最後終於同意和歐洲建立軍事同盟。一九四九年四月四日，美國、加拿大、比利時、法國、盧森堡、荷蘭、英國、丹麥、挪威、冰島、葡萄牙和義大利在華盛頓簽署了《北大西洋公約》（North Atlantic Treaty），決定成立「北大西洋公約組織」，同年八月二十四日各國完成批准手續，該組織正式成立。依據《北大西洋公約》第五條：

各締約國同意對於歐洲或北美之一個或數個締約國之武裝攻擊，應視為對締約國全體之攻擊。因此，締約國同意如此種武裝攻擊發生，每一締約國按照《聯合國憲章》第五十一條所承認之單獨或集體自衛權利之行使，應單獨並會同其他締約國採取視為必要之行動，包括武力之使用，協助被攻擊之一國或數國以恢復並維持北大西洋區域之安全。此等武裝攻擊及因此而採取之一切措施，均應立即呈報聯合國安全理事會，在安全理事會採取恢復並維持國際和平及安全之必要措施時，此項措施應即終止。

美國總統杜魯門簽署批准《北大西洋公約》的法案。

（資料來源：維基百科）

由於蘇聯是安全理事會常任會員國，這條是讓蘇聯不完全視北約為敵人的一種緩和措施。因為此一條款，北約行動理論上仍受聯合國安理會約束。武裝攻擊若來自蘇聯以外而迫使北約採取行動，是有可能在蘇聯參與下的安理會採取措施後中止的。這可以讓蘇聯不會因為蘇聯以外的軍事行動讓北約採取行動時，誤以為北約是以蘇聯為目標而產生威脅感，以避免升高對立。不過自北約組織成立後，從未援用第五條對蘇聯或其他任何共產國家採取軍事行動。

北約組織的重要機構包括「北大西洋理事會」（North Atlantic Council），亦稱北約理事會或部長理事會，為北約最高決策機構。它由成員國外長組成，必要時國防部長、財長甚至政府首腦也可與會。每年兩次例會。在部長理事會休會期間，各成員國大使級常駐代表負責理事會日常工作。

「軍事委員會」（Military Committee），是北約最高軍事指揮機構，由參加軍事一體化指揮系統的成員國之總參謀長組成。所謂「軍事一體化」，是指北約軍事指揮機構在必要時有直接指揮各成員國軍隊的權力。[6]它每年約開會三次，負責就北約防務問題向部長理事會和防務計畫委員會提出建議，並對下屬各主要戰區司令部實施領導。軍委會主席由軍委會成員推選，任期三年。其日常事務由各國總參謀長任命的常駐軍事代表組成軍事代表委員會負責辦理。軍委會下設國際軍事參謀部，負責實施軍委會的政策和計畫，此外還設有三個軍事指揮機構：歐洲盟軍最高司令部、大西洋盟軍最高司令部、美國－加拿大地區計畫小組。

北約組織另外還設有「北大西洋議會」（NATO Parliamentary Assembly）。這是北約成員國及十七個聯繫國議會間組織，議員由各國議會指定，名額按國家人口比例分配。議會宗旨是鼓勵各國議會間的合作，強化各國議會與北約機構的聯繫，推動實現北大西洋公約的目標。議會每年召開兩次全會。七十年來，通過部長理事會和防務計畫委員會就國際重大政治問題密切磋商、協調立場；在軍事方面研究和制定統一戰略和行動計畫；每年舉行各種軍事演習。因為九一一事件的發生，北約於二〇〇一年十月四日第一次引用第五條，認為九一一事件的襲擊應視為對締約國全體國家的攻擊。二〇〇三年八月，北約進入阿富汗，開始了歐洲境外首次軍事行動。北約亦參與了伊拉克的軍警培訓工作。

華沙公約組織的建立

北約組織成立之後，蘇聯感到相當威脅，但關鍵時刻是一九五五年德意志聯邦共和國（西德）加入北約後，蘇聯認為德國又成了蘇聯的敵人，因此蘇聯發起了由歐洲社會主義陣營國家（包括德意志民主共和國，即東德）簽署的《華沙公約》（Warsaw Pact，全稱為《阿爾巴尼亞人民共和國、保加利亞人民共和國、匈牙利人民共和國、德意志民主共和國、波蘭人民共和國、羅馬尼亞人民共和國、蘇維埃社會主義共和國聯盟、捷克斯洛伐克共和國友好合作互助條約》）。該條約由原蘇共中央第一書記赫魯雪夫起草，一九五五年五月十四日在波蘭首都華沙簽署。東歐社會主義國家除南斯拉夫以外，全部加入華約組織。《華沙公約》規定：

> 如果在歐洲發生了任何國家或國家集團對一個或幾個締約國的進攻，每一締約國應根據《聯合國憲章》第五十一條行使單獨或集體自衛的權利，個別地或通過同其他締約國的協議，以一切它認為必要的方式，包括使用武裝部隊，立即對遭受這種進攻的某一個國家或幾個國家給予援助。

可見，至少蘇聯在文字上也保持服膺《聯合國憲章》的態度。

北約組織的成立是為了克服「獵鹿賽局」反映出的僵局。「獵鹿賽局」是由政治思想家盧梭所提出的一個思想實驗：在一場狩獵中，兩名獵人一起去打獵，他們可以獵取鹿，也可以獵取兔子。獵到一頭鹿的所得明顯大於兔子，但是獵鹿需要兩個人合作才能成功，兔子一個人就可捕獲。而為了聯合獵鹿，獵人必須放棄剛好在身邊發現的兔子，卻無法確定他的同伴會不會為了獵取一隻兔子而放棄合作。如果自己放棄兔子，但對方卻背棄合作去追捕兔子，自己就會兔子、鹿兩失，而對方卻靠兔子吃飽。當然，對兩人來說，最好的結果就是信守承諾，合作獵取鹿。北約組織成立後，歐洲各國得到了「集體安全」的保障（獵鹿的收益），蘇聯無法個別說服各國保持中立以得到個別安全（獵兔的收益）。

北約組織成立後，歐洲的和平安定一直維持至今，在這中間發生在歐洲的軍事衝突只有一九九四年的南斯拉夫內戰。南斯拉夫內戰通常被認為是歐洲自第二次世界大戰以來最為慘烈的戰爭，民族衝突、種族清洗帶來了慘絕人寰的後果。但戰爭的結果導致了前南斯拉夫境內多個主權國家的產生，而北約組織為結束戰爭、締造和平功不可沒，且其軍事干預的結果大致上是符合國際法和普世價值的，之後後遺症也相對較小。

冷戰結束後，華約組織解散，北約第一次東擴，接納波蘭、匈牙利及捷克為成員。二〇〇二年十一月二十一日在布拉格召開的北約高峰會議，達成了第二波的東擴決定，二〇〇四年正式接納愛沙尼亞、拉脫維亞、立陶宛、羅馬尼亞、保加利亞、斯洛伐克、斯洛維尼亞等七國。北約組織在干預南斯拉夫之後，也對產生的新國家予以保護。二〇〇九年四月一日阿爾巴尼亞、克羅埃西亞加入北約。

北約組織是人類在和平時期建立的最大軍事同盟。它充分發揮了國防的規模經濟效應，同時徹底消弭了西歐國家數百年來的一切安全問題，各國的合作、信心和互賴達到了國家與國家之間所能達到的極致。歐洲的統合完全奠基於此。然而北約一再東擴，也對俄羅斯形成威脅，且使俄羅斯對西方世界失去信任。因為蘇聯當時允許東歐民主化而不施加軍事干預，是換得西方承諾民主化的新東歐不會作為對抗蘇聯的基地。北約東擴顯然和此一原則有違。

筆者認為，北約東擴原本就是東歐畏懼俄羅斯的結果。東歐各國在蘇聯解體後，也無主動對抗俄羅斯的意願和威脅俄羅斯的能力，即使加入北約也僅是為了自保。更無人能保證北約若不東擴，俄羅斯就不會對東歐國家有所威脅。因此北約東擴仍是避免戰爭的較好方法。

國家身分不等於聯合國會員資格

很多人認為一九七一年北京取得聯合國中國代表權以後，中華人民共和國才取得國家地位。事實上在一九七一年之前，就有許多國家承認中華人民共和國的國家地位。就算是**聯合國，它對於「中華民國」的承認，直接影響台灣的國際地位，但並不否定中華人民共和國的國家地位。**

譬如一九五〇年九月二十九日，安理會決議邀請中華人民共和國政府代表於十一月十五日後，在安理會討論「美國侵台案」時列席會議，以幫助安理會調查和審議。表決時中華民國、古巴和美國反對，但是，時任安理會輪值主席的英國大使宣布決議案以七比三通過。中華民國代表蔣廷黻宣稱自己的反對票等同行使否決權，並爭論該案屬實質問題，結果引發論戰。安理會又以九比一（中華民國）否決了蔣的提案，堅持邀請中共列席辯論是程序問題，中華民國代表不能否決。[7]

北約組織成立之後，反對者認為它加劇了歐洲的對抗，並且讓歐洲國家在安全上必須聽命於美國。然而美歐各自在外交上仍有很大的自由度。譬如是否承認中共問題，美國就對北約國家無影響力，也不干預其決策。其次是中東問題，美國和歐洲國家對以阿戰爭的態度也非常分歧。在一九六七年以前，甚至是英法支持以色列[8]，美國較為支持阿拉伯國家的局面。[9]

很多因為政治因素買不到美製軍備的國家（如利比亞、以色列、南非和中南美洲國家）可以在歐洲尋找到替代品。他們生產的歐製裝備很多也被拿來對抗美國或美國的盟國。北約組織中美、歐的軍事合作關係對此並無影響。因為一國出售武器給另一國屬於主權範圍，除非購買國遭聯合國禁運，或交易的武器屬於國際條約禁止的對象（如核武），否則國際法上並無限制（當然第三國要如何施加外交手段阻止這項軍備交易則是另一回事）。其次是一國向另一國購買武器，就等於是對出售國形成某種程度的依賴，例如利比亞向法國購買飛彈快艇，零附件自然也要一併採購——除非向法國買斷生產線自力生產零附件——這樣自然受制於法國。對美國而言，自然寧可利比亞在軍備上採用法製武器、依賴法國勝過去採用俄製武器依賴蘇聯，因為必要時要影響法國去限制出口甚至禁運武器給利比亞，還是比影響蘇聯容易。

北約意外影響了台灣的命運

聯合國的成立對於台灣最大的影響是，它增加了一個確定國家地位的門檻或要件。之後台灣的命運和地位就和聯合國裡面「中國代表權」之爭產生了關連。一九七一年聯合國通過「第二七五八

2758 (XXVI). Restoration of the lawful rights of the People's Republic of China in the United Nations

The General Assembly,

Recalling the principles of the Charter of the United Nations,

Considering that the restoration of the lawful rights of the People's Republic of China is essential both for the protection of the Charter of the United Nations and for the cause that the United Nations must serve under the Charter,

Recognizing that the representatives of the Government of the People's Republic of China are the only lawful representatives of China to the United Nations and that the People's Republic of China is one of the five permanent members of the Security Council,

Decides to restore all its rights to the People's Republic of China and to recognize the representatives of its Government as the only legitimate representatives of China to the United Nations, and to expel forthwith the representatives of Chiang Kai-shek from the place which they unlawfully occupy at the United Nations and in all the organizations related to it.

1976th plenary meeting,
25 October 1971.

聯合國「第二七五八號決議」內容

「大會：回顧聯合國憲章的原則，考慮到，恢復中華人民共和國的合法權利對於維護《聯合國憲章》和聯合國組織根據憲章所必須從事的事業都是必不可少的，承認中華人民共和國政府的代表是中國在聯合國組織的唯一合法代表，中華人民共和國是安全理事會五個常任理事國之一。決定：恢復中華人民共和國的一切權利，承認她的政府的代表為中國在聯合國組織的唯一合法代表並立即把蔣介石的代表從它在聯合國組織及其所屬一切機構中所非法占據的席位上驅逐出去。」

號決議」，台北政府從此在聯合國中失去代表權，**但這並不意味著中華民國立刻失去國家地位，因為在那之後美國、韓國、沙烏地阿拉伯仍然承認中華民國。它們逐漸撤銷承認中華民國是中國的唯一合法政府並不和聯合國對中國代表權的改換同步。**在「第二七五八號決議」通過前，也有許多國家——包括英、法、加拿大、義大利——已經撤銷承認中華民國是中國唯一合法政府。

四十八年來，美國一直注意到「第二七五八號決議事實上並未確立台灣係中華人民共和國之一省」；「第二七五八號決議並未提及中國主張對台灣擁有主權」。美國雖然「認知」中國主張「台灣係中華人民共和國不可分割之一部分」，但堅持此主張「並非包括美國在內之聯合國會員國普遍接受之主張」。[10]儘管如此，美國和主要國家也都不支持台灣以國家身分重返聯合國。

北約組織對台灣的最大影響是讓蘇聯感受到西方同盟的決心，因此出現了在其他地方發動或支援衝突，以分散壓力並考驗西方同盟的策略，因此爆發了韓戰和世界各地的「民族解放戰爭」。蘇聯想要在遠東地區製造區域戰爭，以緩解在歐洲地區因為北約組織帶來的軍事壓力，但又懾於美國的決心，因此選擇了不直接派陸軍和美作戰的做法。結果是北韓共黨在軍事上無法抗衡，在蘇聯不直接派陸軍的情況下，因此選擇了支援中共出手。而中共一出手，直接改變了中華民國和台灣的命運。

北約組織的另外一項重大影響是確立了「圍堵」政策的型態，就是在世界各地締結反共軍事同盟。美國在北約組織建立之後，接著就是在亞洲組織「東南亞公約組織」（Southeast Asia Treaty

Organization），但是這一組織當時拒絕中華民國加入，之間的複雜互動直接導致了《中美共同防禦條約》的簽訂，並且衍生至今，成為《台灣關係法》的重要基礎，筆者認為這一條約對台灣的影響可能不下於《舊金山和約》。

6 第六章

美元、IMF和WTO

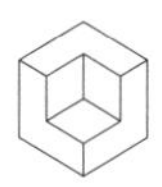

本章觀察重點

美元為什麼成為世界貨幣？
IMF是什麼？WTO又是什麼？

美國的國力支持美元成為強勢貨幣

一七七六年美國獨立後，以美元作貨幣。在一七九二年，當時的美國對美元採用了金銀複本位制，按照當年頒布的美國法律《鑄幣法案》，一美元折合約二十四點零五克的銀或一點六克的黃金，一直到一八七三年。

為何美元之後會成為全球通用的貨幣呢？這與美國這個國家的能力與地位有關。一般而言，貨幣要成為世界各國交易的媒介，主要須滿足以下條件。首先，發行國需有一定的經濟規模。因為每個國家的貨幣當然可在該國使用，購買商品和勞務。如果該國經濟規模太小，能買到的商品有限，自然其他國家對該國貨幣的持有意願就不高。如果無人或少人願意持有的貨幣，自然不能成為交易的媒介。

其次是幣值穩定，這是一國貨幣是否為外國樂意持有的先決條件。一次大戰前各國多實施金本位制度，也就是明定貨幣和黃金的折合比率，貨幣持有人可兌換為黃金（實際上極少發生），藉以保證貨幣的價值，維持幣值的穩定。

再來，政治體制穩定。需要一個持續穩定存在的國家，保證其貨幣不會變為廢紙，才可能確保幣值的穩定。

第四，政治相對透明，才能管制貨幣的發行量避免貶值。發行數量無法稽考的貨幣是不可能成為國際交易媒介的。因此英鎊長期是國際貿易的媒介。

最後，有足夠的貴金屬儲備支持。這樣的國家一般具有軍事力量強大，以免黃金被侵略國所搶（二次大戰時納粹德國占領了比利時、法國等國，這些國家官方和民間持有的黃金多遭德國掠奪，如今仍有許多去向不明）、政府穩定、財政充裕（不會任意挪借庫存黃金）等特質。美國一直是世界上最大的黃金保有國。而位於紐約的聯邦儲備銀行被認為是目前世界上最大的黃金貯藏地，儲藏了約五千噸的黃金，其中包括外國銀行和機構的信託。

一次大戰後，美國經濟成為世界第一，加上歐洲各國因戰爭損耗，即使戰勝國也是債台高築，貨幣貶值，美元因為具有以上幾點特色，因此逐漸成為國際貿易的媒介。由於美元比黃金輕便，且容易分辨真假，又可以用支票、匯兌等方式使用，貴金屬沒有這種功能，因此成為國際貿易交易和計價的媒介。當時美元和黃金有一定的兌換率，這使美元在各國的匯價都很容易得到一個相對公平的價值。

一次世界大戰後，德國經濟陷入困境，之後爆發惡性通貨膨脹。[1]接著是一九三〇年代各國的關稅壁壘，引發了經濟大恐慌，被認為是二次大戰爆發的主要原因之一。因此在一九四四年七月，四十四個國家的七百多位代表們在美國新罕布夏州的布雷頓森林（Bretton Woods）的華盛頓山旅館（Mount Washington Hotel）舉行聯合國貨幣金融會議，以建立國際貨幣與金融交易的標準和討論戰後重建問題，以便促成戰後世界貿易及經濟的繁榮。會議中建立的標準包括：第一，各國的貨幣不准隨意貶值以維持固定匯率；第二，促進貿易的暢通，並順利進行資本積累，以幫助各國家重建戰後的經濟體系。因為貨幣貶值的原因通常是經濟危機和貿易障礙。

為達成以上目的，各國決議由羅斯福領導盟國共同成立「國際貨幣基金」（International Monetary Fund，縮寫ＩＭＦ）與「國際復興暨開發銀行」（International Bank for Reconstruction and Development, IBRD）或稱之為「世界銀行」（World Bank）兩大機構，來執行戰後的重建與發展計畫。兩大國際金融組織也律定了黃金與美元之間的固定匯率，以因應世界黃金產量不足支撐國際金融體系中不斷增長的貨幣流量的限制。

因此，「國際貨幣基金」於一九四五年十二月二十七日成立，與世界銀行同為世界兩大金融機構，目前由一百八十九個國家組成，宗旨是致力於促進全球貨幣合作，確保金融穩定，促進國際貿易和經濟成長。職責是監察貨幣匯率和各國貿易情況、提供技術和資金協助，確保全球金融制度運作正常。其總部設置於美國華盛頓特區。

二戰後，美元成為國際貿易交易和結算的媒介。就連當時的蘇聯和中國，在討論援助和貸款的金額時，也都是以美元為基礎。當然帳面上是以盧布為單位，但兩國都會自動將盧布換算為美元，再以此進行商談。兩國雖然和美國尖銳對立，但各自和美國以外的國家進行貿易時，也都是以美元作為交易媒介。這也讓美元成為「硬通貨」或「強勢貨幣」（hard currency）。

失去ＩＭＦ奧援的台灣只能自立自強

中國是ＩＭＦ創始國之一。自一九四五年十二月二十七日至一九八〇年四月十六日，由中華民國行使中國代表權。因為自一九七一年後聯合國的中國代表權有所更換，根據會籍普遍化原則，最終於一九八〇年四月十七日後由中華人民共和國行使ＩＭＦ的中國代表權，但中華民國此前在ＩＭＦ的基金份額和代表並未被取代及被驅逐，而是以「中國台灣省」的形式被替換。ＩＭＦ同意發展後續和中華民國的「非正式安排」關係。

在中華民國還是ＩＭＦ正式會員的時候，ＩＭＦ也曾提供台灣在金融、貨幣政策上的諮詢及協助。一九八〇年之後台灣等於被ＩＭＦ實質排除在外，是台灣在國際間最不利的競爭條件之一。當其他國家爆發金融或貨幣危機時，ＩＭＦ會提供金融援助，而台灣卻只能自求多福。

幸運的是，台灣不曾爆發過重大金融或貨幣危機；反觀其他國家的類似危機則是此起彼落，例如十年前的亞洲金融風暴以及現在的歐洲。然而，台灣能夠避開這類危機，有學者認為是以降低自由、創新和彈性為代價；強力控管跨國資金流動和國內銀行體系，雖然有效阻絕危機，但也妨礙金融服務業發展。

有經濟學家批評，國際貨幣基金的經濟援助都是「有條件地」批准：受援助國需要實行該組織建議的經濟改革。最好的例子是一九九七年，亞洲金融風暴使韓國經濟陷入嚴重危機，當時韓國的外匯儲備只剩下三十九億美元。為度難關，韓國政府不得不在當年十一月向ＩＭＦ申請了緊急救助貸款，代價是韓國的經濟政策必須接受ＩＭＦ的干預和監督。ＩＭＦ要求韓國降低經濟成長目標、緊縮財政與金融政策、展開金融改革及企業重整等一系列的紓困附加條件；金大中新政府於一九九八年二月二十五日成立後，隨即展開企業及勞動市場結構等多項經濟改革。

ＩＭＦ當時對韓國的要求很多，可細分為：第一，金融機構、公司、公共部門和需要進行全面重組和改革，韓國政府必須承諾開放韓國市場，實施一系列資本市場自由化和鼓勵外國直接投資政策。第二，金融部門改革：對體質不良的銀行實行停業和兼併，全盤強化銀行內部控制及審計。第三，重點支援重要企業，放手允許企業出售或整併，將負債率降到百分之二十。還具有價值的公司要與債權人就目前的經營狀況制定出改進計畫。第四，增加小股東的權力，如只要持有百分之零點三的股份，就有權調閱公司財務報表；持百分之零點五的股份，就能提出撤換管理階層的要求。同時，勞動市場流動程度增強，工會與管理者之間有更多的合作關係。第五，政府精簡機構，減少政府對經濟的干預，國有企業實行私有化。第六，開放金融市場。在ＩＭＦ要求下，韓國一九九七年底開放了國內債券市場，並進一步完全開放國內股票市場和貨幣市場。第七，放鬆對國內機構外幣交易的限制：放寬了對進出口信貸的貨物類型和貸款期限的限制。一九九九年四月，廢除了具有限制性的「外匯管理法」，取而代之為「外匯交易法」。允許韓國自然人將其貨幣存入外國銀行，購買外國證券或外國不動產。

然而，ＩＭＦ的改革要求未必都帶來正面效果。有些經濟學家認為，這種震盪療法會影響國家的社會穩定，實際上有可能會和原先的目的適得其反。

世界貿易組織與台灣的加入

二次大戰之後，各國普遍認為要盡快重建戰時的破壞，恢復經濟生產力，就必須恢復、加快各國自由貿易的步伐。而**自由貿易的最大障礙在當時來說就是關稅**。因此一九四八年，美、加、英、法、印、巴、紐、澳、荷、比、盧、巴西、智利、古巴、南非，以及中華民國等共二十三個國家簽署了「關稅暨貿易總協定」（General Agreement on Tariffs and Trade，簡稱ＧＡＴＴ），並在隔年正式生效。

關稅暨貿易總協定的原則是「自由」、「非歧視」（包括「最惠國待遇」[2]與「國民待遇」[3]）及「多元化」，必須在這三項原則下進行自由貿易往來。

然而，關稅暨貿易總協定僅是一項多邊國際協定，當時各國打算在關稅暨貿易總協定生效之後，繼續推動「國際貿易組織」（International Trade Organization，簡稱ＩＴＯ）的成立，而關稅暨貿易總協定雖因「借用」ＩＴＯ籌備委員會之秘書處，在實際上發揮了國際組織之功能，但在法律上並不具備國際組織之獨立法人人格。

「世界貿易組織」（World Trade Organization）則是為了彌補關稅暨貿易總協定的不足，係政府間國際組織，旨在促進全球貿易更為自由、公平及可預測。經過多輪的談判，一九九四年四月，各國部長在摩洛哥馬拉喀什集會，簽署「烏拉圭回合多邊貿易談判蕆事文件」（Final Act Embodying the Results of the Uruguay Round of Multilateral Trade Negotiations）及「馬拉喀什設立世界貿易組織協定」（Marrakesh Agreement Establishing The World Trade Organization）。ＷＴＯ依「馬拉喀什設立世界貿易組織協定」於一九九五年一月一日正式成立。大幅改革了一九四八年成立之關稅暨貿易總協定世界貿易體制。因為它涵蓋了新的貿易範圍，包括貨品（「關稅暨貿易總協定」）、服務（「服務貿易總協定」[4]）及智慧財產權（「與貿易有關之智慧財產權協定」），並透過爭端解決及貿易政策檢討機制予以強化。此外，「民用航空器貿易協定」、「政府採購協定」、「資訊科技協定」、「資訊科技協定擴大」及「貿易便捷化協定」等複邊及多邊貿易協定亦屬於新增的ＷＴＯ法律體系。[5]

ＷＴＯ最高決策機構係由會員代表組成之部長會議，通常每兩年開會一次。部長會議休會期間，由總理事會代為執行ＷＴＯ所有事務。ＷＴＯ秘書處設在瑞士日內瓦，由秘書長領導，現任秘書長為巴西籍阿茲維多大使（H.E. Roberto Azevêdo）。至二〇一八年三月止，ＷＴＯ共有一百六十四個會員。

台灣為何要加入ＷＴＯ？首先，ＷＴＯ所訴求的主要理念是「全球自由貿易」，台灣經濟體質原本就以加工製造出口為主，「國際化」、「自由化」是長期以來既定之經貿政策。由於台灣長年來對外貿易迅速擴張，ＷＴＯ各會員與台灣經貿關係日趨密切，在自由化政策為前提以及與其他會員諮商的過程中，台灣本來就已經持續降低進口關稅、減少非關稅障礙，開放國內市場，以減少與各成員之貿易摩擦，進而拓展對外貿易空間。因此，加入ＷＴＯ所需的調適已逐漸減少；另一方面，近年來台灣對大部分國家，特別是已開發國家多半享有貿易順差，使歐、美等貿易夥伴強烈要求台灣應該遵守ＷＴＯ之規範。**所以在加入ＷＴＯ之前，台灣其實已主動或被迫地承擔了ＷＴＯ各會員應負之大部分義務，但卻因非該組織之會員而無法享受對等之權利，處於不利之地位。**因此，加入ＷＴＯ成為當務之急。

台灣於二〇〇二年元月以「台灣、澎湖、金門、馬祖個別關稅領域」名義正式加入ＷＴＯ。接著，台灣於瑞士日內瓦派設常駐世界貿易組織代表團，持續積極參與二〇〇一年十一月展開之「杜哈發展議程」談判，主要聚焦在農業、發展、爭端解決、環境、與貿易有關之智慧財產權、市場進入、規則、服務業及貿易便捷化等議題。

台灣加入ＷＴＯ的主要工作目標是什麼呢？一般可歸納為：

（一）積極參與多邊談判及複邊談判；

（二）妥善利用ＷＴＯ貿易爭端解決機制；

金圓券是中國在1948年8月至1949年間的法定貨幣，流通範圍為除臺灣省外的中華民國政府實際控制區域。中華民國政府發行的一種紙幣。但由於發行準備不足以及未嚴格實行發行限額導致惡性通貨膨脹而聞名。

法幣是1935年起中華民國國民政府發行的貨幣。後來國共內戰時因政府軍費上升而大量發行法幣以支付軍費，引發惡性通膨，在1948年由金圓券取代。

（資料來源：維基百科）

（三）以WTO會籍為基礎，拓展與各會員及相關國際組織之關係；

（四）實施長、短期人才培訓，厚植專業人才；

（五）凝聚各界共識，積極與民間企業合作及宣導。

新台幣穩定的真相

在討論貨幣問題時，一個很多台灣人會好奇、也是爭議不斷的話題是，國民政府到底運送了多少黃金來台？一九四八年八月二十三日，中央銀行開始以「金圓券」兌換金銀外幣與法幣。當時規定金圓券發行採用十足準備，其中必須有百分之四十為黃金、白銀及外匯，其餘以有價證券及政府指定的國有事業資產充當。每元法定含金量為零點二二二一七公克，由中央銀行發行，發行總額定為二十億元。

當時政府規定金圓券一元折合法幣三百萬元，東北流通券三十萬元，限期一九四八年十二月二十日以前收兌已發行的法幣及東北流通券，在此限期前法幣及東北流通券按照上列折合率流通行使，而台灣省幣及新疆幣的處理辦法由行政院另定之。過去所訂法幣及東北流通券的公私債權債務均按照上述兌換率的清償。

此外，政府並禁止私人持有黃金，且強制規定金銀和金圓券的兌換比率。凡私人持有者，限於九月三十日前收兌成金圓券，違者沒收。

據此，政府制定、頒布、實施了《人民所有金、銀和外幣處理辦法》。限期登記管理本國人民（包括法人）存放國外的外匯資產，違者予以制裁。

當時一開始，中國老百姓對政府還具有信心。在上海，市民排隊踴躍以金銀兌換金圓券，第一天的匯兌，中央銀行即收兌黃金七千七百多兩，白銀八千七百多兩，銀元兩萬八千多元，美金八十一萬九千多元，港幣十三萬六千多元，共兌出金圓券五百多萬元。當時蔣中正對於幣制改革引起正面的迴響，民眾兌換踴躍，「深感欣慰」。

一九四八年底，中央銀行已完成收兌黃金及白銀的工作。為確保這批黃金、銀元的安全，蔣中正決定將其運至台灣保存。之後運台的大概在四百萬兩左右，《意外的國父》作者汪浩的研究則是三百七十五萬兩。然而，這些黃金並沒有保住金圓券的價值，因為它的發行並無限制，造成了極為嚴重的惡性通貨膨脹。**一九四九年六月，金圓券發行額已達一百三十兆三千零四十六億元，完全失去貨幣的價值，這也被認為是中華民國失去大陸的重要原因之一。**

七十年來新台幣的幣值穩定，真正的主要依賴是台灣人努力製造產品、提供服務、招攬外國人士觀光消費、吸引進來的外國投資、開設證券等金融市場等等所得到的外匯。**新台幣能夠在台灣購買商品和服務，又能兌換外匯，才能維持它作為交易媒介及表彰財富價值的工具地位，和中華民國政府有多少存金其實沒有太大關聯**。從一九四九年開始，新台幣就不能以中央銀行規定的新台幣折合金量去兌換中央銀行的存金。至二〇一九年六月，新台幣的發行總額達二兆一千八百億，也早已遠超過中央銀行的存金價值。

亞洲開發銀行與台灣的角色

在國際復興暨開發銀行成立時，為了促進各個區域內的投資，協助國際經濟發展，也於一九五九年成立了美洲開發銀行。非洲開發銀行則在一九六四年成立。

一九六三年十二月，聯合國經濟及社會理事會「亞太及遠東經濟委員會」，在菲律賓馬尼拉，舉行第一屆經濟合作部長級會議，建議籌設亞洲開發銀行。一九六五年，由「亞太及遠東經濟委員會」當中的九個亞洲國家代表，組成協商委員會負責策劃，同年年底，通過亞洲開發銀行行章草案。台灣的中華民國政府原以「中華民國」（Republic of China）名義加入，是亞銀創始會員國之一。

一九七一年台北失去在聯合國的中國代表權後，亞銀成為少數台灣以中華民國名義加入的國際組織。一九八三年時，中共正式透過外交途徑，致電亞洲開發銀行，申請加入成為會員，並要求排除中華民國的會籍。之後中共表示，我方可以使用「中國台灣」（Taiwan, China）的名義留在亞銀當中，美國則建議改用「中國台北」（Taipei, China）。針對這兩項提議，我國均表示不能接受。一九八六年中華人民共和國加入亞銀後，中華民國被改為「Taipei, China」。一九九七年香港回歸後，為表與香港地位不同，首創逗號以後不空格「Taipei,China」寫法。由於中華人民共和國的加入，台灣在一九八六、一九八七年都不參加亞銀年會，以表示抗議。一九八八年李登輝繼任總統，決定採取「務實外交」不再拒絕參加，而是採取「參加，但表達抗議」的方式，並決定仍舊積極參與，以免台灣地位更加邊緣化。一九八九年五月，亞洲開發銀行理事會年會在北京召開，我方決定由財政部部長郭婉容率團與會，**這是一九四九年以來台灣官方代表團第一次在北京出現**。經過交涉，會場僅懸掛亞銀旗幟、會徽與主辦方國旗。當演奏主辦方國歌時，郭婉容以起立抱胸，並與團員交談的方式，表達不承認與抗議的立場。

亞洲開發銀行的資本額，最初定為十億美元，其中亞洲區域內國家，與區域外國家，各占認股股權的百分之六十與四十。區域內國家按照國民所得分攤認股，其中以日本的兩億美元為最多。當時中華民國認股一千六百萬美元，在所有國家當中居第十一位。區域外國家以美國認股兩億美元最多，歐洲國家則反應相對冷淡。

1989年5月5日，在亞洲開發銀行第22屆年會上，中華民國代表團出席第二天的議程，對亞銀擅改中華民國名稱一事，以口頭聲明及列入文件方式表達嚴正抗議。圖為代表團團長郭婉容（前中）在會中宣讀抗議聲明時的神情。（資料來源：中央社。攝影：鍾海泰。）

亞洲開發銀行透過優惠貸款與技術援助的方式，協助亞洲地區國家經濟發展。申請國家必須提出具體計畫，陳述技術與財務方面的可行性，並且評估本身償債能力，向亞洲開發銀行提出申請。一九六八至七一年間，我國向亞洲開發銀行先後取得十二筆貸款，總額為一億三十九萬美元，相關經費分別用於修建南北高速公路、建立石油化學工業、開發電力資源等用途。[6]**一九七二年起，台灣停止向亞洲開發銀行貸款，之後並主動提供援助，成為亞銀的捐款國家之一**。截至二〇一八年底為止，我國占亞洲開發銀行的總發行股數百分之一點零八七。

相形之下，中華人民共和國雖然是世界第二大，亞洲第一大經濟體，在亞洲開發銀行仍適用開發中國家才能享有的「低利貸款」資格。二〇一九年五月，亞洲開發銀行在斐濟舉行年會，與會的日本副首相麻生太郎要求研議減少對中國低利貸款，未來並應喊停，讓騰出的資金提供給低收入國家，且放貸的利息有必要依各國收入水平訂出差距。同一時間，與會的中國財政部長劉昆則向日本籍的亞銀總裁中尾武彥說，目前中國仍面臨「發展不平衡、不充分」問題，仍需借助亞銀的資金和經驗。這也象徵著中國對國際經貿議題的態度。[7]

沒有國家身分卻必須付出更多

台灣長年以來就存在經濟政策應該著重自由貿易還是保護弱勢的爭論。過去長期追求出超，因此需要各種鼓勵出口、限制進口的措施，例如出口退稅、進口高關稅及貿易保護。筆者小時候就被教育要「愛用國貨」，直到學過經濟學之後才知道各國間存在「比較利益」，愛用國貨有可能反而導致國家的資源不能朝比較利益最高的方向去配置。後來，自由貿易隨著台灣經濟實力逐漸強化並成為共識，「愛用國貨」的口號才逐漸從人們的生活中消失。但對於農產品，則依然存有自由貿易不利國內農民的觀念。

事實上，就筆者觀察，中華民國來到台灣首先建構「土地改革」，形塑「土地改革是經濟起飛的基礎」，這一說法深入人心，再加上儒家傳統的重農思想，是台灣人普遍表示願意支持本土農業的心理基礎，這也讓政治人物格外喜歡以「重農」為政治號召和訴求。但事實上，如果台灣要完全履行加入WTO的承諾，在農業議題上我們恐怕必須要有全新的思考。根據農委會的資料，加入WTO前，進口農產品平均名目關稅為百分之二十點零二，二〇〇二年加入WTO後陸續調降，已降至百分之十二點八六，降幅達百分之三十五點七六，接近已開發國家會員需要降稅百分之三十六的幅度，高於開發中國家會員降稅幅度百分之二十四。此外，境內農業總支持[8]削減幅度也同樣比照已開發國家會員，從一九九〇至一九九二年的一百七十七億元，降至一百四十一億多元，削減幅度達百分之二十，高於開發中國家會員規定的百分之十三點三。而微量補貼比例也比照已開發國家會員定為百分之五，並承諾不針對農產品實施出口補貼。為降低加入WTO對農業的衝擊，台灣也針對稻米、紅豆等多項敏感產品，實施關稅配額及特別防衛措施。[9]換言之，台灣不但已經達到WTO所要求的標準，甚至做得更多。

台灣加入亞銀和WTO還有一個非常重要的戰略意義，就是因為WTO是「經濟聯合國」，台灣有機會利用在WTO裡的會籍與投票權，利用對於重要提案或他國立場戰略性的支持或不支持，來謀求台灣自己的利益。但是還是受到一些限制——因為「經濟聯合國」畢竟不等於真的聯合國，主權和安全議題不在處理範圍。同時，要在WTO中發揮影響力，本身必須遵守WTO的規範，意味著在經貿議題上，國家也必須有所轉型和配合。這對在國際間無國家地位的政治實體來說，是一個「沒有完整國家權利，卻要遵守完整國家義務」的顯例。

7 第七章

中國內戰

本章觀察重點

中國內戰的本質？這一本質對內戰的影響？
中國內戰如何決定台灣的未來？

國民黨戰敗的原因

第二次世界大戰結束後，明爭暗鬥已久的國共雙方終於爆發大戰。國共內戰的根本原因是國共兩黨在意識形態上的分歧，以及雙方都想要掌握中國的政權。在一九四〇年代，中國也無法提供政黨和平競爭的環境，中共更是毫無參加選舉以獲得政權的意願。

從太平天國戰事以來，武力走向地方化，中央政權對武力的控制很薄弱，國共雙方又都有發展自身武裝力量的傳統。辛亥革命後，北京的中央政府被北洋軍閥把持。由於北洋政府軍力強大，中國國民黨領袖孫文意識到沒有自己的軍隊，就沒有可能成功控制局勢。所以國民黨自改組起，以「聯俄容共」為政策，從蘇聯引進「黨指揮槍」模式，建立自己的武裝力量。接著國民黨通過和共產黨合作的北伐戰爭，徹底推翻北洋政府統治，於一九二八年在形式上統一中國。但在北伐戰爭過程中，國共關係逐漸惡化，

一九二七年八月一日從南昌起義開始，中國共產黨也建立自己的武裝力量——中國工農紅軍，試圖奪取政權。至此，兩黨都各自掌握自己的軍隊，內戰於焉展開。但是到了一九三七年，內戰暫時形式上停止，因為日本發動了軍事侵略。共軍接受國民黨方面改編為「國民革命軍第八路軍」，然而結果卻是中國共產黨得以在對日戰爭中壯大實力，而國民黨方面則蒙受了慘重損失。

一九三七年七月十七日，蔣中正在廬山發表講話，表明了中國對日本退讓的底線，以及準備全

面抗戰的態度。八月二十二日至八月二十五日，中共召開「洛川會議」，[1] 會中毛澤東指出，抗日戰爭將是一場艱苦持久戰。紅軍之基本任務是：「創造根據地，牽制消滅敵人，配合友軍作戰（主要是戰略配合），保存和擴大紅軍，爭取共產黨對民族革命戰爭的領導權。」簡單地說，中共主要任務是擴充八路軍的實力，並在敵人後方建立中共所領導的抗日游擊根據地。**毛澤東接著強調中央和八路軍應該絕對地維持獨立自主**。在之後的八年裡，基本上中共的這個策略非常成功。

同時，抗日戰爭還讓蘇聯得以具體以軍事力量大舉進入中國，也就是於一九四五年八月八日蘇聯藉口對日宣戰，指揮百萬大軍進入中國東北，除了徹底擊敗日本關東軍外，**大為減少了中國國民黨政府在對日戰爭勝利後對於中國自身事務的主動權**，這對中共打贏內戰具有關鍵性的影響。[2] 此外，蘇軍於一九四六年在撤離滿洲回國之前，依然為中共搶占滿洲的真空地帶提供了很多有利條件，例如松花江以北，國民黨就從未能夠實質接收。此外，蘇聯紅軍曾經把繳獲自日本關東軍的部分日本武器移交給林彪的東北野戰軍，而滿洲的工業和農業基礎也是中共發動內戰重要的資源。

一九四六年之後**國共雙方在內戰中的目的，在於國民黨準備消滅中共，而中共不僅要消滅國民黨，更欲徹底摧毀中華民國政府及其法統**。一九四七年九月至一九四八年九月，共軍開

中華民國政府撤退至台灣路線

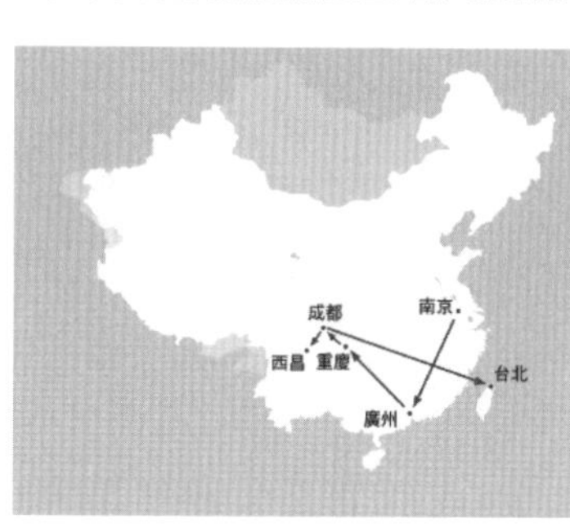

（資料來源：維基百科）

始展開主動攻勢，在東北將國軍壓縮至幾個孤立城市，在華北地區則藉由抗日戰爭時的經營，逐漸擁有優勢地位，對首都南京所在的華東地區形成壓迫，國共雙方的武力優勢逐漸反轉。一九四八年秋季，共軍在東北、華東、華北三個方向發動戰略決戰，即遼瀋戰役、徐蚌會戰（中共稱淮海會戰）、平津戰役等三大戰役，並取得全部三場戰役的勝利。在三大戰役中，國軍總兵力損失一百五十萬人以上，精銳部隊幾乎全軍覆沒，除西北外，長江以北的地區幾由共產黨所控制。

一九四九年四月十五日國共雙方在北京簽訂的《最後和平協定》指出：

第二條

第三款　雙方確認，南京國民政府於中華民國三十五年十一月召開的「國民代表大會」所通過的《中華民國憲法》，應予廢除。

第四款　《中華民國憲法》廢除後，中國國家及人民所當遵循的根本法，應依新的政治協商會議及民主聯合政府的決議處理之。

第三條

第五款　雙方確認，南京國民政府的一切法統，應予廢除。

第六款　在人民解放軍到達和接收的地區及在民主聯合政府成立以後，應即建立人民的民主的法統，並廢止一切反動法令。

自此，確立了中國分裂的格局，也等於宣告了中國內戰的結果。

從占領台灣到光復台灣

一九四五年九月一日，國民政府將「軍事接管台灣」任務劃歸警備總部負責，警備總部依據「台灣省收復計畫大綱」，與美軍聯絡組共同研討，以軍事占領原則制訂《台灣省占領計畫》。一九四五年，設立與中國大陸省級行政體制不同之「台灣省行政長官公署」，並由陳儀出任台灣省行政長官兼台灣省警備總司令部總司令。一九四六年一月十二日，中華民國行政院以「節參字第〇一二九七號訓令」之規定，單方面宣布「原有我國國籍」之台灣人民於一九四五年十月二十五日起恢復中華民國國籍。接著就將台灣視為中華民國領土，不僅實施治理，同時作為內戰時人力、物力的基地。

由於國共內戰失利，國民黨政府開始逐步將機構、物資和人員遷台。事實上系統性的遷台始自一九四八年。但在遷台開始時，國民黨政府仍擁有中國大陸西南、西北的控制權，何以物資、軍隊等要逐漸遷往台灣？根據學者研究，因為一九四八年共軍已經掌握軍事優勢，攻守強弱之勢已經易位，所以蔣中正開始考慮將國府的機構、物資和人員遷往安全地區。當時張其昀等人主張遷往台灣。理由為一、台灣物產豐富，相較西南、西北等地區更能支應撤出的軍民所需。其二、台灣有日治時代基礎。工業、交通以當時標準來說極為發達，可休養生息準備反攻。其三、和大陸隔有海峽，易於防守，且位於美國遠東防線之中，美國不會棄之不顧，若得美國支持，防守將更萬無一失。其四、台灣人民在日本統治下五十年，對中央政府有一種歸屬感，此一心理可用以鞏固未來統治秩序。其五、台灣受日本強勢統治五十年，受共黨「紅色汙染」不多，經二二八事變整肅，「干擾更少」。其六、台灣四面環海、地理形勢封閉，境內交通遠較大陸各省為發達，政府極易鎮壓不穩定因素。蔣中正接受了張其昀的建議，決定將中華民國政府遷往台灣。[3]

除以上原因外，筆者認為可能的原因還包括當時已視台灣為中華民國領土，因此遷台就如對日戰爭時將各項機構、物資遷往「大後方」一樣，對當時的中華民國政府來說，是極為自然的事。此外，台灣無有組織的地方反對勢力。值得注意的是，由於一九四九年第一任總統蔣中正宣布「引退」，由副總統李宗仁代理總統，但蔣仍保持中國國民黨總裁身分，因此中華民國實際上出現了雙頭領導。真正主持遷台的是蔣系和仍服從蔣的中華民國黨政軍部門。李宗仁作為中華民國元首，其實從未到過台灣。**蔣將中華民國國軍部隊與庫存黃金、古物遷至台灣，恐怕也有一定程度拆李宗仁的台，分庭抗禮的意味。**至少實質上，對於李宗仁在中國大陸的統治有負面心理作用。

中華民國能夠順利接收台灣，和日本敗戰後，台灣社會一時出現無政府情況，以及台人當時希望回歸中華民國有直接關係。末光欣也的記述為：

> 九月在南京舉行中國戰區受降簽訂儀式，台灣確實歸還中國，其時期出乎意料本島人背離日本人的傾向逐漸表面化，對地方官吏公務員施暴行，拒絕提供米穀，甚至發生要求歸還交售米等糾紛。行政秩序呈現明顯的混亂，無賴不逞之徒乘機抬頭，各地方陸續出現要求歸還交售米等糾紛……勒索搶奪日本人財物等擾亂治安及危害公安的現象。而中國所派遣抵達台灣的先遣部隊軍人，宣傳解放光復的傾向越來越明顯，於十月設置前進指揮所以後更加激烈，日本官員的行政執行能力急速削弱，治安也日漸紊亂。行政秩序的破綻以及治安的混亂，再加上物價一直暴漲，形成嚴重的社會不安，嚴重地威脅島民的生活，令人擔憂的惡性通貨膨脹無法控制，感到非常遺憾。[4]

在這種無政府的狀態下，「三民主義青年團」扮演了奇特但重要的角色。它是一個亦黨亦政，半黨半政的組織，一九三七年七七事變爆發，蔣中正為爭取青年向心，也有仿效墨索里尼成立「義大利青年刀斧手」（Gioventù Italiana del Littorio，是義大利國家法西斯黨的青年組織）、希特勒成立「希特勒青年團」（Hitler-Jugend）的用意，指示成立「三民主義青年團」，一九三八年七月正式成立。一九四三年蔣經國掌握了三青團組織訓練之權，三青團成為國民黨內最大派系。[5]

三青團台灣區團部早在戰爭時期即已成立，甚至有一定的特務組織色彩。國民黨政府利用這一組織組訓將來接收台灣後要任用的台籍幹部，且其組織直接受命於中國國民黨，又較正式官署為彈性，因此在國民政府正式派官前來台灣設立官署之前，還發揮了籠絡台籍在地菁英和日治時期社會運動領袖的作用，甚至左派人士都有不少加入三青團，成為終戰初期最重要的力量。曾組織三民主義青年團台灣區團部、任台北分團籌備處主任的陳逸松律師有以下記述：

一九四二年，國民黨中央在台灣義勇隊內成立「三青團」中央直屬台灣區團部，李友邦擔任團長。張士德以上校軍銜回台後，以「三民主義青年團中央直屬台灣區團籌備處總幹事」名銜，準備展開組團工作。大約在九月初，他透過替他修理電器的人來聯絡，找我去……當時（一九四五）剛從日本殖民統治解放出來的台灣人，民族感情高昂，要求實現政治民主和社會正義的情感高漲，都期望有政治團體出來帶領，自己管理自己。三青團的出現，馬上匯集了巨大的社會力量。在日據期從事社會運動、民族運動的人，不論左右幾乎都加入了三青團的行列……從八月十五日到十月二十五日，直到陳儀政府來台舉行受降典禮及慶祝光復為止，這七十幾天中，台灣幾乎處於沒有政府的狀態，日本殖民政府快速崩潰，國民政府又還沒到來，只有三青團扮演了自治的角色，大小事都要經過我們處理。[6]

在這種情況之下，台灣就被中華民國由「占領」轉稱為「光復」，進而成為「復興基地」，也決定了台灣和台灣人之後的命運。

台灣人錯過了民族自決的歷史窗口

討論國共內戰的書籍可謂汗牛充棟，解讀和爭議更是人各言殊，海峽兩岸的說法在過去更是南轅北轍。本書基於篇幅關係不去討論國共內戰孰對孰錯，但常見的誤解之一是台灣置身於國共內戰之外。事實上，許多剛從南洋等地回台的台灣兵，立即被國民黨政府徵召投入國共內戰。這些台灣兵主要被編入陸軍七十軍、陸軍六十二軍九十五師與台澎海軍技術員兵大隊，其他還有二十一師、青年軍、輜重兵汽車第二十一團，此外也有台籍日軍滯留中國戰場被國軍徵用者，包括各部隊軍醫、軍械士、翻譯等技術人員。

最初，這群台灣兵加入國軍時，只被告知服役二至三年，且保證不調離台灣；然而，最後他們卻被調往中國投入國共內戰。在國共內戰期間，投入戰爭的台灣兵至少一萬五千名，其中超過一萬人陣亡，約三千人被俘虜變成共軍。二二八事件之後，也有一波台灣徵兵，人數至少在兩千人以上。這些人的命運相當悲慘，多數人喪失生命，倖存者也被迫離鄉背井，甚至在中國共產黨的政治運動中飽受迫害。

其次的誤解是分不清台灣人是「戰勝國」還是「戰敗國」國民？當時就法律地位來講，台灣人可能仍是「戰敗國」（日本）國民，但就心態上，幾乎完全沒有人認為自己不是戰勝國（中華民國）國民。陳逸松的記述，堪稱當時台灣人的典型寫照。

> （一九四五年）十月二十四日陳儀長官蒞台時，三青團和台灣學生聯盟都到松山機場去迎接。當他從飛機下來時，我上前去代表台灣人和他握手，那一刻我確實感覺到他很偉大。他與第一次世界大戰的德國名將很像，留著兩撇小鬍子，個子不高胖胖的。那些日本高官都排在最後面，每個人都頭低低的不敢正眼看，我們則是意氣昂揚，興高采烈地迎接他。我不禁心想，你們這些日本人，以前你欺凌台灣人，用腳踢台灣人，今天看你如何再顯威風。這實在難怪我們這麼想，台灣人過去五十年，上自父母祖先下至兄弟姐妹朋友，都受過日本人糟蹋過，我雖然從小到日本本國去唸書，個人沒受到什麼痛苦或侮辱，但作為台灣漢民族的一分子，民族間的歧視讓我深感厭惡。

當時台灣沒有堅決主張獨立的領袖、組織和武力存在。相形之下，許多菁英存有濃厚的中國情結，又缺乏二戰後對世界局勢「解殖獨立」的認知。在對自己的命運不知道有哪些選項，也不覺得該做選擇的情況下，台灣人做出回歸中華民國的選擇並不意外。**國共內戰更讓一九四八年之後就有大量中國大陸和中華民國軍政機構人士移居台灣，自然也強力限縮了台灣在當時獨立的可能，這也是二戰後的其他殖民地所沒有碰到的。**

「反攻大陸」的計畫與現實

中國內戰對台灣還有另一項重大影響，就是台灣從一九四九年之後，成為「反攻大陸」的基地。**「反攻大陸」其實是中國內戰的延續**；一九五四年，台灣情勢初步安定，蔣中正下令研究美國國防部組織，[7]四月，蔣決定實施台灣軍民工廠動員演習，以了解純以台灣一地，究竟有多少力量支應反攻。[8]蔣在同時下令陳誠等人開始研擬「復興計畫」。這應該是「反攻大陸」計畫最早的雛形。[9]

「復興計畫」目前存檔有六十一頁，約兩萬字。前提是在美軍海空支援下，國軍實施反攻大陸作戰。登陸地點為雷州半島，出動兵力十一萬五千人，飛機四百架，需要五十五萬六千噸船舶運輸。可想而知，這樣的動員能力完全超過當時國軍能負荷的範圍。其次，任務能成功的前提是：第一，空軍能奪取制空權；第二，在福建發動反攻作戰，以牽制共軍不能向雷州半島轉移太多兵力；第三，游擊隊和民眾能廣泛起義，反制共軍；第四，大批共軍反正。這其實已經揭示了一切反攻大陸計畫所難以克服的難題。

就空軍爭取制空權來看，國軍空軍在一九五〇年代初期還是以二戰時期的螺旋槳戰鬥機、轟炸機為主力，且零附件逐漸消耗（根據一九五一年國軍軍事會議中空軍的報告，一九五一年底航空器材僅能補充所需的百分之十）。相形之下，共軍在一九五〇年七月就已有飛機一千七百七十四架，數量上為國軍五倍（一九五一年底全軍僅有飛機三百四十架，妥善者兩百六十九架），國軍不只飛機數量少，也缺乏訓練。飛行員每月飛行時數僅為兩小時半，[10]可以想見國府難以確保制空權。且韓戰之後，中共空軍戰力大增，已經全部進入噴射化，完全不是螺旋槳時代的國軍空軍可以對抗的。[11]一九五五年國軍與美軍實施「藍天十二號演習」，美軍出動三艘航母，以三百架飛機模擬對台實施攻擊，結果美軍成功轟炸所有機場多次。國軍評估空軍「故欲單獨對敵匪作戰，殊難達成預期之戰果……我空軍部隊數量不多，作戰能量頗低，難期適應爾後之真正作戰」。[12]直到一九六二年，國軍才獲得十一種噴射機之換裝，[13]還有兩支**F-86F**戰鬥機中隊已完成「特種武器」的投擲訓練，局面才稍有改善。

在反攻對象方面，在福建發動反攻作戰則是當時唯一的選擇，因為福建是距離台灣最近的省分，但福建本身的地形利守不利攻，[14]因此有攻打廣東的計畫。但演習狀況卻顯示各艦隊對空聯絡演練不足，實彈射擊太少，命中率低，要港反潛與搜索巡邏都不嚴密。[15]要攻打廣東也非易事。

船舶數量不足和需要美軍支援更是難以企及的夢想。當時的判斷是中南半島為新的反共戰場，可能出現類似韓戰的態勢，就是中共自中國大陸廣西出兵進入中南半島支援北越作戰。因此「復興計畫」的構想是若美軍再度參戰，則國軍在雷州半島登陸就對入越共軍有切斷作用，實質減輕美軍壓力，在這種情況下可能獲得美軍的空中支援。因此計畫中還包括為密匿國軍反攻企圖，以沖繩島作為部隊出發及物資屯儲基地的構想，並希望美國將援助我方反攻的軍需物資偽裝成運往中南半島援助法國的物資，以避免引起中共警覺我方反攻大陸之行動而降低成功機率。可以想見這一計畫已無異於中華民國與美國聯合反攻大陸。

一九五五到一九五六年間，蔣又指定當時的陸軍副總司令胡璉將軍，邀集國防大學和實踐學社教官，組成「凱旋計畫」小組，擬研對福建、廣東兩省的自力反攻作戰構想，但並無策訂細部及次級計畫，也未能對後勤支援和運輸能力詳細計算。

一九五七年五月至一九五八年四月，蔣中正衡量當時局勢，認為應積極策訂自力的反攻大陸計畫與方案，再指示成立「中興計畫」作業室，主要任務為：第一，有關獨立反攻作戰之設計與各類計畫之策擬；第二，策定反攻作戰準備之總綱、方針、目標、程序與預定工作完成期限，並督導各項戰力整備工作之推行；第三，反攻作戰各項重要問題之研擬與建議。

中興計畫中對於「反攻時機」之假設，大致分為三種情形。一是大陸內部發生武裝衝突，並得美方之贊助。二為大陸內部發生強烈的派系鬥爭，台灣取得美方支援時。三是大陸邊境地區發生武裝衝突，有國際勢力介入，情勢日趨擴大，並得美方支援反攻時。可見前提都是「大陸內亂」加上「美方支援」。[16]

一九六〇年一份報告指出，美國可能支持中華民國反攻大陸，前提是大陸同胞在「人民公社」暴政下奮起抗暴。[17]一九六二年蔣中正下令成立「國光計畫室」，計畫室成立後，積極進行反攻大陸的各項軍事計畫準備，並實施多次實兵演習，甚至還實施動員並徵收國防特別捐。

但因為「大陸人民奮起抗暴」遲遲沒有發生，加上越戰爆發，美國逐漸走上和中國改善關係的道路，當然就更不可能讓國民政府「反攻大陸」讓中國內戰延續下去。

國軍的軍事準備也始終不充足。一九五五年，蔣指出國軍仍有六項重大缺點。[18]一九五六年國府實施「黨政軍聯合作戰演習」，實際上就是反攻大陸的演習，蔣嚴厲批評「你們這一演習無論時間、空間與兵力，任何一方面來說，都是矛盾的、浪費的，換言之，乃是絕對錯誤的，而且絕對違反一切原則的」。[19]一九五八年美軍顧問評估國軍士氣因為生活水準太低有嚴重問題，原因在於兵力過於龐大。[20]八二三炮戰前夕，蔣下令實施動員後備軍人的「虎威演習」，令白團顧問實地考察，他們認為主要缺失是國軍駐地分散、移動頻繁，乃至於動員效果並不理想。[21]一九六〇年國軍舉辦反攻大陸的實兵「襄陽演習」，美軍協防司令史慕德和顧問團團長戴倫發表講評，婉轉表達美軍可能同時在全世界其他地方作戰，因此必須對美軍前來支援的可能性慎重考慮，並要求測驗通信、後勤、艦隊及陸上運輸。戴倫則認為演習過程中「假定、模擬」太多，在實兵演習中非常不宜。他批評國軍將軍事表演和實兵演練合併，演習過程中上級單位過度管制、拘束行動自由且不逼真。建議是演習規模縮小、需實際執行任務、假定事項應減至最低，實兵演習應有明確而有限度的目標。[22]到一九六四年中共試爆原子彈成功以後，內戰的軍事面就逐漸消失。一九六五年國共發生「八六海戰」，國軍大敗，自此之後國光計畫室的活動逐漸降低，之後完全裁撤。「國光計畫」也從此被束之高閣。但兩岸因內戰形成的政治架構，即中華民國與中華人民共和國分立，則持續至今。

台灣成為中華民國的唯一領土

國共內戰最大影響首先是台灣的定位和發展和國共對「中國代表權」的爭奪連繫了起來。中華人民共和國的成立原本和台灣無關。但由於中華民國逃到台灣，因此台灣自然而然捲入國共內戰。甚至台灣還在一九四九到一九七一年間在聯合國中代表中國。

同時，中華民國來到台灣，為了使其統治正當化，必然強推「台灣是中國的一部分，而中國就是中華民國」論述。但這一論述的盲點就是中華民國要在國際上被認為代表中國有其困難，因為在中國大陸此一中國主要領土上出現了名為中華人民共和國的政權。並且從任何角度來看，它都是一個國家，甚至是一個強國。**因此「台灣是中國的一部分」就很容易被認為「台灣是中華人民共和國的一部分」。今天台灣也僅能從「中華人民共和國從未統治過台灣」來反駁此一論述。**（有關「台灣地位未定論」，請參閱後章）。

其次，國共內戰讓台灣成為中華民國僅存的主要領土，因此中華民國法統完全移到台灣實行，堪稱影響台灣發展的最大事件。中華民國法統移植到了台灣之後，台灣實際上不可能像位於東南亞的其他日本占領地一樣，在日本撤離之後行使民族自決權。儘管筆者同意，如果當時讓台灣人公投，回歸中華民國極可能仍是多數票。但即使如此，那也意味著「中華民國」的合法性受到全體台灣人民的認可，就讓中華人民共和國對台灣的主權要求會變得更加難以立足，也將更快形成兩個中國。

必須說明的是，中華民國法統移至台灣實施並非始自一九四九年，而是一九四六年台灣代表團參與位於南京的「制憲國民大會」。[23]此外，在一九四九至一九九〇年間，台灣雖然為中華民國憲法唯一實行地區，但實行內容卻頗為凍結。最大原因是就是所謂「萬年國會」，但「萬年國會」實質上卻是台灣最高立法機關（適用於台灣的《民法》、《刑法》等法律均由萬年國會制定、修改）。

此外，一九四九年中華民國政府跑到台灣來，不管台灣人歡迎不歡迎，都讓**台灣變成事實上的國家**（如果台灣仍為日本領土，當然也不會成為事實上的國家）。**因為中華民國所有的領土只剩台灣這一塊，因此有人認為中華民國利用台灣借殼上市，也有人認為台灣利用中華民國借殼上市**。這也讓許多台灣人認為台灣已經是主權獨立的國家。今天的台灣的確具備許多讓台灣人認為台灣「已經是國家」的特徵，例如可以選總統、有軍隊、有獨立貨幣，但其實都是以「中華民國」為名義行之，或是直接沿用一九四九年中華民國政府自中國大陸帶來的法律、架構或團體。最好的例子就是國軍。

中華民國是依賴台灣行使跟履行它作為國家在國際間的權利跟義務。任何國家與中華民國發展關係的時候，都以台灣為其與中華民國關係的適用範圍。也就是說，跟中華民國有關係的，它適用的範圍、它的權利義務，都是跑到台灣頭上。也就是說，任何國家與中華民國有任何關係，或是它覺得要給中華民國任何權利義務，這些權利義務都是跑到台灣跟台灣人的頭上。

國共衝突根本地改變了台灣的面貌

首先，如果沒有中國內戰，台灣於二戰後的法律地位大概不至於有所爭議。因為不存在領導獨立的力量，反而多數台灣人希望回歸中華民國統治。而中華民國更是早在戰時就已經打定收復台澎。二戰四大盟國對一九四五年中華民國在台實施統治並無直接反對。最有意見的是英國，但英國向來對台灣並無領土主權要求，台灣和英國殖民地也無領土糾紛，所以英國並不會積極干預台灣的主權歸屬。

戰後中華民國行憲，實施各項選舉，台灣是選務工作最成熟、投票率最高的省區。前面提到大批台灣人也作為中華民國國軍參加了中國的內戰。這些人的命運相當悲慘，但直到解嚴之後才陸續得到若干程度的關注和補償。

其次，中國內戰嚴重戕害了戰後台灣的經濟和社會發展。二二八事件的爆發，相當程度起因於當時台灣經濟、金融的困窘與匱乏，主因除了貪腐之外，就是大批物資被運往中國大陸支援內戰，台灣的惡性通貨膨脹[24]、物價暴漲、疾病流行、政風敗壞……都是中國內戰對台灣帶來的傷痛。

第三是金馬的問題。金門、馬祖完全是中國內戰的遺留。兩地和台灣原本沒有任何關係，也不在馬關條約中台澎的附屬島嶼裡。蔣中正之所以要堅守金馬，在於他需要「反攻大陸」，卻又缺乏足夠的船舶橫越台灣海峽，因此只好先把部隊前運至在福建兩大港口廈門和福州以外的金門和馬祖，一旦時機成熟就可立刻自這兩島出兵登陸對岸。這兩島也可封鎖福建二大港，使中共無法利用這兩港集結船舶，裝載部隊攻台。這一切都源於中國的內戰。駐軍金馬對台灣的國防負擔沒有正式統計報告，但是從金馬的工事、部隊的數量和無數的運補看來，絕對是一個極其驚人的數字。數十年來，包括筆者在內，在金馬服役過的台灣子弟超過百萬，歷經兩次台海危機（九三砲戰、八二三砲戰），加上歷年來構工和演訓意外、自裁、不當管教……傷亡也絕對在萬人以上。

美國對金馬的態度相當曖昧，原因並不是台灣地位未定論或是支持台灣獨立，**更大的理由是美國認為金馬不具價值，堅守它們只會讓美國更容易捲入與中國的衝突。**

中國的內戰改變了「台灣必將屬於中國」這一事實，因為中國內戰的勝利者是中國共產黨。冷戰架構下，共產黨增加土地是美國所不願意接受的。事實上，美國和聯合國原本是打算承認中共在內戰中勝利、取得中國控制權，進而作為中國唯一合法政府此一事實。一九五〇年蘇聯駐聯合國代表馬立克（Yakov Malik）於八月二十九日正式提請安理會將「關於台灣遭受武裝侵犯的控訴」（簡稱「美國侵台案」）列入議程，安理會於九月二十九日決議邀請中華人民共和國政府代表於十一月十五日後，在安理會討論「美國侵台案」時列席會議，以幫助安理會調查和審議。但韓戰爆發讓冷戰架構完全確立，中國人民志願軍於十月末大舉進入朝鮮半島與聯合國軍作戰，使中共與聯合國的對立更形尖銳。雖然安理會於十一月二十八日起連續三天討論「美國侵台案」，一九五〇年十一月三十日，安全理事會經過討論後表決，以九比一（蘇聯）的票數否決了「美國侵台案」。

國共內戰的意識形態對台灣形成巨大影響。內戰時，中共通過激烈的土地改革動員解放區貧苦農民，提供經濟力量、兵源支持內戰。在國民黨統治地區，中共則利用國民政府的施政不良，以及嚴重的通貨膨脹，鼓動各種反體制運動推波，尤其是針對知識分子的不滿，以日常生活品質惡化為號召發動各種鬥爭（如反飢餓……）。他們並針對國民政府地區人民的反內戰情緒，煽動學潮和其他抗議活動，這些都讓國民政府在台灣強力推動「土地改革」和「社會控制」，並且師法中共成功經驗，實施「黨國一體」的統治方式，從此根本改變了台灣的面貌。

「台灣地位未定論」的模糊空間

中國內戰讓台灣地位出現重大變化。主張台灣地位未定論的人士，通常引用的是美國總統杜魯門在一九五〇年六月二十七日的聲明（「台灣將來的地位，必須等到太平洋安全的恢復，及對日本的和平條約成立後，或者聯合國予以考慮，才能確定。」）。但在同年一月五日，他做過相反的發言（「為實踐《開羅宣言》與《波茨坦公告》，台灣移交給蔣介石四年以來，美國及其他盟國均接受中國在台灣行使權力。」）。[25]但是之後由於韓戰爆發，美國與中華人民共和國的敵對關係檯面化，美國就對台灣是否歸屬於中國開始採取模糊立場。雖然當時美國承認中華民國政府為中國合法代表，但是從未有正式文件直接承認中華民國領有台灣，僅透過其他方式間接承認，如《中美共同防禦條約》的簽訂，以及把「駐中華民國大使館」設於台北。

毛澤東把美國第七艦隊巡弋台灣海峽看作是美國侵略中國的表現，因為當時中國在朝鮮半島還沒有出兵。但是顯然他入侵台灣的計畫就無法成功，因此出兵朝鮮有可能是他為了不讓蘇聯責備他喪失占領台灣的機會的一種補救性行動。

英國是最贊成台灣地位未定論的大國（雖然不是英國政府內所有人都贊成），因為台灣地位未定論確立後，聯合國託管將會使英國發揮影響力，更加介入決定台灣的未來，也使英國更可以限制美國的行動。

在一九五〇年，英國一直不贊成美國的台灣海峽中立化政策，因為英國認為這會使美國和中華人民共和國產生直接衝突，以當時的國際情勢，西方國家包括英國很可能必須跟進，這可能會導致中共攻擊香港。英國希望將台灣問題國際化，因為英國一部分人認為若支持美國挺蔣的政策，會破壞英中（共）關係，也會導致亞洲國家敵視英國，另一部分人則認為若英國不支持美國，必然得罪華府，不但損害英美關係，也會使美國在必要時不支援英國。因此將台灣問題國際化，由聯合國來處理是最恰當的。

歷史可以告訴我們，**當中華人民共和國越接近取得台灣或是和西方關係越差時，美國和其他國家就傾向於支持台灣不屬於中國的論述，台灣地位未定論也就越受歡迎。**

8 第八章

冷戰爆發

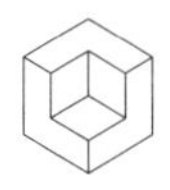

本章觀察重點

何謂冷戰？爆發的原因？何時「爆發」？
台灣是何時進入冷戰架構中的？

從「長電報」到柏林危機

與其說是冷戰「爆發」，筆者認為不如稱之為冷戰「出現」。至於冷戰為何「出現」，學者有許多解釋；但是筆者認為蘇聯的擴張、美蘇意識形態的衝突和不信任是主要原因。

一九二一年，布爾什維克黨領導下的蘇維埃紅軍擊敗了白軍，並擊敗了十四個帝國主義國家的外國軍隊的聯合武裝干涉，逼迫美國、英國、法國從列寧格勒、烏克蘭和外高加索撤軍，逼迫美國、日本和中國從西伯利亞撤軍；消滅了烏克蘭人民共和國、喬治亞民主共和國等宣布脫離俄羅斯獨立的少數民族政權，領土持續擴大；在第二次世界大戰中進軍德國時，又將勢力範圍擴大至東歐諸國。由於擊敗納粹，蘇聯在東歐有很大的影響力，大多數東歐的社會主義國家都有或多或少的被蘇聯操縱。

曾任美國駐蘇聯大使的喬治・凱南，主導了美國對蘇聯展開的「圍堵」政策。（資料來源：維基百科）

一九四六年二月，美國駐莫斯科大使館官員喬治・凱南（George Kenman）從莫斯科向美國發回了一則「長電報」（long telegram），電報中闡述了他對於蘇聯內部社會和對外政策的深入分析。認為蘇聯自認為仍活在敵對的「資本主義包圍」之中，因此認為與資本主義長久和平共處是不可能的。同時俄國人有著根深蒂固的不安全感：

對世界事務的神經質看法，根源於俄國傳統與本能的不安全感。和平的農業民族，在遼闊的原野上與兇悍的遊牧民族共同生活，自然產生不安全感。俄國與經濟先進的國家接觸之後，面對西方更能幹、更強大、組織性更好的西方社會，這種不安全感又加深了。面對西方社會的不安全感，折磨著俄國的統治者，而不是俄國人民。因為俄國的統治者一致認為，他們的人民如果知道了外界的真相，或外界知道了俄國內部的真相，恐怕會產生不良後果。他們學到的尋求安全的唯一方法，即是進行殊死的鬥爭，徹底毀滅與他競爭的國家，決不與哪個國家達成協議或妥協……

這個國家從未曾有過友好的鄰邦，也不曾有過包容內部或國際間同等勢力的經驗。在布爾什維克政權建立之後，列寧所詮釋的馬克思主義更加殘酷，更加不容異己，從而成為表達不安全感的完美工具，而布爾什維克統治者甚至比俄國過去的統治者更加缺乏安全感……

外國政府無法直接了當地與俄國決策者溝通，有時候甚至連對等溝通的人是誰都不認識也無處使力，這個我認為是跟俄國進行外交最令人焦慮之處。外交人員必須明白這些可能要面對的困難。

因此，美國與蘇聯的長期衝突是不可避免的，並且主張以「圍堵政策」對付蘇聯。這則電報對美國政府決策者的影響巨大，並且成為之後美國數十年用以對付蘇聯的策略基礎。

蘇聯第一個動手的目標是伊朗。早在一九四一年，英國、大英國協部隊及蘇聯紅軍就進入伊朗，以保障蘇聯和英國在東部戰線和其他地區的石油供應。戰後蘇軍繼續留駐，並且在伊朗建立了兩個「人民共和國」（亞塞拜然人民共和國和馬哈巴德共和國）。

對此，美國向蘇聯施加了強大壓力，要求蘇聯從伊朗撤軍，減少在當地的影響力；並支持伊朗政府消滅這兩個共和國。在美國提出抗議後，聯合國安理會於一九四六年一月三十日表決通過了第二號決議，要求蘇聯撤軍。蘇聯在一九四六年三月二十四日作出回應，承諾立即撤出紅軍，但實際上仍延遲了數周方撤離伊朗。由於蘇聯撤出伊朗後初期仍在干預伊朗內政，伊朗在得到美國的支持後向聯合國安理會表達了抗議，促使安理會相繼通過了三號決議和五號決議。這是美國在二戰後第一次公開和蘇聯決裂，也是聯合國第一次以決議的形式發揮集體安全的功能。

就在蘇聯從伊朗撤軍後不久，一九四六年五月底和六月初，史達林在與南斯拉夫共黨領導人狄托（Josip Broz Tito）和保加利亞領導人的談話中，正式提出了加強各國共產黨之間聯繫的想法。在狄托訪問莫斯科後所寫的記事手稿中也記載了有關成立某種共產黨國際組織的事項。顯然他們意識到西方的對抗意識正在形成。

土耳其是另一個問題。俄羅斯和土耳其帝國長期以來就有領土糾紛。二戰結束之後，蘇聯要求土耳其歸還和過去喬治亞、亞美尼亞有爭議的領土，並且要求修改一九三六年所訂的《蒙特勒公約》（Montreux Convention Regarding the Regime of the Straits），該公約確認了達達尼爾海峽和博斯普魯斯海峽通行的自由原則：平時和戰時各國商船均可自由通過；在平時黑海沿岸國家的軍艦可自由通過海峽，非沿岸國家之軍艦通過海峽則要受到一定限制，即同一時期通過的軍艦總噸位不得超過一萬五千噸，在黑海停留的船隻總噸位不得超過三萬噸，停留時間不得超過二十一天；在戰時如土耳其為中立國，各交戰國軍艦不得通過海峽，如土耳其為參戰國，則由土耳其決定是否允許別國軍艦通過。根據此公約，撤銷了原來的海峽國際委員會，恢復了土耳其對海峽的全部主權，土耳其獲得了在達達尼爾海峽和博斯普魯斯海峽設防的權力。這讓蘇聯在黑海的通行權幾乎完全為土耳其所封鎖。

一九四六年八月七日，蘇聯發出照會，提出了修改《蒙特勒公約》的五項原則，重點為堅持海峽航行制度的制定只是黑海國家的權力；海峽的防禦事務只能由蘇聯和土耳其兩國處理。與此同時，蘇聯還向蘇土邊界地區調動軍隊，並實行軍事演習，以施加壓力。

蘇聯的行動立即引起土、美、英的強烈反應，美國和英國都向蘇聯提出警告和抗議，並不斷向地中海增派海軍力量，土耳其也實行了全國動員。美國認為蘇聯的領土主張是擴張主義，聯想到的是二戰前希特勒對捷克蘇台德區的併吞。在美國的壓力下，蘇聯知難而退。十月二十六日蘇聯照會英國政府，認為召開會議討論海峽問題「為時尚早」，擱置至今。

一九四六年希臘舉行大選，共產黨抵制了這次大選，持君主立憲主義的聯合愛國黨（IPE）獲勝。在九月的全民公決中，保皇派以微弱的多數獲勝，當月國王喬治二世返回雅典。與此同時，隨著蘇聯與西方盟國關係的惡化、冷戰的開始和全球共產主義武裝力量的活躍，希臘共產黨很快就改變了自己的政治立場，他們決定以武力方式和希臘政府爭奪政權，希臘內戰正式開始。一九四七年二月，英國政府宣布他們難以持續在希臘內戰中支持君主政權抵擋共產黨的游擊隊。一九四七年，美國總統杜魯門決定採取行動以遏制蘇聯的擴張，他認為蘇聯許多趁著戰後混亂和權力重組而進行的權力擴張，已經導致另一場戰爭爆發的可能。

一九四七年三月十二日，杜魯門發表《國情咨文》，主張：

在世界歷史的現階段，幾乎每一個民族都必須在兩種生活方式之中選擇其一。這種選擇大都不是自由的選擇。一種生活方式是基於多數人的意志，其特點為自由制度，代議制政府，自由選舉，個人自由之保障，言論與信仰之自由，免於政治壓迫。第二種生活方式基於強加予多數人頭上的少數人意志。它所依靠的是恐怖和壓迫，操縱下的報紙和廣播，內定的選舉和對個人自由之壓制。我相信，美國的政策必須是支援各自由民族，他們抵抗著企圖征服他們的掌握武裝的少數人或外來的壓力。我相信，我們必須幫助自由民族通過他們自己的方式來安排自己的命運。我相信，我們的幫助主要是通過經濟和財政的支持，這對於經濟安定和有秩序的政治進程來說，是必要的。世界不是靜止的，而現狀也不是神聖不可侵犯的。可是我們不能聽任用諸如脅迫一類方法，或政治滲透一類詭計，違反聯合國憲章來改變現狀。美國幫助自由和獨立的民族去維護他們的自由，將有助於聯合國憲章的原則發揮作用。

美國國會兩院經過辯論後，分別於四月二十二日和五月八日通過關於援助希臘、土耳其的法案，撥款四億美元援助希臘和土耳其政府。儘管希臘共產游擊隊是由與蘇聯分裂的南斯拉夫狄托政權提供主要支援，美國仍指控蘇聯暗中企圖顛覆希臘的君主政權以圖擴展蘇聯的影響。[1]

位於東德的西柏林於1948年6月底開始被史達林封鎖將近一年，是為美蘇冷戰期間的第一次重大國際危機。英美為首的西方陣營開展了史上規模最大的空中運輸行動「柏林空運」（Berlin Airlift），以提供生活物資給西柏林。英國、美國、澳洲、加拿大、紐西蘭、南非等盟國空軍部隊總共進行了二十七萬八千多次飛行，向柏林提供了兩百三十二萬噸多的物資，包括燃料、食物等。圖為美國的C-54「空中霸王」。
（資料來源：美國空軍。攝影：Henry Ries）

在四國分區占領的德國，西方和蘇聯的衝突也開始表面化。一九四七年一月一日，美國和英國將他們各自控制的占領區合併為一區塊（法國在一九四九年四月加入）。為了重建德國的經濟秩序，西歐各國和美國的代表在一九四八年初協商宣布將建立一個統一的西德聯邦政府。除此之外，隨著

「馬歇爾計畫」的推行，他們決定將讓新德國重新工業化，六月二十日盟軍當局發行新的德國馬克取代已被蘇聯濫發所貶值的國家馬克（Reichsmark），讓蘇占區的經濟遭受嚴重打擊，[2]史達林隨即展開了柏林封鎖（一九四八年六月二十四日至一九四九年五月十二日），成為冷戰中第一個主要的危機。蘇聯以其控制的東德地區圍堵西柏林，阻止食物、物資和其他補給品進入城市。美國和英國於是展開了龐大的「柏林空運」（法國、加拿大、紐澳等國也隨後加入），用運輸機提供西柏林居民食物和其他物資，最後蘇聯結束封鎖。

「NSC-68」開啟了冷戰

蘇聯咄咄逼人的外交行為在客觀上促成了西方國家的聯合。在一定意義上可以說，除了西方國家固有的反共及權力平衡意識形態，戰後蘇聯在其周邊地區（特別是在歐洲）擴張影響力、增加緩衝區的外交行為也加強了西方國家的團結意識，加快了西方國家反蘇聯盟的形成。在處理德國賠款、成立波蘭政權、控制核武器以及解決的第里雅斯特（Trieste）歸屬[3]等一系列問題上，蘇聯與西方之間面臨諸多分歧和矛盾。為此，莫斯科感到有必要把屬於自己範圍內的力量聯合起來。

一九四七年九月二十二日，蘇聯、南斯拉夫、波蘭、羅馬尼亞、保加利亞、匈牙利、捷克斯洛伐克、法國、義大利等九個國家的共產黨和工人黨代表[4]在波蘭舉行「共產黨和工人黨情報局」

（Information Bureau of the Communist and Workers' Parties，簡稱「情報局」〔Cominform〕）成立會議。會議還通過了《關於出席會議的各國黨之間交換經驗和協同行動的決議》，主要內容為：設立情報局，由南、保、羅、匈、波、蘇、法、捷、義等九國共產黨（工人黨）各派兩名代表組成；情報局的任務是交流經驗，必要時在協商的基礎上協調各個黨的活動；情報局將創辦一份機關報（初為半月刊，後改為旬刊）；情報局設在南斯拉夫的貝爾格勒。

這個組織的成立當然和一九五五年成立的華沙公約組織在性質上不相同，但反映的是在戰後歐洲各國新政府建立的過程中，蘇聯想要「加強對各國共產黨的控制」此一心態，所以需要有某種機構來實現這種控制，這主要有三個方面的原因。首先，在蘇聯勢力範圍內的東歐國家之間出現了大量涉及領土、民族問題的矛盾。其次，在涉及民族利益和國家安全需要的一些問題上，蘇聯本身與其勢力範圍內的國家——這些政權都控制在共產黨手中——也存在許多矛盾，如在喀爾巴阡烏克蘭及戰利品問題上與捷共的分歧，在第里雅斯特問題上與南共的衝突，在拆遷工業設備問題上與德國統一社會黨（一般習稱為東德共產黨）的不滿情緒等等，解決這些矛盾也要求在各黨之上有一個公共機構。

最後，與戰爭期間不同，戰後東歐各國受到蘇聯的影響和控制，其發展道路已趨向一致。在建立親蘇政府、排擠右翼政黨、擴大共產黨的勢力、解決與社會黨的矛盾等眾多問題上，各國共產黨的任務、方針大體同步，因此需要有一個統一的協商中心。而從國際輿論以及各國共黨能否接受的角度考慮，與其由蘇共下屬部門出面，當然不如建立一個至少在表面上超然的共產黨國際組織。[5]

一九四八年捷克在「二月政變」（西方國家名之為Czechoslovak coup d'état，共產國家則稱為「光榮二月」Victorious February）後成為共產國家。[6]捷克共產黨政變的殘酷，重新喚醒西方國家對蘇聯的恐懼：擔心莫斯科會發動、支持另一個類似的奪權政變——鼓勵共產黨政變、承認新的共產黨政府，而且利用軍力去替它撐腰。

一連串的糾紛，在在讓美國相信「長電報」裡說的是真的。一九五〇年四月十四日，[7]美國國家安全會議向杜魯門提交長達六十六頁的NSC-68號文件（正式名稱為「美國國家安全目標和計畫書」〔United States Objectives and Programs for National Security〕）。這份由包括五角大廈、國務院以及中央情報局等機構共同提出的報告由保羅．尼采（Paul Nitze）作為主要撰稿人，被認為是美國確定冷戰策略的正式檔案，它大體上以道德原則的詞語來界定美國的國家利益。它認為，道德挫敗比起物質上受挫可能更加危險：

> 自由體制在任何地方的挫敗就是全面的挫敗（a defeat of free institutions anywhere is a defeat everywhere）。捷克覆亡，我們所遭受的震撼絕不能以捷克對我們在物質上有何重要去加以衡量。就物質意義而言，捷克的能量早已在蘇聯支配下。但是當捷克體制的完整性受到破壞時，也就是在這個無形的價值指標上，我們測度到的損失，遠比我們業已遭受的物質損失，傷害大

多了……只有在實踐上重申我們的基本價值，國內、國外皆然，我們方能保持自身的完整與正直，而這正是挫敗克里姆林宮真正的根本。

一九四九年德國分裂成兩個國家，北大西洋公約組織成立，冷戰乃正式開始。

兩陣營雙邊力量的平衡

冷戰並沒有一個正式宣布「開戰」的時間，冷戰過程中也不是沒有戰爭。美國在冷戰中打了兩場主要的區域戰爭——韓戰和越戰，而且這兩場戰爭中所投入的軍力和資源也都非常可觀。

此外，冷戰中出於併吞他國的戰爭比起一九四五年之後已經大量減少。蘇聯表現得其實相當節制，對於國力遠弱於蘇聯的國家雖然有霸凌的情形，但都沒有具體併吞。顯然，在國際社會上，實力雖然重要，但以為憑武力就可以凌駕一切、為所欲為的情形是不存在的。對於相對實力的每一項分析，都顯示在一九四〇年代末期的西歐，根本沒有充分的力量可以擊敗蘇聯的進襲。當然擔心美國介入是蘇聯退卻的主要原因，但事實上，誰都無法保證若蘇聯攻打西歐，美國一定會介入保衛西歐。北約組織的成立就是要給歐洲明確的安全保證，而且透過北大西洋公約，西歐國家和美國形成同盟的多邊防衛態勢，各國都負擔一定的防衛責任。這讓三次世界大戰始終沒有發生，也維持了美蘇兩大國之間四十年的和平，並且間接促進了歐洲的統合。

《中美共同防禦條約》與台灣地位的確立

筆者認為冷戰爆發對台灣人最大的啟示乃在於「意識形態的不能相容」、「缺乏互相依賴」和「缺乏共同利益」，是引發對抗的主要原因，這點即使是到今天都還適用。但另一方面我們也可以看到如果上述三項因素沒有全部出現，要形成新的冷戰也不太容易。

其次，如果冷戰中沒有爆發最慘烈的區域戰爭之一的韓戰，台灣絕對在一九五〇年代就會被美國棄之於防衛圈之外。但是韓戰之後中國並未立刻完全接受這一點，反而是想測試美國在韓戰之後，是否仍維持防衛台灣的行動，和阻止美國與台灣簽訂進一步的防禦安排。這是因為中共察覺到美國不讓台灣加入亞洲版的北約——「東南亞公約組織」。如果美國不想再和中共打一場戰爭，此時正是中共動手的好時機，因此毛決定乘機攻占所有外島，以減弱國軍從外島騷擾大陸的能力，進而為瓦解台灣的民心士氣進攻台灣做準備。一九五四年九月，中國發動第一次台海危機，結果中國的武力威脅反而迫使美國與台灣簽訂了《共同防禦條約》，加速美國實行實際上的「兩個中國」政策。

一九五四年五月到八月間，解放軍和國軍在浙江沿海頻頻發生小型軍事衝突。八月初，中共突然發動全國性「解放台灣」宣傳攻勢。八月十一日，周恩來揚言要「解放台灣」。八月二十二日，中國人民政治協商會議發表《解放台灣共同宣言》。九月三日，解放軍對金門進行大規模砲擊。

面對毛澤東的軍事威脅，「東南亞公約組織」於九月六日在菲律賓馬尼拉正式召開時，英國、法國、菲律賓等國都發言表示反對中華民國加入公約組織，美國國務卿杜勒斯只能放棄將台澎納入公約適用範圍。九月九日，杜勒斯於回美途中在台北稍作停留，與蔣中正會談。蔣要求立即締結「共同防禦條約」。杜勒斯表示確定該條約適用範圍很困難，但他願意討論。他又公開警告毛澤東「今日中華民國地位已不孤立，美國艦隊正奉命協防台灣」。九月十二日，在美國國家安全會議上，中情局報告中國確有奪取外島的意圖。為了遏阻中國誤判美國的決心，杜勒斯提議一方面與英國討論在聯合國安理會提出台灣海峽停火案；另一方面，開始與中華民國談判《共同防禦條約》，艾森豪總統同意了。

十一月初，解放軍開始轟炸大陳島、一江山島和馬祖，用以「試探美國對我外圍島嶼協防之態度」。面對毛澤東的威脅，美國被迫加速與台灣談判防禦條約。一九五四年十二月二日，杜勒斯和外交部長葉公超在華府簽署談判已久的《中華民國與美利堅合眾國間共同防禦條約》（Mutual Defense Treaty between the United States of America and the Republic of China），這個條約的適用範圍僅指台灣及澎湖諸島，對遭受中國攻擊的外島，美國承諾在極端狀況下，美軍協防的範圍延伸到「可能由雙方共同同意所決定的其他地區」。該條約給予中華民國迫切需要的軍事和外交支持。[8]

由於該條約對台灣極為重要，因此全文摘錄如下：

一、締約國約定基於聯合國憲章，以不危害國際和平、安全及正義的和平手段來解決自國被捲入的國際紛爭，並在其國際關係上不以與聯合國的目的不兩立的方法來以武力威脅或行使武力。

二、締約國為了更加有效的達成此條約的目的，由自助及互相援助、單獨及共同、維持且發展對締約的領土保全及政治安定的來自外界武力攻擊及共產主義者的破壞活動的、個別的及集團的抵抗能力。

三、締約國約定為了強化自由的諸制度並促進經濟進步及社會福利，而互相協力，並為了達成這些目的個別的及共同的繼續努力。

四、締約國關於實施此條約，透過自國外交部長或其代理隨時進行協議。

五、各締約國認為在西太平洋地區對任何一方締約國領域的武力攻擊，即危害自國的和平及安全，且基於自國憲法手續，宣言為了對付共同的危險而行動。前述的武力攻擊及因此所採取的措置，得立即報告聯合國安全理事會。上述措置，安全理事會若恢復和平及安全，即為維持和平及安全採取必要措置時，得終止之。

六、第二條及第五條所規定的適用上，所謂「領土」及「領域」，中華民國是指台灣及澎湖諸島，北美合眾國是指在其管轄下的西太平洋屬領諸島。第二條及第五條的規定，也適用於互相同意所決定的其他領域。

七、關於在台灣與澎湖諸島及其周圍，為了防禦所必要的美國陸軍、空軍及海軍，基於互相同意所決定，中華民國政府許諾其配備的權利，美國政府予以接受。

八、此條約，對維持基於聯合國憲章的權利及義務或國際和平及安全的聯合國的責任，不給予任何影響，同時不可解釋為給予任何影響。

九、此條約，必須由美國及中華民國，根據各自憲法上的手續予以批准；兩國在台北交換批准書時，同時發生效力。

十、此條約有效期限，定為無期限。若有任何一方締約國通告他方締約國時，可以使條約在一年後終止。

一九五五年一月二十四日，艾森豪向美國國會提出「特別咨文」，要求國會授權總統認為必要時「得使用美國武裝部隊專事確保台灣與澎湖列島」。一月二十八日，國會通過《福爾摩沙決議案》（Formosa Resolution of 1955），授權總統動用美軍防衛台灣、澎湖及台灣海峽「相關陣地及領域」。

《中美共同防禦條約》將冷戰架構完全帶入台灣，不僅在軍事上協防中華民國，而且在政治上防止共產主義滲透台灣，並成功地阻止了中國進攻台灣，確立台海兩岸長期分裂分治局面迄今。雖然美國參議院外交委員會在批准該條約時，特別聲明條約並不影響或改變其適用地域的法律地位，說明條約並未對台澎的主權歸屬做最後的處分，但由於第六條規定「適用上，所謂『領土』及『領域』，中華民國是指台灣及澎湖諸島」，**實質上形成了否定「台灣地位未定論」的作用。**自此中華民國對台灣的統治在事實上又得到進一步的強化。**這是冷戰爆發對台灣最大的影響：美國擔心台灣若實施民族自決，以當時亞洲的狀況，民族自決容易導致左派共產主義得勢；而中華民國政府的反共態勢恰符合美國冷戰的整體戰略，因此美國實質支持國府統治台灣。之後的《台灣關係法》仍然承襲了《中美共同防禦條約》的精神，成為今日台灣的最大屏障。**

最後，是冷戰影響了台灣人的國際觀；認為「台灣有不可或缺的戰略地位」，「美國不會放棄台灣」，都是冷戰時代形成並延伸下來的思維。這些思維對於台灣人對國際社會、外交關係及台灣在世界上的地位與角色，有極為深遠的影響。

9 第九章

美蘇軍備競賽

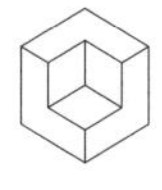

本章觀察重點

美蘇軍備競賽何時開始？原因為何？
什麼加速了美蘇軍備競賽？和代理人戰爭的關係？

軍備競賽的誕生與擴大

美蘇軍備競賽開始的時間大概和冷戰開始的時間相同。一九四五年二戰結束時，美國和蘇聯各自都有相當龐大的軍事力量，而且為了戰勝德國與日本，軍事技術在二次大戰中得到了飛快的發展，所有參戰國家的武器相較於一九三九年開戰（美蘇則遲至一九四一年才參戰）在性能上都得到巨大的提升。當時軍機和戰車的換代速度大概是一至兩年一代，和現在是三十至四十年一代，有天壤之別。

這種現象的產生一是因為在戰爭中必須求勝，需要更好的武器壓倒對方；二是在戰場的無情考驗下，各種武器的缺點很快會暴露出來，需要立刻改進；三是戰爭中武器消耗太快，舊武器很快一掃而空，汰舊換新是自然需要；四是各國都有相對和平時期龐大許多的資源可以用於研究、改進和生產新式武器。因此形成了美蘇兩國在二戰結束後都有龐大的軍備研發和生產能量。

二戰以後這種武器競賽的態勢並沒有馬上消除。原因如下。

首先，對美蘇兩國來說，現役軍隊的數量雖然減少，但是兩國都發現面對一個新的威脅——那就是對方。對兩國來說，對方都是前所未有的強大對手。

其次是二戰的慘烈破壞，讓美國和蘇聯都相信，在和平時期就需要保持一支強大的軍力以嚇阻戰爭的發生，不然一旦戰爭發生，損失會更大。而且除了花錢以外，人命更是關天。對照二戰中天文數字的戰爭開支，任何和平時期的國防預算都是小兒科。因此，不用考慮民意的蘇聯固然不用說，在作為民主國家的美國，國會和民眾也經常被這個理由所說服，因而支持鉅額的軍事預算。[1]

第三是若干軍事領域的新科技取得重大進展。噴射引擎的發展讓制空和防空作戰進入新階段；[2]核子動力潛艦和北極星飛彈發明後，對美蘇兩國來說海戰的型態大為改變；[3]太空全面進入軍事領域；電子和電腦技術的飛躍讓國防研發的資源分配和二戰時有很大差別。現在決定一架戰機或軍艦的研發時程、成本和最終性能的最重要因素都是上面的電子裝備。

第四是國際政治因素。冷戰讓美國和蘇聯都需要結合盟國以對抗彼此，而鞏固盟國的最要緊條件之一，就是裝備他們的軍隊。這樣做的好處除了鞏固盟邦以外，在軍事上可以減輕美蘇自己在兵力上的負擔，並且也讓盟國建立足以支援本國軍隊運作的基地和後勤系統。此外，在許多第三世界國家，軍人在政治上扮演重要角色，援助他們武器就連帶需要提供人員的訓練，也就是增加超級強國在這些國家的政軍影響力。援助盟國、增強盟國的軍力被認為在很多狀況下能嚇阻區域戰爭的發生，這符合美蘇自己的利益。最後，援助盟國還可以測試、累積本國武器的操作和實戰經驗，用以強化自身軍力。

因此在冷戰時期，美蘇兩國都維持龐大的軍備並且不斷推陳出新。歷史學家和政治學家一般稱之為「軍備競賽」。

集團對峙與代理人戰爭

一九四五年之後，北大西洋公約組織和華沙公約組織的出現及對峙也加速了美蘇軍備競賽。由於兩大軍事同盟在歐洲針鋒相對，在地理位置上處於衝突一觸即發的局面，所以美蘇兩國都在國境之外大量駐軍，擴大了軍備競賽。北約組織的特性，讓所有會員國（除冰島外）都有在自身能力範圍內強化軍力的義務，並且在一定程度內必須標準化，這創造了一種讓兩大超強的軍備可以大量產生的「規模經濟」，促進了軍備競賽。譬如蘇聯的T-54/55戰車生產量估計達十萬輛，使用國家在三十個以上。米格21型戰鬥機生產量超過一萬架，在五十二個國家的空軍服役。各國也可以在軍事技術上達成某種程度的分工。[4]

代理人戰爭是軍備競賽的另一觸媒。在第三世界廣泛出現的「民族解放運動」掀起了許多代理人戰爭——也就是戰爭的一方接受美國或蘇聯的支援，甚至是如越戰一般有美軍的直接介入。值得一提的是，中華民國也曾介入過一些代理人戰爭，如越戰、葉門內戰。[5]可惜參加這些代理人戰爭所得到的軍事經驗似乎沒有對國軍的建軍備戰有顯著的影響。

民族解放運動的影響是新興國家的大量出現，以及歐洲強權的影響力衰退。這讓蘇聯增加許多潛在盟邦，但也增加蘇聯軍援的負擔，因為需要支援他們從事反殖民主義的戰爭。而在新國家陸續成立後，各自之間的領土糾紛又讓區域戰爭無日無之。

代理人戰爭對台灣影響最大的是韓戰和越戰（詳見第十、第十一章）。事實上這兩場戰爭不是純粹的代理人戰爭，因為美國都大舉參戰，而且投入了當時美國最先進的現役軍事科技。

中東的以阿戰爭可能是規模最大、對世局影響也最深遠的代理人戰爭。蔣中正總統在世時，對於一九六七年第三次中東戰爭（六日戰爭）以色列的軍事經驗很感興趣，因為那是以少勝多的最佳典範，對於想要反攻大陸、以寡擊眾的國民黨政府來說，理應學習以色列。但實際狀況是國軍在組織架構、訓練方式上幾乎完全沒有任何學習以色列的地方，很多軍事合作都是地下化，原因在於當時阿拉伯世界才是中華民國在國際社會（譬如說聯合國）的主要支持者。[6]

台灣與以色列在軍事上的主要合作領域在於武器的引進，譬如國軍第一種引進的攻船飛彈就是以色列研製的「天使」飛彈。[7]這些合作也間接來自於中東的代理人戰爭。中東的軍備競賽讓以色列需要負擔沉重的國防預算，因此外銷裝備賺取外匯以分攤研發成本成為最理性的選項。

軍備讓世界更安全嗎？

軍備競賽到底是增加還是減少了戰爭的風險，這個問題至今尚無定論。認為是增加的人主張在國與國之間存在著「安全困境」（security dilemma），不斷擴軍是增加對方敵意的自毀之舉，特別是在雙方缺乏互信、存在衝突、歧見又不能解決的情況下。軍備競賽可能培養出一群戰爭販子，因為他們可以藉由戰爭對軍備的大量需求而發戰爭財。這也是無數西方電影電視作品的主題。軍備競賽也可能造成國防投資的腐敗和浪費，畢竟在尖銳對峙的情況下，保密是第一優先，因此難以受到民意的監督。就算武器發展失敗，也可能具有嚇阻效果，並且提供了日後的發展方向。

認為軍備競賽能發揮嚇阻戰爭之效果的人也有充分的理由。願意從事軍備競賽，就明示了捍衛國家主權與尊嚴的決心，並且提高了對方發動戰爭的成本。同時，實際有效的軍事能力常常晚於軍事目標的發想甚至宣示。因此許多聲稱能毀滅敵人的武器其實是在它們問世以後很多年才能達到這個效果。美蘇軍方其實都對此知之甚稔，因此不會任意發動戰爭。譬如一九四五年美國就以原子彈轟炸廣島和長崎，但美國真正具備有效以核武攻擊蘇聯的能力是在一九五〇年代B-47噴射轟炸機就役之後。因為在此之前，原子彈僅能由B-29螺旋槳轟炸機投擲，但它在一九四九年時就已經無法保證一定能突破蘇聯防空系統。核武攻擊不可能以二戰時的螺旋槳轟炸機大編隊進行，只能單一飛機在高空進行，因為轟炸機投擲核彈後必須迅速高速迴轉脫離目標區，大編隊不可能達成。但單一飛機很又容易成為攻擊目標，因為無法分散攔截機和地面高砲火力。當時的飛機也不容易長時間貼地安全飛行以躲避雷達追蹤。

另一個例子是「視距外空戰能力」。在一九五〇年代，美國就開始研發「戰鬥機+中程空對空飛彈」的組合，希望能在視距外攔截蘇聯攜帶核武的轟炸機，省下空中纏鬥的時間，也能夠更快摧毀敵人攜帶核武的轟炸機。但是雷達和飛彈的發展慢於這樣的發想。這種技術實際上派上用場是在越戰，但是效果受限於當時的科技和戰術環境，效果並不好。直到一九七〇年代晚期以後，美國才真正具備實用上的視距外空戰能力。

軍火供應商的政治影響力經常因為在電影或小說中被誇大而導致誤解。持平地說，他們的作用並不如一般人想像的這麼大。美國的軍備發展還是完全服從於文人政府的戰略，因此經常有大型的軍備發展計畫被取消，儘管就技術上它們可行、而且的確較其將取代的前一代武器性能優異。數十年來西方各國的軍火商在數量上是在減少的，合併是這一行業的常態。[8]如果軍火供應商真的具有如小說作家或編劇所想像的那麼鋪天蓋地的政治影響力，是不至於有這樣的情形。

軍備競賽對台灣國防建設的影響

美蘇軍備競賽讓美國有充足的武器軍援台灣，軍援的大量裝備撐起了台灣國防的家底，特別是陸軍。在一九七〇年代以前，國軍得到美國的軍援數量相當可觀，[9]使台灣軍事實力在東亞一直名列前茅，甚至有一段時期還略勝日本。即使到目前，國軍各項裝備，包含戰甲車、軍艦的兵力數量在全世界還是能名列前二十左右，多於許多在國力、面積和人口都遠大於台灣的國家。[10]

但美國的軍援也讓台灣的軍工產業受到抑制，畢竟接受援助比自我研發製造要方便、便宜，性能往往也比較良好。然而由於美中（共）關係的改善，美國和中華民國的關係出現變化，加上美國評估台灣的經濟已逐漸繁榮，所以從一九六〇年代開始，無償的美援停止，台灣需要自己出錢向美國購買軍事裝備。這時出現了一個特殊情形，就是台灣雖然是買主，但是並無法選擇品項，仍然必須受美國的限制。**「軍售」就從此成為台美關係中最具指標性的議題。**

其次是當時台灣軍購的經費還是受限於國力，所以不得不以採購美軍退役的裝備為主，這點和韓國非常類似。然而韓方認為靠美國並非長久之計，所以從一九七〇年代開始推動國防自主化，先從向美國爭取授權生產美國的M-16步槍開始，其次是讓大企業投入國防工業，如利用汽車業維修、製造戰甲車、造船業建造海軍艦艇，以國防部的訂單挹注民間工業，政府也不需要另外建立自己的兵工生產體系，這和日本的作法幾乎完全相同。對於自力研發有困難、成本不敷或是政策上不準備自己製造的，就採國外授權在國內製造，量極少的才外購。

台灣的軍備發展最大的問題就是某些項目花大錢自製，又花大錢外購，堪稱全世界最特殊的軍備發展模式。以戰鬥機來說，美援時期當然完全從美國引進，之後政府開始在台中建立「航空工業發展中心」，和美國爭取授權組裝UH-1H直升機和F-5E戰鬥機，也建立了一定的飛機研發、組裝和維修能量。這些都是美蘇軍備競賽的產物。

其次是台灣的軍事發展完全依循美式標準，結果是「因地制宜，研發出適合台灣本身的戰術戰法」這方面做得始終差強人意，但是台灣的國力和資源畢竟無法和美國相比，因此國軍過去在許多方面僅能仿效美軍的外表和皮毛。而多數美國大量軍援的武器目前已經老舊，但卻因預算問題而無法全部更新（例如陸軍的炮兵裝備）。在所有接受美國大量軍援的國家中，除了已經滅亡的南越，**台灣的軍事自給能力可能是最差的。**

美國過去的軍援使台灣無論軍民都對美國有強烈的依賴心理。由於美國提供大量的軍援，台灣人就普遍理所當然地以為台灣對美國有相當高的重要性。事實上在冷戰時期，台灣雖然收到大批美國武器，卻並未完全整合進美國的反蘇冷戰體系中，因此在冷戰結束前十年美國在軍事上就可以做出退出台灣的決策，因為台灣並沒有在美國和蘇聯的軍備競賽中讓自己扮演不可或缺的角色。

第四個嚴重問題是中國成為一個獨立的軍備生產體系。早年中國的所有軍工業都是由蘇聯援建，雖然後來因為中蘇共關係破裂而讓中共軍備技術發展出現凍結，但仍然提供了中國今天和美國從事軍備競賽的基礎。

最後的一點，也是最重要的是，軍備競賽和代理人戰爭帶給美國的壓力，讓美國深刻感到「聯中制蘇」的必要性。而聯中制蘇直接影響了美國對台政策，也決定了台灣的命運。

10 第十章

韓戰

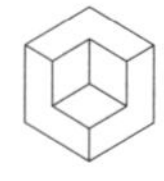

本章觀察重點

韓戰爆發的原因？韓國人是怎麼建立國家的？
二戰後盟軍軍管戰敗國日本領土的方式？
韓戰對美國、台灣和中國的影響？

冷戰中的第一場熱戰

韓戰是冷戰爆發最鮮明的標誌。這裡所指的韓戰，是指一九五〇年六月二十五日，朝鮮半島上的北韓（全名朝鮮民主主義人民共和國）與南韓（全名大韓民國）開戰，至一九五三年七月二十七日《朝鮮停戰協定》簽訂後停止的一場戰爭。

朝鮮半島原本由李朝統治，一八九七年先在日本的壓力下簽訂《乙巳條約》，[1]之後在一九一〇年簽訂《日韓合併條約》，正式確定被日本統治，直至一九四五年二戰結束。一九四五年八月，蘇聯對日宣戰，進占朝鮮半島，結束了日本的統治。隨後根據雅爾達協議，蘇聯與美國協議以北緯三十八度線為界分別接受日本投降，占領朝鮮半島。此外，根據雅爾達會議的安排，朝鮮半島由中國、美國、英國、蘇聯四國共同託管。因此朝鮮半島先後被劃分為南北兩塊勢力範圍。

一九四五年九月八日，美軍在仁川登陸，並設立「駐朝鮮美國陸軍司令部軍政廳」（United States Army Military Government in Korea）。軍政初期因為韓國民意期待獨立，再加上美軍政廳任用日本官僚繼續協助統治，引發輿論不滿與民眾抗議。之後，美國在十月設立了「朝鮮諮議會」（Korean Advisory Council），大部分席位給了美國支持成立的韓國民主黨黨員，多為地主、富有商人，以及一些曾在總督府任職的韓國人。十二月十六日至二十日，在莫斯科召開了美、英、蘇三國外長會議，磋商早先議定的對朝鮮實行四國託管，解決由誰來組成臨時政府的問題。然而，美蘇兩國都不承認對方所支持的黨派和人士。會議最後決議成立一個只有美蘇兩國占領軍當局參加的「聯合委員會」，負責同朝鮮半島各民主政黨「諮商」，然後組織託管下的朝鮮半島臨時統一政府。

一九四六年二月十四日，在美國的授意下，美占區的臨時議會和政府建立，分別由金奎植和李承晚負責。三月，根據莫斯科美英蘇三國外長會議決議，「美蘇聯合委員會」在漢城成立，但在五月八日宣布無限期休會，半島成立臨時統一政府的計劃無疾而終。

一九四七年九月十七日，美國將朝鮮問題正式提交第二屆聯合國大會。十一月十四日，聯合國大會以四十三對九票、六票棄權通過美國提交的關於朝鮮問題決議案：成立「聯合國朝鮮臨時委員會」，按人口比例在全朝鮮普選成立統一政府。由於蘇聯拒絕依據聯合國決議在蘇占區進行選舉，大選只在南部進行，並於一九四八年五月選出制憲會議代表，集會通過憲法，大韓民國於法理上建立，七月選舉總統，李承晚被選為第一任總統。一九四八年八月十五日，李承晚宣布大韓民國政府成立。

在朝鮮半島北部，蘇聯於一九四五年八月二十六日成立「平安南道人民政治委員會」作為臨時行政機構。十月十日，成立「朝鮮共產黨北朝鮮分局」。十月十四日，平壤召開歡迎金日成歸國大會。十月二十八日，北部五個道的「人民政治委員會」組建了「北朝鮮五道行政局」。十一月十八日朝鮮共產黨北朝鮮分局改稱為「北朝鮮共產黨」，金日成當選為第一書記。

一九四六年二月，北朝鮮設立最高權力機關「北朝鮮最高人民會議」。二月八日建立了以金日成為委員長的「北朝鮮臨時人民委員會」作為最高行政機關。十一月三日，北方各道市舉行地方人民委員會代議員選舉。一九四八年四月二十九日「北朝鮮最高人民會議」通過了《朝鮮民主主義人民共和國憲法》。八月二十五日舉行普選，產生朝鮮人民最高會議議員。九月九日，朝鮮民主主義人民共和國成立，金日成出任首相。

一九四八年之後，「朝鮮民主主義人民共和國」及「大韓民國」均自認為是朝鮮半島的唯一合法政府，同時對整個朝鮮半島聲稱主權，拒絕承認以北緯三十八度線劃分的蘇美對日受降分界線為邊界。不過，聯合國「第一九五號決議」只承認大韓民國為朝鮮半島的唯一合法政府，但大韓民國直到一九九二年才加入聯合國成為正式會員國。

一九四九年，蘇、美占領軍先後撤軍，分別將各自占領區主權交給北、南政府。在冷戰初期的緊張國際形勢背景下，南北雙方都企圖武力統一朝鮮半島，一九四九年一月起雙方頻繁發生小規模武裝衝突，一九五〇年五月三十日大韓民國國會選舉，李承晚所屬政黨慘敗，多數席位落入無黨派者手中，讓北韓認為正是南侵統一朝鮮半島的大好機會。一九五〇年六月二十五日，北韓集結全部兵力發動大規模攻勢，冷戰中的第一場大規模「熱戰」從此展開。

韓戰的戰史本書由於篇幅關係，無法多加詳述，但影響戰局的關鍵是中國參戰。一九五〇年六月北韓發動進攻後，南韓方面因為軍事上的劣勢，不僅兵力不足，又缺乏戰車、火炮等重武器，因此節節敗退。美國急調駐日美國占領軍增援，但兵力有限，又無良好戰備，傷亡相當慘重。八月，

意氣風發的麥克阿瑟。1950年9月15日，仁川登陸的「鐵鉻行動」在仁川外海展開，如同麥帥的規定，攝影師只能從低角度拍攝他的照片。
（資料來源：美國陸軍）

韓戰徹底改變美國的兩岸政策，也同時改變了東亞的格局。韓戰一開始，美國即命令第七艦隊巡防台灣海峽，建立台海巡防艦隊，建立一道兩岸都不得跨越、「看不見的屏障」。圖為1955年，美國海軍作戰部長阿利．勃克抵台訪問，獲得蔣介石夫婦歡迎。
（資料來源：美國海軍）

美韓軍已經退守最南端的釜山，組成韓戰中有名的「釜山防衛圈」。

九月十五日，美軍在仁川登陸後迅速扭轉戰局，切斷北韓軍退路，北韓軍補給線被切斷，前線攻勢頓挫。金日成急向中蘇共求援，蘇聯也積極施壓中華人民共和國參戰。

十月初，聯合國軍逆轉局勢，向北越過三十八度線，終促使中華人民共和國決定出兵介入。十月一日，韓軍越過三十八度線。十月七日聯合國決定允許聯合國軍越過三十八度線作戰，當天美軍正式越過三十八度線。

十月八日，中共中央最終正式決定出兵朝鮮半島。十月十九日，聯合國軍已經奪取包括平壤在內的北韓大部分地區，逼近中朝邊境。同日晚，首批中國人民志願軍秘密越過鴨綠江，開始攻擊聯合國軍，雙方展開激戰。

中國人民志願軍的出現讓孤軍深入的聯合國軍大驚失色，又逢冬季嚴寒，在擔憂補給線被切斷的情況下會全軍失陷，因此採取邊打邊退的策略。因此，在前三次戰役中，中共軍雖然傷亡遠較聯合國軍慘重，仍取得上風，將戰線推回三十八度線，並於一九五一年一月四日一舉攻占漢城。一月十三日，聯合國提出停戰建議，但戰爭雙方均未對此有進一步回應，戰爭繼續進行。聯合國軍在此後的第四次戰役和第五次戰役中站穩腳步，加以補給線縮短，以攻勢防禦為指導原則，加以火力優勢，挫敗了中共和北韓軍的進攻，使戰線陷入膠著。蘇聯首先主張停火，中、美雙方均表贊同，並開始停戰談判，蘇聯駐聯合國代表馬立克（Yakov Malik）與美國國務院顧問喬治・凱南（George Kennan）於一九五一年五月三十一日與六月五日兩次秘密會面，雙方都表示希望停火。但雙方為爭取談判桌上的優勢，邊打邊談，構築塹壕，並在上甘嶺和金城等地展開拉鋸，雙方皆有重大損失。

一九五三年史達林過世，蘇聯要北韓停戰。七月二十七日，參戰四方中的三邊——中國人民志願軍、朝鮮人民軍、聯合國軍——在板門店簽署《朝鮮停戰協定》，宣布停戰。協定建立「南北韓非軍事區」（the Korean Demilitarized Zone，簡稱DMZ）作為緩衝區，並就戰俘遣返問題進行協調。隨後，南北韓雙方仍繼續保持外交衝突和軍事對峙，持續至今。

韓戰的狀況相當慘烈。除了戰爭的傷亡外，北韓用紅色恐怖手段強徵人民直接參戰和支援戰爭，戰爭過程中整個朝鮮半島淪為戰場，死傷破壞遠超過日本統治時期。北韓在橫掃南韓領土時，對於軍隊行經區域實施「土地改革」，殘酷鎮壓、屠殺政府官員、知識分子、資本家、小商人、地主、富農，人數至少在十萬以上。另一方面，南韓在戰場上節節敗退時，也對被認為「通匪」的人士展開迫害、拘禁和屠殺，目的是預防他們投向北韓。仁川登陸後，韓國國軍在收復的本國領土以及隨後占領的北韓城鄉組織「治安隊」、「滅共團」等組織，對疑似朝鮮勞動黨黨員和被懷疑為親共人士的平民進行大規模的清查和處決。這種白色恐怖持續很久。[2]

韓戰進行方式和二次大戰的地面戰爭類似，雙方主要使用二戰時的陸軍武器進行戰鬥。唯一不同的是空戰。因為噴射戰鬥機已經在二戰末期由德國與英國研製成功，美國和蘇聯承繼英德的基礎繼續發展（如噴射引擎、後掠翼），到了韓戰時，美國已經投入四種噴射戰鬥機投入戰鬥。這產生了戰略性的影響，就是讓蘇聯必須介入作戰，因為只有蘇聯才能提供中國與北韓所需的，對抗美國和聯合國軍的空中戰力。

至於海上制海權則由聯合國方面完全掌握。因此也開啟了美國運用海權的新模式，亦即：以航空母艦艦載機對敵國岸上目標發動攻擊，並且對己方軍隊提供空中支援。如此運用航空母艦執行「武力投射」（power projection）的模式，讓美國需要在美國以外的地方建立航空母艦戰鬥群的前進基地。這一基地的維持之後數十年成為美國對外軍事存在、戰略設計甚至是同盟的重心。

第七艦隊讓台灣轉危為安

對於當時遷移到台灣的中華民國政府而言，韓戰的爆發最大的影響就是阻礙人民解放軍攻台。一九五〇年六月二十七日晚上八點，美國駐台北大使館代辦師樞安（Robert C. Strong）奉艾奇遜國務卿命令緊急求見蔣中正，提交了一份備忘錄，指出因韓戰爆發，「美國第七艦隊已奉令阻止來自中國大陸以台灣為目標之攻擊」，該備忘錄同時請求蔣命令國軍停止針對中國大陸的一切軍事活動。備忘錄表示，「美國政府此舉之動機，不但出於其對於太平洋區域之和平及安全之深切關懷，並基於其對中國及台灣人民之未來自由與幸福之深切關懷」。[3]

經蔣批准，外交部長葉公超於六月二十八日晚上十時正式以備忘錄回覆師樞安「中國政府鑒於美國政府來文之緊急性及其上項建議所涉中美兩國之共同利益，對此建議，在原則上表示接受……中國政府已循美方請求，頒布必要命令，將上述海空軍事行動，暫予停止執行」。

該備忘錄特別指出「上述緊急部署，對於中國統治台灣之權力，及其反抗國際共產主義侵略與維護中國領土完整之立場，並無任何影響。」[4]

這一備忘錄對台灣的影響堪稱台灣史上最重要的事件之一。美國因此保護台灣，使中共失去侵略台灣的機會。[5]此外，美國的保護讓中華民國政府得以在台灣立足。雖然美國恢復經援中華民國是在韓戰爆發以前，但韓戰之後美國將台灣納入防禦圈的作為，對「鼓舞台灣民心士氣」和「鞏固中華民國領有台灣」這兩件事起了雙重作用。但另一方面，因為蔣中正在備忘錄中明白表示暫停反攻大陸，因此日後每當蔣中正對美國提起反攻大陸時，都被美國認為是違反承諾而予以或多或少的反對或漠視。

中共參戰直接導致中美關係破裂，此後中華人民共和國被美國長期孤立。美國同時認識到當時仍為聯合國成員、代表「中國」的中華民國對牽制中華人民共和國的戰略重要性，因此將台灣重新納入防禦體系，日後簽訂的《中美共同防禦條約》即是基於韓戰的影響。由於韓戰一開始，美國就發現無法獨力遏止國際共產主義勢力蔓延亞洲，同時東南亞各國也擔心會發生像美國總統艾森豪所提出的「骨牌效應」，一個個赤化為共產國家。於是，美國出面說服英國和法國，號召與東南亞具有利害關係的「自由世界國家」，共同研議組織一個類似歐洲「北大西洋公約組織」的集體安全保障機構。

不過，就在「東南亞公約組織」（Southeast Asia Treaty Organization）[6]倡議階段，中華人民共和國政府以各種方式企圖阻撓中華民國加入。先是從一九五四年五月到八月間，解放軍和中華民國國軍在浙江沿海頻頻發生軍事衝突；八月十一日，中華人民共和國總理周恩來發言要「解放台灣」。八月二十二日，中國人民政治協商會議及各黨、各人民團體也發表《解放台灣共同宣言》；九月三日，解放軍對金門、馬祖進行大規模砲擊。到了九月六日，東南亞公約組織會議在馬尼拉正式召開時，中共這種「文攻武嚇」策略已產生一定效果。

在東南亞公約組織會議上，英國、法國、菲律賓和巴基斯坦等國都發言表示反對中華民國加入公約組織，以免引來中共的戰爭對抗，反而無法維持和平。美國國務卿杜勒斯只能放棄將中華民國編入條約適用範圍。九月八日，《東南亞公約組織條約》簽訂，美國只能採取折衷策略，由美國政府和中華民國政府選擇締結雙邊軍事同盟條約。[7]美國也因此改變對中華民國政府的態度，繼續承認中華民國政府為唯一合法的中國政府（至一九七九年）以及支持中華民國在聯合國的席位（至一九七一年）。

英國遠而日本近

英國對台政策也受韓戰影響。韓戰的消耗讓艾德禮內閣的韓戰政策失去民心，黨內也因為輿論壓力及預算問題爆發分裂，這些因素使得工黨在一九五一年的國會大選中落敗。而選前抨擊工黨將英國拖入韓戰泥淖的保守黨，則在邱吉爾的帶領下取得執政權。邱吉爾重新上台後，迅速改變立場，推動停戰政策，使英國得以從朝鮮半島的難題抽身而出，同時在韓戰問題上不再支持美國。這對台灣的影響在於英國自此出現了與美國不同的對華和對台政策。

在韓戰中美國需要大批軍需品，多數就近於日本採購，大大促進了日本的經濟復甦。經濟復甦後的日本，成為台灣最重要的經貿夥伴。一九五〇年三月三十一日，中華民國政府通過「台日貿易計畫」。之後日本成為台灣最重要的技術和投資來源。一九五四年十二月至一九五七年六月，日本出現「神武景氣」，那是戰後第一次經濟發展高潮，是高度經濟成長時期的開始。一九五六年，日本制定「電力五年計劃」，大力發展發電廠、輸配電設備為中心的建設，並以石油取代煤炭發電。因此大量原油從外地進口，大大促進了石化工業、塑膠、人造纖維的發展。日本這些產業之後也有許多技術輸出或轉移到台灣。

許多人士堅持台灣是美國軍事統治下委託中華民國代管的領土。但和朝鮮半島相比，就可以知道如果美國真的在二戰後有意管理台灣，沒有不在台灣設立軍政管理機構的道理，因為那是當時的標準做法。而且從美蘇兩國對於朝鮮半島南北處理的態度，也可以看出是以建立當地人政權為目的，並無自我納入管轄的態度和政策。聯合國也在大韓民國的建立中扮演重要角色。

韓戰還有一項對台灣的重要影響，就是影響了中華民國的整個對外軍事政策。由於中共曾在韓戰中出兵和美國作戰，使美國自此之後盡可能避免和中共進行軍事衝突。美國總統杜魯門派遣第七艦隊巡邏台灣海峽一舉，雖然防止了中國人民解放軍渡海進攻台灣，**但也阻止了在台灣的中華民國國軍反攻中國大陸。**韓戰期間，中華民國總統蔣介石曾多次提議派中華民國國軍前往朝鮮半島參戰，獲得麥克阿瑟支持，但遭到聯合國和美國反對。這對「反攻大陸」有相當程度的不利影響。**最大影響之一就是因為國軍未被允許參戰，因此讓之後的中（華民國）美關係始終存有一定陰影。美國和國軍也未能建立聯合指參機制。**

奠定美國地位與中國人自信的一戰

韓戰也改變了美國的亞洲政策。美國作為聯合國軍事領袖，在韓戰中為捍衛大韓民國的自由，犧牲了三萬三千多名官兵，被認為是「集體安全」發揮作用的最高典範，也挽救了韓國五千萬人民免於赤化。今天韓國已經是世界上重要的經濟體，各項發展居世界前列，反觀北韓是世界上最封閉、人民生活最不自由、經濟最落後的國家之一。**美國雖然付出龐大代價，但「世界警察」的地位從此固定下來。今天全世界任何地方發生戰爭，所有國家一定都對美國抱有程度不同的期許。這也為美國十年後介入越戰埋下伏筆。**

不過，**中共剛成立政權不久，就敢於出兵和美國作戰，雖然傷亡遠大於美軍，從此之後美國對「中共的武力」及「使用武力的決心」就一直保有一定程度的敬畏，影響了美國之後六十年的亞洲政策。**不過截至目前為止，這也是中共唯一一次直接和美國正面武力對抗。美國在韓戰之初先是以為這是共產集團發動全面戰爭的前奏，但事後許多發展，包括蘇聯解密的文件都證明並非如此。中共參戰之後，美國又認為繼續採取攻勢會引起美國和中華人民共和國之間的全面戰爭，前面提到在一九五一年春季，聯合國軍再次收復首爾，跨過三十八度線之後，接受了蘇聯的停火要求。**這給共產集團之後一種信心，就是美國在這種區域戰爭中是「不求勝利」的。**

韓戰對中華人民共和國的影響比美國更大。雖然在戰場上傷亡慘重，但是韓戰打出了一整代中

國人對中國共產黨的信心，也影響了中華人民共和國領導人的世界觀直到今天，因為證明了在一定的條件和環境下，中共不是不能打退美國的。為了解決韓戰，中華人民共和國也被聯合國邀請，雖然還沒有聯合國席位，但無疑已被視為一個國家，也沒有國家敢無視這個新興國家的存在，一九七一年中國代表權易手的根源，早在韓戰時就埋下了。

同時，韓戰雖然消耗了中國大陸龐大的人力物力，但是反而鞏固了中共的統治。中共也因為韓戰的實際經驗，深切體會國防建設的重要，特別是核子武器的威力，所以雖然在經濟相當凋敝的情況下，仍然在韓戰結束後就毅然將發展原子彈作為首要國策。韓戰結束後十一年，中國的原子彈就試爆成功了，中國成為核武國家。

最後，就是朝鮮半島和台灣在二戰時都是日本領土，但是戰後的命運卻大為不同。朝鮮在盟國的戰時宣言中就已經被決定戰後允許其獨立，但台灣卻被判歸還中國。除了國際局勢之外，原因在於朝鮮半島本來就是一個國家，同時也有積極領導獨立的團體，還有流亡政府。因此在戰後盟軍（美蘇）代管朝鮮半島時，並未打算長久駐留，而是一開始就有把主權逐漸交回當地人的打算。台灣人看到這一段歷史，可以從中了解當時「託管」和「代管」戰敗國領土的標準程序。朝鮮半島人民也早在日本簽訂《舊金山和約》、正式放棄朝鮮半島前，就不再擁有日本國籍，而非被動等待戰敗的日本宣布撤除。這些都有助我們更加認識台灣的法律地位。

從大韓民國的歷史可以發現，具有「成立國家的意願」，並且有政治團體和代表來鼓吹，甚至

直接定位為「流亡政府」、「臨時政府」或「革命政府」來推動，並且正式宣布建國，是殖民地要追求獨立不可迴避的重要步驟。美國和蘇聯都有扶植自己屬意的韓國獨立人士的舉動，諸如肯認他們的領導地位、支援他們海外建立的政團，之後讓他們回國統治，並以他們建立的政權（姑且先不論他們有多大、多合法的代表性）作為合作的對象，這是導致南北韓分治的重要原因，也代表他們對這塊戰敗國領土的定位已經是「戰後可以獨立，不歸屬於任何國家。」可見，**住民的意願與表達才是影響外國占領者決定的方向與未來最重要的因素。**

值得一提的是，有關大韓民國的建國紀念日，多年來也是該國國內爭議的焦點。一九一九年，日占下的朝鮮半島爆發「三一獨立運動」，三月一日，獨立人士在京城府（今首爾）宣讀《獨立宣言書》，向世界宣布韓國的獨立，引發京城和其他多地民眾的大規模反日遊行示威。之後，三一運動的獨立浪潮席捲整個朝鮮半島，有兩百萬以上群眾參加了上千起反日示威和武裝起義。因此一九四八年八月十五日李承晚宣布的是「大韓民國政府成立」，意思就是大韓民國在一九一九年就已經獨立建國。但是一九一九年的三一運動，也包含左派分子參加；因此在韓國，保守派（反共派）認為大韓民國建國應從一九四八年八月十五日，第一共和建立起算，自由派（較親北）則認為應從一九一九年算起，認為保守派計算方式不從一九一九整個朝鮮半島都參加的三一運動算起，刻意摒除北韓，是分裂民族，有搞「兩個韓國」嫌疑，不僅消除三一運動後建立的「大韓民國臨時政府」的合法性，更輕視金九等大多數反對建立朝鮮半島南部單獨政府的獨立運動家（金九在一九四九年六月遇刺，據信是李承晚主使，原因就在於對北韓立場的不同）。在李明博政府執政時期，有意將一九四八年八月十五日指定為「建國日」，但未能實行。二〇一六年八月十五日，保守派的朴槿惠總統在光復節致辭中，將當天定義為「建國六十八周年」紀念日。二〇一七年八月十五日，自由派的文在寅總統在光復節致辭中談到二〇一九年是「大韓民國建國一百周年」。**這些爭議在筆者看來，都說明了韓國人認為國家建立必需正式由自己宣布，不能因為具備所謂的人民、領土、主權和政府就自然生成，就算聯合國認同都不能算數。**

11 第十一章

越戰

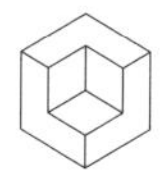

本章觀察重點

胡志明如何抗法抗美？南越失敗的原因？
美國對越戰的進行方式？
美中改善關係和台灣退出聯合國的經過？
越戰對台灣的影響和啟示？

胡志明的關鍵決定

越南在地理位置上和台灣距離不算太近，但它的命運卻意外地和台灣關係密切。二十世紀「越南勞動黨」以共產主義統一全越南的戰爭，引發了美蘇和中國勢力的介入，最後不僅讓南北越統一，創下二次大戰後少見的「國家遭武力消滅」的例子，更影響了台灣的命運。

越南很早就是獨立國家。一八八五年，大清和法國為了越南開戰，越南成為法國的保護國。一八九二年法國征服了寮國，一八九三年占領了柬埔寨，統稱「法屬印度支那」（Indochine française）。法國為了安撫這三個國家的人民，允許各自的王朝官制都保留。一切大權當然是掌握在法國人的手裡。生活在異族的統治之下，當地的民族意識油然而生，三國不時都有反法的運動。「越南共產黨」（最早稱為越南勞動黨），就是以民族主義為號召，披上民主自由的外衣，在二次大戰之後統合了越南的抗法勢力。胡志明就是最有名的革命家，他領導了越南民主共和國的創立。

一九四四年十二月，胡志明和同鄉、後任越南國防部長的武元甲潛回越南。當時是二戰時期，美國為了獲取日軍的情報，且認為胡志明和武元甲是民族主義者，所以提供越盟越南共產黨跟胡志明非常多的援助。到了日本投降的時候，胡志明的力量已經擴展到河內。日本投降後第三天，胡志明率領軍隊進入河內，以「越南獨立民主同盟中央委員會主席」的名義，號召越南人共組臨時政府。一九四五年九月二日胡志明在河內發表《獨立宣言》，正式宣布越南獨立，建立了「越南民主共和國」。

另一方面。在法國統治之下的越南王朝最後一個皇帝叫做阮福晪，在日本進占時還是保留那個王朝，他的年號稱為「保大」，所以一般稱為「保大皇帝」，日本投降之後皇帝就退位，看著越南民主共和國成立。

由於胡志明的聲勢浩大，法國就想扶植其他反共勢力來制衡，於是再度找到保大皇帝。一九四七年保大皇帝和法國簽訂《下龍灣法越協定》，爭回半獨立的主權，在西貢成立中央政府，成為法蘭西聯邦內的自治領。一九四九年，反共勢力在法國同意下，在越南南方扶持保大皇帝成立「越南國」。越南國政權得到美國、英國、中華民國和聯合國的承認。

日本投降時，盟軍把越南以北緯十六度分為兩區受降。北區由中國負責，南區由英國負責。英國直接從緬甸派了少部分的人來，接收日軍的武器。所以越南的南部，基本上人民生活安定得多，社會一般比較穩定。但在北越，是由當時的國民政府總裁蔣中正下令雲南省主席盧漢率軍進入受降，但國軍在當地軍紀不佳。[1]當時的英國是希望法國能重回南越，所以就出動了船隻和飛機，把法國軍隊運到了南越，讓法國能夠重建統治，因此越南同時有三國軍隊存在。

這個時候，胡志明做了一個很重要的戰略性決定——因為胡志明意識到，法國人重建統治是越南人普遍感到反對的，因為法國根本不堪一擊。殖民統治耀武揚威那麼久，但在歐洲，法國一個月就慘敗於德國之手，所以法國已經沒戲了。**反倒是中國鄰近越南，如果被中國建立勢力，反而難**

1921年，31歲的胡志明在馬賽參加法國共產黨代表大會。

胡志明生於1890年，本名阮生恭，父親阮生輝1901年科舉考中副榜，擔任過官職，因家學淵源，胡志明本人的漢語說得非常流利，亦通粵語。1912年以海員身份出國，遍歷英美法德、阿爾及利亞、剛果等許多國家。他靠做雜役、鍋爐工人、園丁等工作維持生活。

1919年初，凡爾賽會議召開時，他取別號阮愛國，代表在法國的越南愛國者，向各國代表團遞交了一份備忘錄，要求法國政府承認越南人的自由、民主、平等和自決權。但是，巴黎和會不予理會，為此胡志明於1920年加入法國共產黨，成為越南的第一個共產黨人。在法國期間，胡志明還認識了周恩來，與毛澤東、鄧小平等中共領導人有著深厚的友誼，生前曾多次訪問中國大陸。

（資料來源：維基百科）

以請走。而且越南境內有很多華裔，這些人容易被中國所利用。所以胡志明決定「先把法國找回來取代中國」，因為法國比較好對付。

當時這個決策是比較難被理解，因為法國的軍事力量強過中國。但是胡志明意識到他要打的越南獨立戰爭，勝負關鍵絕對不是武器或經濟力量，而是政治、心理和民族意識。就這些因素來講法國比較好對付，因為它完全是一個歐洲強權，而且遠在歐洲，鞭長莫及。但是中國呢？在越南的力量根深蒂固，邊境接壤，難以擺脫。

胡志明先跟法國表達將來可能歸順法國，然後用法國的政治壓力逼迫中國撤退。因為日本投降了，中國也早就放棄了越南的主權，當然就沒有什麼久占的理由，再加上軍紀不佳，胡志明的主張廣泛得到北越人民支持。最後中國撤退，胡志明的第一步順利達成了。

這時候，胡志明露出了另一面目。他四處煽動人民追求獨立，反抗法國。然後假意和法國談判，暗地裡準備軍事鬥爭。法國後來也無意再跟他談判，一九四六年十二月十九日，雙方的談判破裂。實際上，胡志明至少是期待破裂的。法軍先動手炮轟越南北部的城市海防，胡志明立刻抓到理由，號召「越南獨立同盟」（越盟）起來反抗法國。戰爭就在一九四六年爆發。

法越戰爭初期，越盟軍戰力不是很強，只有退居鄉間。但一九四九年中國變成共產國家，開始大量援助越盟抗法。從那時起，越南勞動黨（或說越南共產黨）面臨了艱難的抗法鬥爭，所以鍛鍊出了一個有戰鬥能力、組織能力的隊伍。第二，**胡志明在革命的過程之中，不斷地引進一個概念，亦即「反思」。任何的戰役、任何的運動，之後一定有詳細的反思和檢討。所以越盟軍一開始雖然說軍事常失利，但是人數越來越多，戰鬥力也越來越強。**

一九五〇年，胡志明潛到中國大陸向中共求援。中共派了羅貴波向北越提供財經組訓、兵運思想、教育思想改造與革命鬥爭這些經驗。胡志明覺得非常受用。接著中共派陳賡協助越盟訓練軍隊，韋國清任軍事顧問團團長。逐漸在鄉村地區取得控制。法國決定找一個地方，把越盟軍的主力引出來，再以法軍空中和砲兵火力的優勢一舉將越盟軍聚而殲之。胡志明決定迎戰。

法國選定的地方叫做「奠邊府」，胡志明得到了中共的全力支援，雖然沒有空軍，但在砲兵火力上居然對法軍取得了優勢。一九五四年的奠邊府戰役，越盟軍調集五萬兵力，以及十五萬以上的民工，支援對一萬六千法軍的總決戰。結果越盟軍全勝，震驚了法國以及全世界。法國決定退出越南。

吳廷琰的獨裁統治

一九五四年五月八日，「印度支那和平解決方案」於日內瓦開始談判，稱之為日內瓦會議，美、蘇、英、法、中華人民共和國、越南民主共和國（北越）、越南國（南越）、寮王國、柬埔寨王國的代表參加談判。確定越南暫時以北緯十七度分治。法國承認胡志明在越南北部建立的越南民主共和國。

一九五五年十月二十六日，南方的越南國宰相吳廷琰在西貢發動政變，然後舉行公投。最後公投的結果（據說是他操作的）百分之九十八的人贊成廢除帝制，實施民主。所以保大皇帝再次宣布退位，避居香港，後來又避居法國。新國家稱為「越南共和國」，也就是之後為人熟知，也是本書所稱的「南越」，吳廷琰當選為首任總統。

依據《日內瓦協議》的規定，一九五六年七月以前要舉行全越大選。但是吳廷琰拒絕；他表示越南共和國轄區內不舉行大選。因為他擔心全越大選，不管是選總統或是其他名義的領袖，都可能是胡志明當選。如果是內閣制，多數黨也極可能是越南勞動黨。所以吳廷琰廢除選舉的安排。但這正中胡志明下懷，因為胡志明當時認定吳廷琰不想選舉，因此北越假裝表示願意配合《日內瓦協議》的安排。結果在國際間吳廷琰就居了下風。後來一直到越南共和國滅亡為止，不管在國際政治上也好，或是宣傳上也好，南越始終位居下風，就因為它拒絕了大選。

這時美國總統艾森豪看到了中南半島出現了一個新的共產國家——越南民主共和國。寮國也在胡志明的支援之下出現了共黨游擊隊組織的政權，和當時寮國的王朝對峙。**艾森豪認為越南是冷戰的一個重要戰場，共產主義和民主國家會在這個地方進行決戰。所以美國決定支持吳廷琰。吳廷琰得到美國的支持，就在南越進行個人獨斷獨行的統治。相形之下胡志明在北越實施土地改革，沒收地主財產，強制國有化企業，所以一時之間胡志明被認為是土地改革者，而吳廷琰是一個獨裁領袖。**

一九六〇年，越共中央委員會決定武裝統一越南，並且開始派遣大量軍事人員前往南越進行武裝顛覆。一九六〇年胡志明下令，在南越號召所有反吳廷琰的人，成立了「越南南方民族解放陣線」，簡稱「南解」。後來南解也有自己的武裝力量，一般來講稱為「越共」。北越直接派來的軍隊稱為「北越人民軍」，簡稱「北越軍」。實際上共產黨控制了越南南方民族解放陣線。南越當時有很多反對吳廷琰的人，特別是在法殖時代就起來抗法的人，認為胡志明是一個好領袖，而吳廷琰是一個不得人心的領袖，所以有取吳廷琰而代之的打算。當時他們當然跟胡志明合作，以對抗吳廷琰。

吳廷琰當然知道南方民族解放陣線的成立代表反他的人開始集結。他認為必須要掌握軍隊，所以開始採取一種軍政一體的統治——就是重要的官員基本上都由軍事將領兼任。所以出現了一批軍事將領，他們不只是軍事將領，同時也掌握政治的大權。幾個主要的將領包括楊文明、阮慶、阮正詩、陳善謙、阮文紹，還有阮高祺（空軍總司令）。

美、蘇、中國角力與胡志明的決斷

一九六〇年中蘇共關係破裂，中華人民共和國和蘇聯都希望成為國際共產主義的領袖，所以都積極支持北越向南方進攻。胡志明左右逢源，當他每次前往中國要求援助的時候，毛澤東為了顯現中國的慷慨，經常大幅加碼胡志明提出要求的援助。蘇聯看到中國共產黨這樣，當然也不甘示弱。胡志明就是這樣得到中蘇兩共全力的幫助。二〇〇五年四月四日，越南解密戰爭期間原社會主義陣營國家對越南提供各種援助的相關文獻。文件顯示，一九五五年到一九六二年間，蘇聯向北越提供的財政援助總額約十四億盧布，並幫助北越建設三十四個大型工業企業和一系列醫療機構和高等教育機構，重建五十個農業工程。越南戰爭期間，社會主義陣營國家還向北越提供大量物資，共約兩百四十萬噸。其中，中國援助約一百六十萬噸，蘇聯援助約五十一萬噸，其他國家（捷克斯洛伐克、波蘭、匈牙利、保加利亞、羅馬尼亞、東德、北韓、古巴等）共援助約二十五萬噸。這是一個非常驚人的數字。所以為什麼北越有這麼強的實力可以和美國激戰將近二十年，除了共產黨的意志之外，更在於中蘇兩共全力給予的援助。

一九六二年美蘇爆發古巴飛彈危機，結果是以蘇聯撤出古巴作為結束，蘇聯顏面盡失，因此決定全力援助北越對美國支持的南越進攻。古巴飛彈危機後中國大肆嘲笑蘇聯。蘇聯為了避免中國繼續嘲笑，決定提供更多精銳武器，派遣大批的軍事顧問前往北越，教授北越人駕駛戰機以及防空、電子戰及反電子戰等各種技術，[2] 當然也有考慮到北越接收能力的限制。毛澤東知道蘇聯全力支援北越，於是下令「蘇聯給多少，除了中國造不出的以外，其他加倍給予」。所以說，胡志明得到了充分的援助。**但是胡志明非常清楚，抗美戰爭一定要由越南人自己來進行，不需要中蘇兩共派軍協助地面作戰。這有兩個非常重要的原因。**

第一，照理說中蘇兩共，尤其是中共是有意派兵支援的。但是胡志明拒絕。他為什麼不要中國派地面作戰部隊參加呢？**因為他認為如果大批的中國軍隊進來，將來就很可能被中國控制。所以寧可自己犧牲，也不能占這個便宜。**

第二，萬一中國和美國和解，那麼他的利益隨時可能被犧牲。韓戰停戰談判就是最好的例子，北韓雖然因中國的協助而沒有被消滅，但最後的談判也加入了中國一方，以分裂的狀況結束了韓戰，北韓實際上毫無所得。**胡志明認為他有能力統一全越，如果外國勢力過分介入，即使是共產集團老大哥，到時也未必能完全顧及北越的利益。所以無論如何，只能爭取物資援助，但戰爭得由北越人自己來打。**而且要東西時，兩邊都要，相互牽制。這就是胡志明第二個成功的地方。

一九五九年開始，北越就開始對南越發動軍事攻勢。越共游擊隊以過去在北越實施游擊戰的方式予以檢討改進，結合心戰宣傳、民族主義、南越人民對吳廷琰的不滿和恐怖手段，逐漸擴大在南越鄉村的支持基礎。

甘迺迪在一九六一年一月二十日的就職典禮上，發表了一段非常知名的演說——「為確保自由的存在和自由的勝利，我們將付出任何代價，承受任何負擔，應付任何艱難，支持任何朋友，反抗任何敵人。」（We shall pay any price, bear any burden, meet any hardship, support any friend, oppose any foe to assure the survival and the success of liberty.）——這代表美國決定跟蘇聯全力周旋。[3]甘迺迪和他的顧問決定，要在越南問題上顯示出美國的力量和對抗共產主義的決心。這時，美國的軍事顧問已經開始前往南越，協助南越軍對抗北越的滲透，並先運送武器前往南越，再派遣軍事顧問教授南越軍人使用武器。一九六四年七月三十一日，一艘美國驅逐艦突然在北越海岸外遭到北越魚雷艇襲擊。這個襲擊到現在雙方還是各說各話；北越說是美國先開火，美國說是北越先開火，雙方的爭執一直持續到今天。八月四日又有兩艘美國驅逐艦被北越攻擊。美國立刻派遣海軍飛機轟炸北越。這被稱為「東京灣事件」。

東京灣事件之後，美國國會在一九六四年八月七日，眾議院以四百票對零票、參議院以八十一票對兩票通過「東京灣決議案」，授權總統以他的判斷「採取一切必要措施——包括使用武裝部隊——去援助《東南亞公約》中的任何一個為保衛其自由而請示支援的成員國或條約簽字國」。當時的總統詹森相信「骨牌理論」，亦即如果有一個國家被共產黨推翻，其周邊的國家也會接二連三倒下。美國發現僅靠南越陸軍的力量，即使有美國的支援，也難以制伏共產黨叛亂，於是決定投入地面部隊。

南越的「己願他力」與美軍的「滾雷行動」

這個時候南越的政局非常混亂。一九六三年十一月一日，也就是東京灣事件之前，陸軍上將楊文明發動政變，把吳廷琰、他的弟弟跟他的家族擊斃，以流血政變推翻了吳廷琰政府。成立了「軍人革命委員會」，楊文明擔任臨時執政，但是這個執政只執政了三個月不到。一九六四年一月三十日，陸軍上將阮慶發動政變推翻楊文明政府。楊文明宣布辭職。八月二十五日，學生發動大示威，要求阮慶下台，阮慶辭職。阮慶辭職之後，組成臨時執政團。結果二十天之後，陸軍上將林文發發動政變，結果失敗。失敗之後組成了臨時委員會，十三天之後組成了國家最高委員會，草擬憲法，由文官陳文香組成政府。但這個政府只持續了不到三個月，阮慶又發動政變，把陳文香政府解散。這個阮慶政府持續了一年多，林

1963年11月22日，約翰·甘迺迪與夫人乘坐空軍一號專機降落在德州達拉斯，不幸於當日稍晚遇刺身亡。副手詹森暫就任後陸續加深美國對越戰的介入，標誌著美國對越政策進入全面戰爭的新階段。（資料來源：維基百科）

文發再發動政變，阮慶辭職。但是又有其他將領發動政變，林文發又辭職。楊文明又被拉出來做總統，一九六五年楊文明又在其他軍人的逼迫之下辭職；所以楊文明三次政變四次擔任最高領袖。一九六五年軍事委員會宣布執政，後來又宣布解散，決定要舉行大選，把政權交給人民。但這樣宣布後一個月，軍人又發動政變，原先的做法又被推翻了。由陸軍上將阮文紹組成政府。

連續多次的政變，讓南越的政局始終非常混亂。在這麼混亂的情況之下，更加沒有實力應付胡志明的進攻。胡志明在北越的統治非常強固，又有中蘇共的支持。反而南越常常政變。美國意識到這樣的政府不可能保障南越的安全；所以從一九六五年開始大舉增兵。三月八日，三千五百名美國海軍陸戰隊員在峴港登陸，成為第一批進入戰區的美軍戰鬥人員。三月底，美陸軍在西貢成立作戰指揮機構。實施「墨漬」戰略，即在南越沿海設立基地據點，構成環形防禦圈，逐步向北越占領區滲透，尋找北越地面部隊主力決戰。**這標誌著美國在越南的「特種戰爭」升級為「局部戰爭」**。七月詹森總統將在越美軍提升至十二萬五千人；十一月二十七日，美國國防部要求提升美軍數目至四十萬人以便執行計畫中的大規模掃蕩行動。到了年底，美軍在越數目已高達十八萬四千人。

美軍開始增兵之後，胡志明決定積極迎戰。他特別前往北京，得到毛澤東全力支持的承諾。毛澤東當時表示北越要什麼給什麼。所以胡志明下令北越軍隊大舉進入南越。開始對南越的各種滲透與進攻，不管是游擊戰或正規戰，戰況都日益升高，越戰成了以南越為主要戰場的消耗戰。

美國為了要嚇阻胡志明的進攻，在一九六五年由詹森親自下令，從泰國以及航空母艦為基地，由海空軍飛機開始對北越一切的軍事目標和重要設施，如大橋、鐵路調車場，進行全面的轟炸，來制止北越對南越的侵略。這就是從一九六五年三月二日進行到一九六八年十一月一日的「滾雷行動」（Operation Rolling Thunder）。它有幾個目標：增強南越當局士氣；摧毀北越的運輸系統，工業基地和空防系統；阻截由北越向南越境內開進的人員和物資；最後讓北越相信美國會讓其達到政治目標的成本越來越高，最後迫使北越放棄對南越境內共產主義暴動的支持。[4]此外詹森決定動用美國戰略空軍的**B-52**轟炸機，對南北越的敵人目標進行空襲，代號「弧光作戰」。事實上**B-52**轟炸機大部分的任務都是在北緯十七度線以南進行，美國威力最大的戰略轟炸機成了在南越戰場上支援陸軍反游擊戰的「飛行炮兵」。一九六五年六月十五日，美國在西貢北方十英里的村落發現越共蹤跡，詹森決定遠從關島出動三十架**B-52**轟炸機轟炸，六月十八日執行了第一次任務。[5]同時，美國空軍參謀長柯蒂斯．李梅（Curtis Emerson LeMay）上將宣稱，要把北越炸回「石器時代」。[6]

詹森政府認為，只要美國地面部隊直接參戰，就能在越南南方取勝；同時美軍飛機針對越南北方經濟目標與城市進行地毯式轟炸，就會使北方因為「有一個工業體系要保護」而放棄南侵，從而實現美國的戰略目標。然而由於冷戰的嚴峻形勢，美國不敢放開手腳；又因為北越還從蘇聯和中國這兩個社會主義盟國得到了援助，所以要達成這些目標並不容易。

這個轟炸是非常激烈的，在幾乎長達四年的滾雷作戰裡，美國空軍、海軍和海軍陸戰隊出動飛機約三十多萬架次，在北越投下了八十六萬四千噸炸彈，損失也是相當大。近年來很多人都說二十一世紀的反恐戰爭把美國打窮了，但實際上美國光在滾雷作戰裡，各種飛機的損失就接近一千架。反恐戰爭在伊拉克與阿富汗打了各十年，各種飛機的損失還不到一百架，而且美國現在的經濟規模遠大於五十年前的越戰時期。

除了轟炸之外，地面部隊增兵速度越來越快。一九六六年美軍的兵力達到四十二萬人，一九六八年達到五十四萬人。這五十四萬是直接在越作戰的陸海空軍跟陸戰隊的數量，不含美國本土支援的其他軍隊的數量。當時美國的航空母艦大概有二十艘，其中至少有七艘是輪班在越南外海執行轟炸北越及支援美軍作戰的任務。美軍不僅逐漸增兵，也逐漸接管對北越的作戰任務。美國是希望能把南越政府扶植起來，強化其軍隊，讓他們有辦法可以對抗北越的進攻。但是因為美軍的數量越來越多，而且北越的軍事壓力讓美國根本無法等到南越軍隊有戰力，所以大部分的作戰都是美軍自己直接進行，傷亡自然也節節上升。美國付出了這麼大的損失，後來就是南越滅亡的一個直接原因。

北越在中國和蘇聯的全力支持之下，雖然在戰場上遭到很大的損失，但是還是持續進攻。因為美國持續轟炸北越，所以南越雖然遭到北越的進攻，但是普遍認為「靠美國人就好，不用怕」。尤其美國投入了史無前例這麼大的軍事力量，大家普遍認為「安啦！放心啦！美國投入了這麼大的力量，還有什麼好擔心的呢？」同時，南越政府軍的戰鬥力也得不到人民信任。美國知道南越戰力還沒有成熟，就更加主導所有的戰鬥任務。南越在此情形之下，自然就更加邊緣化，不想去犧牲。南越不想打，美國只好承擔更多。所以越戰變成美國全面介入的一個賽局。

「胡志明小徑」與「溪生戰役」

這一點正中胡志明下懷。他決定在南越進行更積極的宣傳。聲稱南越完全是美國的一個傀儡、走狗，西貢政府是帝國主義下的一個小嘍囉。只有北越能夠抗法，現在又抗美，胡志明才是一個越南人追求民族解放的領袖。這個宣傳不只在南越生效，甚至在美國國內以至於全世界都起了作用，這是美國後來退出越戰的一個非常重要的原因。

北越為了支援作戰，在中共的協助下，利用柬埔寨跟寮國組織了一個非常龐大的後勤運輸系統，稱為「胡志明小徑」。整個道路的長度可以繞地球好幾圈。它有人走的道路，也有卡車的道路。這時北越所有的人幾乎都被動員。男性就是打仗，女性就是動員支持後勤。

當時最著名的一個故事就是從北越將砲彈運往南越的過程。北越的主要武器之一是一〇七公釐迫擊砲，一顆砲彈的重量大概是十二公斤，兩顆就是二十五公斤。當時就由這些沒有上戰場的婦女或小孩，一個人負責揹兩顆，一百人為一組從北越徒步出發，繞道寮國、柬埔寨到南越去補給在南越的北越軍隊。因為白天夜晚都會遭美軍轟炸，所以只能晚上走。通常這個路要走數個月至半年。這一百個人在途中會死好多人——被炸死或是生病死的。走了一年千辛萬苦走到南越，化整為零潛伏到北越軍或越共的砲陣地把兩顆砲彈放下來，部隊立刻發射，「感謝你，回去再揹兩顆來。」於是再走回去揹砲彈來。其他補給品也是相同作法。當然在寮柬境內可以視情況用卡車運輸，但到了南越境內仍然要化整為零，以人力方式滲透。這中間當然要有大量的人員在小徑上供應揹彈人員基本吃住、分段擔任嚮導，也監視他們不會掉隊、迷路或逃走。胡志明小徑上也部署了大量的防空火力對抗美軍的空襲、還有部隊修補被炸道路、保護小徑安全防止美軍特種部隊滲透、維修卡車、提供防空部隊彈藥……北越動員了幾百萬人，日以繼夜在支援戰爭，和南越人民形成鮮明的對比。

美國當時的作戰方式是「北越來多少人，就殲滅多少人」，就是追求殺敵數字。等到北越無人可派，自然會投降。這種策略叫做「搜索與殲滅」（search & destroy）。可是**北越清楚美國和二次世界大戰不一樣，它沒有徹底摧毀北越政權的決心，更不願真的和中蘇起衝突。所以在美國的軍事優勢之下，只要造成美軍傷亡，基本上就足以讓美國民意放棄這場不見得是他們自己的戰爭。**因此在戰場上，儘管美軍幾乎都能獲得戰術上的勝利，雙方傷亡經常是十比一以上，但北越要的是讓戰爭持續下去，加上可以利用柬埔寨和寮國作為後勤基地和庇護所，因此使美國和南越始終無法以一場決定性的勝利逼迫北越坐上談判桌，更遑論投降。

美軍對於北越的猛烈轟炸，雖然造成北越極大的損失，但在中蘇共全力支援北越防空的對抗之下，飛機被擊落的數量也越來越多，很多飛行員淪為戰俘。北越經常把這些人拉到電視上亮相，讓美國國內的人民因為看到自己的子弟鼻青臉腫、遍體鱗傷出現在電視上而質疑越戰。加上空襲效果不大，美國國內開始對越戰產生非常嚴重的質疑——每個人都在問：「Why？**為什麼我們美國人要在外國犧牲那麼多人？**」

反恐戰爭和越南戰爭的概念是完全不一樣的。反恐戰爭在兩個地方進行十二年，美國大概損失了七千多人。在越戰最激烈的時候，如一九六八年，美國一個禮拜就要喪生三百人。這些陣亡的軍人遺體都會送回美國，然後舉行國葬，每一次都是社會的椎心刺痛。

不過最折磨美國人的情況是失蹤與被俘受虐的軍人。一九六九年曾經有一個人做了一個人只能半蹲在裡面的籠子，他把自己關在裡面，請朋友把他連人帶籠放在加州的高速公路上。上面放了一個牌子，其上寫著說他哥哥被北越人在這樣的籠子裡關了五年，希望政府趕快能讓他回來。所以這些事情當然對美國社會產生極大的衝擊。

當然因為美國的全力介入，北越的傷亡更是非常慘重。美國也盡量援助越南共和國，當時美國相信只要「讓越南人民享有民主自由，可以逐漸讓他們唾棄共產黨」，所以盡力協助南越能成為一個民主的國家、一個富足的社會。雖然進步很慢，但是南越仍然有在進步。一九六七年舉行了第一次的總統民選，制定憲法，選舉總統和國會，成為一個民主的國家。大量的經濟援助也的確改善了南越很多地方的生活。

此外，美國開始在南越推動「召回」計畫。就是鼓勵北越軍隊和越共投奔南越。投奔的人就發給獎金，施予職業訓練、醫療救助，或發給田地，總之讓你可以安居樂業。一九六三年開始推動這個計劃的時候，投奔的人很少，之後陸續增加。

胡志明發現，雖然中蘇全力支援，但是美國的火力相當驚人，到了一九六八年北越已經陣亡了八十多萬人，雖然說中蘇共不斷的援助武器，但是人命的損傷仍是非常嚴重的。加上南越又開始用軟的方式，到一九六八年北越意識到再這樣下去，不見得能像當年抗法一樣勝利。美國方面到了一九六八年，東京灣事件後四年，陣亡的軍隊已經接近三萬，受傷超過十五萬人。在傷亡近二十萬人的情況下，國內的不滿也快到臨界點。所以一九六八年是美越方和北越相互僵持的一個轉捩點。

越戰的時候有一個特殊習慣是「節日停火」。遇到了春節、佛誕節，越方會宣布停火。遇到聖誕節、感恩節，美國會宣布停火。基本上這個停火沒有約束力，但就是宣布「這一天不打仗」。在很多地方就真的這一天不打仗。因此後來節日就越來越多。譬如北越宣布說胡志明誕辰停火、陸軍節停火。美國就說「你多停兩天，那我也多停兩天，」於是美國國慶日也停火。一九六八年春節雙方都宣布停火。但武元甲決定於春節除夕發動奇襲，集中當時在南越的所有二十四萬北越軍，聯同越南南方民族解放陣線的越共游擊隊，總共集結了約三十萬人在越南所有城市，發動總攻擊。有兩個總攻擊的地點：一個在西貢，就是在越南共和國首都的美國大使館。胡志明派了一支敢死隊進去，下令不論一切代價，一定要攻破這棟建築物，在這棟建築上面升起北越的國旗。當然這一批人最後全部陣亡。

另外一個重要的地方是越南與寮國邊境的一個美軍火力基地。越語叫做「溪生」（Khe Sanh）村。溪生基地距寮國境內胡志明小道的最大運輸站車邦約40公里。北越軍主要目的希望能占領這個基地，以消除其對北越通往南越運輸線的威脅。在溪生基地有六千名美軍陸戰隊駐守；胡志明決定要把這個地方變成第二個奠邊府。所以集結五萬以上的軍隊，就是以五萬對六千，一定要徹底拔掉這個美國的據點，重演奠邊府戰役。溪生戰役算是越戰裡面最激烈的戰役之一。這六千名美軍駐守的區域，包含整個營區和周圍火力圈，大概有二十平方公里左右，也就是約略相當於台北市大安區的範圍。美軍的主陣地約略相當於國立台灣大學校園兩倍大的範圍，六千人駐守在這個區域以內，然後外面被北越軍隊團團包圍。美國決定這場戰役絕對不能變成奠邊府第二，甚至下令美國本土的戰略轟炸機，停止戰略轟炸值班任務前來支援。

當時美國每天派B-52轟炸機裝上原子彈在美國邊界飛行。一旦核子戰爭爆發，就立刻飛往蘇聯轟炸，所以各部隊定期像衛兵要上哨、換班，亦即維持24小時隨時有一群軍機跟原子彈在空中待命攻打蘇聯。在溪生戰役的時候，美國總統詹森下令B-52部隊減少戰略值班，飛機降落，原子彈卸下來，全力支援溪生的防守。所以光是在那附近二十平方公里不到的區域，B-52轟炸機就投下了七萬五千六百三十一噸炸彈。北越軍每人平均分到一噸以上，而且這只是B-52飛機投下的炸彈。溪生戰役持續了七十七天，最後以北越軍失敗撤退告終。

春節攻勢最後結果是北越大概損失了五萬人。越南南方民主解放陣線的軍事實力，幾乎全面耗盡。在每一個戰場，共黨都以軍事失敗作收，譬如在古都順化，美軍和北越軍巷戰了三周，最後將北越軍全部消滅，北越軍陣亡人數由美軍數到的遺體就有五千一百一十三具，美軍陣亡一百七十四人。可是由於越戰是沒有明確戰線的戰爭，新聞記者遍布全越，他們將美軍流血、傷亡的情況傳回

史上第一場「客廳戰爭」

一個美國家庭在客廳中看著電視上關於越戰的新聞報導。美軍雖然在戰場上獲得絕對優勢，但北越並不卻退，而美國子弟卻不斷死傷。美國人民開始反思：「Why？這明明是你們的仗，為什麼我們要犧牲那麼多人？」

（資料來源：維基百科。攝影：Warren K. Leffler, U.S. News & World Report Magazine）

美國家庭（越戰被稱為歷史上第一場「客廳戰爭」），美國人眼裡看到越南是這樣的一個情況：**「美國已經轟炸北越接近四年，比美國打二戰的時間還長，但北越還是這麼神勇，還能發動這麼大的攻勢；南越好像還是沒有什麼特別的戰力，政府也不斷地分分合合。」**更何況南越的政府，因為軍人經常政變，所以所有的軍事將領最重要的事情就是保存實力。因為將來政變看的是實力。美國開始抱怨越南共和國，**「這明明是你們的仗，為什麼我們要犧牲那麼多人？」**南越政府也認為美國控制了一切，不免有老大的心態，所以南越官員也不滿美國人。

在整個越戰中，因為美軍採取的

作法是「搜索與殲滅」，以殺死敵人的數字做為戰果的標準，因此當美軍發現了北越軍或越共的蹤跡時，幾乎都是立刻呼叫空中支援或砲兵，經常誤傷無辜。因此，南越人民因為常遭砲火傷害，加上北越的紅色恐怖和心戰洗腦，因此根本不認為美軍的賣力作戰是來幫助他們的，反而對美軍有相當的反感。使得越共很容易在南越民眾中召募游擊隊或眼線，對美越軍的剿共戰爭有非常負面的影響。

「越戰越南化」與《和平協議》

一九六八年之後，美國社會不想每周再繼續死三百個人了。他們並不在乎北越一週被殲滅兩三千人，只在乎美國為什麼每個禮拜要損失三百人？不管是民間也好，國會也好，都希望這場戰爭趕快結束。另一種觀念是「中國那麼大都變成共產國家了，所以越南變成共產國家，又如何呢？」而且南越好像也不太想打仗。所以美國決定改採「越戰越南化」政策，亦即「**越戰本來就是越南的事情，所以南越去打就好了**」。另一方面，美國決定和中國和解。因為美國派遣了太多的軍隊到越南作戰——當時美國在歐洲類似北約組織的軍隊差不多是三十萬，但是派到越南的軍隊就有五十多萬。負擔非常沉重。

一九六八年恰巧又是大選年，詹森為了對越戰負責，成為美國歷史上第一個不尋求連任的總統，他的舉動無疑是否定了美國的越戰政策。[7]尼克森代表共和黨當選總統後，就決定全面退出越戰。當時美國退出越戰的方式是「軍隊回去，武器留下」。除了飛機只留一部分以外，步槍，大炮，吉普車這類的軍品多數留給南越使用。南越軍自然都挑狀況較佳的，比較不好的運到台灣。所以台灣當時也接收了不少美國使用過的武器。接著美軍就開始逐步撤離。

北越雖然在一九六八年春節攻勢後的作戰裡又犧牲十幾萬人，可是在政治上，北越逐漸占上風。一九六七年阮文紹首次當選總統。在第一個任期裡面，阮文紹算是勵精圖治。所以雖然經過了一九六八年的攻勢，南越政府沒垮下來。但是一九七一年阮文紹連任總統之後，因為顧及到下台以後的政治前途，他開始扶植他周邊的一些親信。同時，他周邊的人開始腐敗，爭奪接班人地位，政局再次陷於混亂。北越又看到機會了。

一九七二年美軍已經撤到只剩下一些顧問人員，四月至十月武元甲發動復活節攻勢。當時，尼克森派轟炸機對北越全面轟炸，這次美國吸取了滾雷作戰的教訓，在空戰、電子戰、轟炸的技巧、目標選定上都有很大精進，又引進如雷射導引炸彈之類的「精密導引武器」（Precise Guided Munition），同時將戰事擴大到柬埔寨和寮國，瓦解北越的後方。一九七二年五月九日，美國決定布設水雷封鎖北越的海防港，並轟炸前往中國大陸的海岸線。在美國的支援下，南越軍擊敗了北越的復活節攻勢，北越損失了十幾萬人，武元甲辭職，由文進勇接任人民軍司令。**但這次美國已經沒有意願再派地面部隊，南越唯一想要北伐統一全國的人是阮慶。但是阮慶在政治上搖擺不定，得不**

到美國的支持。看起來越戰似乎有機會像韓戰一樣，以南北越並立而收場。

一九七三年一月北越表示願意追求和平。於是美國，北越，南越，跟當時的「越南南方共和臨時革命政府」，經過談判，簽訂了《巴黎和平協議》（Paris Peace Accords）。在《和平協議》裡北越同意全面撤出南越，條件是所有外國軍隊一律撤出越南。美國表示「只要你們全面撤出南越，那美國也全面撤出南越」。北越表示在北越本來就沒有中國或蘇聯的軍隊，所以同意。這對北越來講是非常有利的，因為這樣美軍就全部撤回了，但是中國人民解放軍以顧問身分混在北越軍中，很難分辨也無法查證，但是美軍就沒有可能也沒有意願混在南越軍中。

美國那時候覺得巴黎協議是非常光榮的。因為北越終於同意和平，也願意簽訂《和平協議》。對美國來講，可以說經過了幾年的血戰得到了勝利，終止了北越的南侵——美國的介入就跟韓戰一樣，並沒有讓北越統一南越，還換來了南北越之間的和平。這就是北越厲害的一點，他幫他的敵人想到了。但這對他有沒有利益？當然有。因為美軍才是作戰的主力。美軍一走，變成南北越單挑，這個對北越來講當然是有利的。

而且在美國介入之後，南越在經濟和政治都有所進步。所以美國覺得在道德上、良心上，沒有任何的問題。所以，這個《和平協議》就簽下去了。

簽協議的時候，有一個人發現狀況不對。這個人就是阮文紹。阮文紹覺得這個《和平協議》非常危險。因為第一，阮文紹認為北越隨時可能毀約，因此這個《和平協議》是假的，這種和平是危險的。第二，美國如果撒手不管，對南越的民心士氣是一種毀滅性的打擊。第三，南北越單挑，他沒有勝算。但是阮文紹被美國犧牲；因為美國基於國內政治壓力，急於退出越南，而且阮文紹的內政腐敗無能，所以也需要美國在政治上給他支持。所以他也不敢在這個地方反對美國的決定。

美軍撤出越南之後，和平只維持了很短的時間，一九七四年北越再度發動正面進攻。事實上透過寮柬邊境的游擊戰一直在進行，但這時美國已經不想再介入，因為先前已經付出了這麼多的代價，《和平協議》又已簽訂，這時再回來作戰也會遭國內外批評，因為這樣無疑承認《和平協議》是失敗的，主張簽訂的人要負政治責任。一九七四年三月十五日，尼克森暗示北越若破壞停火，美軍將出兵干預。但尼克森的言論遭到大眾反對，又深陷水門事件中，他對於越南的態度被認為是轉移他自己的政治危機；六月四日，美國參議院通過了禁止出兵干預越南的決議。一九七四年八月，尼克森因水門案醜聞辭職；美國國會同期表決通過削減對越援助資金，由每年十億美元削減至七億美元。

因此，一九七五年北越決定發起最後的攻勢。這時南越民心士氣已經不再堅持抵抗，北越則發動政治攻勢——宣傳「統一就是窮人翻身；南越政府官員、軍隊只要放下武器，一定是寬大處理」——所以軍隊逐漸喪失鬥志。所有的輿論、媒體也漸漸被北越所控制。

一九七五年四月北越發動「春祿戰役」，部分南越政府軍雖然還是奮力抵抗，但是民心已經轉變。這時美國加速撤出美僑和曾經和美國合作過的越南人，更使民心士氣完全崩潰。四月底北越攻抵西貢外圍，一路上的南越軍隊紛紛投降。北越也給予非常優厚的招降條件，當時的政府軍雖然有一百多萬人，但是因為戰爭太多，有錢人家的子弟很多都透過各種方法賄賂來免役，很多當兵的人都是窮人家的子弟。軍中的人權問題也是相當嚴重，再加上戰爭傷亡，所以多數官兵根本不願意打仗。最後的結果就是在一九七五年四月，北越攻破西貢，南越滅亡。在北越授意下，越共在原南越領土上成立了「越南南方共和國」。一九七六年七月二日，在北越主導下「越南南方共和國」和「越南民主共和國」統一，國名從此改為「越南社會主義共和國」。成為二戰後少數國家被武力消滅的例子。

「安全的惡性循環」與南越的滅亡

為什麼南越會滅亡呢？最大的原因是美國根本沒有想要摧毀北越或逼北越投降，只是要懲罰北越，用慘重的傷亡來逼使北越放棄統一南越的目標。但是只要北越堅持作戰，這個戰略就沒有效果。北越又有中蘇堅強的支援，美國也沒有辦法阻止中蘇支持北越，且誤以為中蘇會像韓戰一樣直接介入。因此美國的戰略綁手綁腳，錯失戰勝契機，國內民心又不支持這場看來對美國安全沒有直接威脅的戰爭。

其次，**南越一開始就把自己的命運交到美國的手裡。美國留，南越才可能贏；美國走，南越就**

沒辦法生存，因為它在心理上、制度上、系統上都依賴美國。北越則以民族解放為號召，爭取全越的民心支持。相形之下美國人民反戰，民心根本就不想打仗，因為越南對美國來講太遠，也不是北越主動進攻美國。而且越南雖然逐步推動民主政治，但是阮文紹政府後期的貪污腐敗、限制民權，讓美國人認為這種不民主、限制人民自由的政權沒有必要支持，反而北越是「改革者」。南越的形象下降，是美國後來決定要放棄西貢政府的原因之一。越戰也沒有得到聯合國的授權。

南越本身並不缺乏軍事力量，戰場上的表現在大多數情況下也相當英勇，但是沒有作戰到底的決心。當政的人求和，甚至於在政變頻繁的情況之下，很多人想聯合外力來對內。這是非常致命的關鍵。一九七三年《巴黎和平協議》的簽訂，更是最後一根稻草。

最後是南越出現了安全的惡性循環。**一九七三年《和平協議》簽訂之後，停戰追求和平統一的聲浪越來越增加，因此投降主義出現；美國懷疑南越自衛的決心，又認為軍援南越是在破壞和平，所以就不想再提供軍援，以免落入北越的手裡，又得罪未來整個越南的人民。沒有軍援下的南越更弱，更沒有抵抗的實力，因此和平統一和投降主義就更強，於是產生惡性循環**。所以在美國撤出之後不久，南越就滅亡了。

原先在越南戰爭裡面，雖然南越重大的軍事勝利不多，至少也支撐了十幾年。但「安全的惡性循環」一出現後，不到兩年的時間，就迅速土崩瓦解。

蔣中正如何看待越戰？

一九六〇年代越戰開始時，吳廷琰希望在台灣的中華民國能夠援助越南。他高調訪台在當時人盡皆知，[8]蔣中正對援越的態度是源於南越方面的要求，但在美軍大舉介入之後，蔣公開表示不參加，因為他認為這樣會浪費反攻大陸的兵力，二來會讓中華民國的軍事決策更受美國直接操縱，第三是擔心「台灣問題」會被拿來作為美國解決越南問題的談判議題。[9]但南越的要求也不能完全不理，因為中華民國作為受邀援越國，自有一定的榮譽和聲望在。

因此，蔣中正決定以下列方法有限度參加。第一、派遣「中華民國駐越軍事顧問團」前往越南戰區，與美軍共同協助越南軍隊建立政戰制度。第二、以「南星計畫」派遣空軍深入北越，協助美軍前往北越進行敵後空投運補任務。三、以「協修計畫」提供國軍後勤兵工廠修護量能，積極協助美軍修護越南戰場戰損武器。

事實上，提供政治作戰支援是早在美軍正式參加越戰前就已開始，甚至根據一些私人記述，國軍還派遣特種部隊赴越執行秘密行動。[10]這次美國態度和韓戰時大為不同，根據曾被派駐越南六年、擔任駐越軍事顧問團參謀長的陳祖耀的記述，國府派遣現役軍職的政戰軍官赴越協助西貢當局建立政戰制度是出於美軍駐越總司令魏摩蘭（William Childs Westmoreland）的邀請，[11]「南星計畫」也直接和美軍方合作。[12]一九七三年四月，國府應越南政府之邀，成立「中華民國駐越建設顧問團」，由劉戈崙少將擔任團長。該團編制三十一員，主要任務在協助越南軍隊加強「政訓、心戰、安寧、社會」等四項工作。此外，我國駐越農技團並指導越軍參與農耕工作，以改善官兵生活。

除了軍事以外，中華民國對南越的合作也非常廣泛。一九六六年，雙方簽署「空運協議」，由「中華航空」和「越南航空」往返台北和西貢之間。兩地經貿、貨物和人員的來往十分頻繁。

一九六八年越共發動新春攻勢，引起台灣方面極度的關切，台北駐越大使胡璉將軍親自前往西貢的華埠堤岸市了解戰況。由蔣夫人發起的援助南越難民活動獲得了積極響應，三月二十一日，首批捐贈物資包括白米、衣物、肥皂、毛巾和罐頭食品等上萬噸貨品運抵西貢市。

一九七三年三月十二日由於《巴黎和平協議》簽訂，中華民國結束了長達九年的援越工作，全體團員束裝返回台北。南越政府在孤立無援的情況下，急切希望台北仍然能夠繼續給予援助。四月十二日，阮文紹訪問台灣尋求支持，請求台灣考慮協助南越重建國家，提供技術與人才援助，這一要求獲得蔣經國的首肯。五月初，台北以「駐越建設顧問團」名義，派遣三十五名軍事顧問，取代被解散的駐越軍援團，繼續協助南越部隊加強政治作戰、心理戰、治安與社會福利等各項業務，顧問團還將各團員分別派駐在南越各戰區，與部隊共同生活在戰地，協助推展政戰業務。然而，隨著越南局勢惡化，「駐越建設顧問團」的工作也日益困難。一九七五年元月，北越向北緯十七度以南發動大規模攻擊，占領南越數省。三月，占領中部高原重鎮邦美蜀（Ban Me Thuot），派駐該地區的建設顧問團成員，被迫與當地越南百姓一同逃難，而派駐峴港（Da Nang）的顧問團成員，甚至幾乎無法順利脫逃，情況危險萬分。眼見越共即將進逼首都西貢，「駐越建設顧問團」決定撤離，並於四月五日與十八日分兩批回到台灣。

中華民國的越戰政策充分反映了美蔣之間互動及台美中（共）三角關係的變化。韓戰時，蔣希望參加，但美方不讓蔣參加。越戰時，台美中（共）的三角關係讓美國不想讓中華民國參戰，所以蔣中正公開表達不參加，實際上為了台越友誼，有限度參加。美方為了不讓外界認為南越毫無獨立主權，也允許南越讓台灣有限度參加。

在不同時期中，蔣中正的「反攻大陸」的戰略決定了他的對越政策。而這些戰略都受到中華民國國軍的組織、實力所影響。反攻大陸是蔣軍事決策的首要考量。蔣中正決策的範圍受到組織（國軍）運用資源的能力的限制。因為國府沒有自製主戰裝備的能力，一切全靠美援。而在越戰爆發時，美援金額已經逐漸降低，蔣沒有把握美國會在原先援台的軍援數量以外，再額外撥補派越參戰軍隊所需的足夠數量。[13]因為赴越參戰需要的是陸軍裝備，但國府和蔣要反攻大陸，最需要的是海軍裝備，參與越戰對反攻大陸所需的戰力提升有限。這點國府和南韓狀況不同：南韓的國防完全重在陸地防衛，並沒有像國府一樣需要這麼多的海軍艦艇。[14]因此蔣若有「赴越參戰可能占用可用於反攻大陸的軍援額度」的想法，是非常可能的。此外，領導人的決策空間也受到結構性限制。韓戰時，聯合國軍越過三十八度線追至中朝邊界，因此國軍若參戰，能夠相當接近中國大陸。但越戰時，美國地面部隊根本無意越過北緯十七度線直接進攻北越，因此國府想從越南戰場上直接揮軍進入中國大陸是不可能的。筆者假定這些都決定了越戰中美方對國軍參戰的態度，也同時決定了蔣的決策。

蔣中正對於越戰的決策是以協助南越建立政治作戰制度為主，這是他的重要實驗場，如果成功，是他反攻大陸（三分軍事、七分政治）的一項利器。但是結果並沒有成功；事實證明南越軍隊建立之政戰制度幾乎完全無效；[15]這可能證明了在沒有黨國一體的體制下，這類的制度恐怕無法在軍事整體失敗時發揮作用。由於獨立於兵科外的政戰制度源於蘇聯，它必需依賴黨國體制來運作，筆者假設它在沒有強勢政黨化軍隊為黨軍的政治體制下難起作用。但越戰中中華民國的作為，成就了蔣經國對軍隊的控制。**南越抗共的經驗，也形成了嗣後蔣經國以控制政治參與、發展經濟、堅拒談判為主治理中華民國的方式。**

蔣經國由於主導政戰系統，而中華民國援越軍隊以政戰人員為主，蔣的愛將王昇就多次赴越，且直接和美軍駐越總司令魏摩蘭上將有密切聯繫，因此可想而知，蔣對於越南局勢自有一定程度的了解。一九六五年九月蔣經國還曾銜命赴美，向美國提出中華民國參與越戰進而反攻大陸的「火炬五號計畫」。對於《巴黎和平協議》於一九七三年簽訂後兩年南越即滅亡，蔣經國當時正在守靈中（蔣中正於一九七五年四月五日離世），認為「姑息」、「孤立」、「和解」與「談判」為罪魁禍首。[16]一九七九年四月，蔣經國提出對中共「不接觸、不談判、不妥協」的「三不政策」。

蔣中正和美國交手的經驗，特別是美國對「反攻大陸」的態度，以及蔣對南越的同理心，對他的政策形成過程有重大影響。在越南，國軍僅能以顧問型態從事支援，無力真的從事主要地面戰鬥任務，除非得到全面美援；但如此一來對美國的依賴勢必更為加深，美國對國軍進行干預，甚至要求一定程度的指揮權也非常可能，這對蔣當時積極籌畫的「反攻大陸」自然不利。[17]吳廷琰的正當性不如李承晚，南越內部政局也比韓戰時的南韓更不穩定，因此他更擔心遭美國推翻；這時在台灣的中華民國就成了他在亞洲唯一可以求援又無後顧之憂的對象。因此吳廷琰極力要求蔣出兵援越，而蔣同意以政戰部隊援越，也有為蔣經國打天下的味道，因為政戰系統是蔣經國一手所建立。

越戰對中華民國的軍事、外交有相當影響。美方在台灣建立的越戰支援設施，形成了台灣國防自主的初步基礎。但美國為了結束越戰而開始和中和解，也讓中華民國的外交逐漸走向孤立。

一九四九年中華人民共和國成立，中華民國撤退至台灣後，聯合國裡的「中國代表權」就成了美國和蘇聯集團爭議的焦點。一九五〇年代，共產集團國家每年都在聯合國裡提出排除國民黨的代表、由中華人民共和國作為中國的合法代表的議案，美國則以提出「緩議案」作為反制，也就是今年不討論此一問題。這個方法隨著中華人民共和國的邦交國越來越多，越來越朝著美國的對立面傾斜。**一九六一年，蘇聯聲言如果中華民國不讓蒙古人民共和國加入聯合國，它將阻止新獨立的非洲國家加入聯合國。中華民國面對壓力，不得不緩和反對蒙古人民共和國加入聯合國的立場，蒙古人民共和國其後加入聯合國。這讓中共一方的支持國大為鼓舞。**由於亞洲與非洲加入聯合國的新獨立國家大多支持中華人民共和國，一九六一年十二月一日，聯合國大會再次開始討論「中國代表權」

案時，美國、日本、澳洲、義大利和哥倫比亞五國共同提出，依照憲章第十八條之規定，任何改變中國代表權之提案為一「重要問題」。十二月十五日，大會表決五國決議草案，以六十一票贊成、三十四票反對、七國棄權，通過「第一六六八號決議」——任何改變中國代表權的議案，均需三分之二多數方能通過。以此保住中華民國政府在聯合國的中國席次。

越戰後美中關係的正常化

越戰爆發後，美國認為要解決越戰問題，就要從減少中國對北越支援下手。尼克森和季辛吉認為，改善與中華人民共和國的關係，是釜底抽薪的方法。一九六九年七月二十一日，美國國務院公開宣布放寬與中國貿易和到中國旅遊的限制，這是尼克森政府緩和美中關係的第一個單方面行動。一九六九年七月二十五日，尼克森於關島發表談話，宣布在印度支那收縮兵力，讓越戰「越南化」。一九六九年八月初，尼克森在環球旅行中對巴基斯坦、羅馬尼亞等國領導人表示，美國希望中國走出「孤立」狀態，在亞洲和太平洋地區發揮重要作用。他還請巴基斯坦總統葉海亞·汗（Agha Mohammad Yahya Khan）和羅馬尼亞總統尼古拉·西奧塞古（Nicolae Ceauşescu）向中國轉達此意。他告訴西奧塞古，一旦中國改變對美國態度，美國願意與它交往並建立關係。

一九六九年三月，中蘇爆發珍寶島衝突，雙方陷入戰爭邊緣，蘇聯向美國提議共同摧毀中國核武，美國拒絕。蘇聯意識到美國打算改善美中關係的態度，九月十一日，蘇聯總理柯西金參加越南領導人胡志明的葬禮後，去北京同中國領導人談判，並聲言絕無破壞中國核武設備之意，雙方達成了維持邊界現狀、防止武裝衝突、雙方武裝力量在邊界爭議地區脫離接觸等四點臨時協議。之後中蘇邊界局勢得到緩解。

一九六九年秋，毛澤東要四位解放軍元帥陳毅，徐向前、聶榮臻、葉劍英研究中美、中蘇關係。四人於九月十七日完成《對目前局勢的看法》報告，送交周恩來轉呈毛澤東。該報告提出了打開中美關係的設想：「尼克松出於對付蘇修的戰略考慮，急於拉中國。我們要從戰略上利用美、蘇矛盾，有必要打開中美關係。」**毛澤東接受了這些建議。當時，毛澤東認為中國在中南半島有影響力，可以用「協助美國『光榮』退出越南」為籌碼，打「美國牌」，既可以藉與美國關係的改善制衡蘇聯，也可以藉此挑撥美國與台灣的嫌隙。**不過，毛澤東聯美反蘇的行為也為日後越南共產黨與中共反目為仇埋下導火線。[18]

一九七〇年一月八日，美國宣布定於二十日恢復在一九五〇年代曾經開始，後來中止的美中「大使級」華沙會談。

一九七〇年加拿大、義大利承認中共政權以後，陸續有許多國家相繼承認中共而與中華民國斷交。由於整個大局的演變，要維護中華民國在聯合國的代表權，過去所賴的「重要問題案」已不能為多數國家所支持。美國在內外壓力下尋求新方案，遲遲不能決定，而中華民國堅決反對涉及「兩個中國」的建議，也使得問題陷於僵局。一九七〇年初以來，美國開始勸告我國若能默許「兩個中國」的建議，也就是所謂「雙重代表權」方案，並聲明在任何情形下絕不自行退出，則友邦可確保我在聯合國席位。

一九七一年四月，中美秘密溝通有了突破，改變了尼克森的看法。一九七一年五月底，尼克森與季辛吉轉而認為「雙重代表權」的作法，對美國尋求與中國關係正常化的總目標是有反作用的。若採取「兩個中國」政策，中華民國和中華人民共和國，雙方都不會接受，這個問題的最終結果是只能一個入會、一個退出，不可能兩者都在聯合國，中共遲早要進聯合國，那是無可避免的。尼克森說，美國最好還是堅持重要問題案，「但不要努力為重要問題案拉票」，而由聯合國所有會員國對最後結果負責。尼克森實際上已經拿定主意，要讓台灣退出、中共進入聯合國，但他沒有告訴國務院、美國駐聯合國大使和台灣方面。**事實上尼克森根本沒有堅持「兩個中國」的誠意，他故意拖延到最後，讓各方面的部署來不及，然後假裝採取「兩個中國」的立場卻失敗，以表示美國盡了一切努力。**[19]

一九七一年七月一日，中華民國駐美大使沈劍虹會晤季辛吉，商討中華民國會籍事。季辛吉自稱這是他任職期間最痛苦的經驗之一，因為他即將祕密前往北京，並安排尼克森總統訪問中國大陸之事，他也知道「即將發生的一切對在台灣的中華民國政府來說是不公平的」。季辛吉告訴沈劍虹美國準備提出所謂「雙重代表權」案，決心盡力維護中華民國在聯大席位，尼克森總統亦決不考慮任何使我喪失安理會席位之措施。台灣方面照例表示反對「雙重代表權」方案，因為反對「兩個中國」之基本立場相悖，中華民國也不接受放棄安理會席位保留大會席位的方案。

七月九日凌晨，季辛吉乘坐巴基斯坦總統專機，於北京時間七月九日上午十二時順利抵達北京。他告訴周恩來，美國將提議中華人民共和國通過獲得簡單多數的方式加入聯合國，而且中國可以獲得安理會常任理事國席位。經北京會談後，季周兩人從此直接聯繫，美國和中華人民共和國從此開始關係正常化的道路。

八月二日，美國國務卿羅吉斯（William Rogers）發表對中國代表權的聲明，代表美國對此問題政策的一大轉變，過去二十一年來美國竭盡反對中共入會，現在則以「配合目前世界的實際狀況」，不再反對中共進入聯合國，但不同意將中華民國排除於聯合國之外。於安全理事會常任理事席位屬誰，另由聯合國大會討論決定。

八月十七日，美國駐聯合國常任代表、後來的美國總統老布希（George Bush）正式向聯合國祕書長宇譚（U. Thant）提交「中國在聯合國的代表權問題」備忘錄，請列入聯合國第二十六屆大會的議程。美國的建議是聯合國處理中國代表權時，應體認中華人民共和國與中華民國兩者的存在，中華人民共和國應有代表權，同時應規定不剝奪中華民國之代表權。美國要求聯合國承認「兩個中國」的事實，不僅中華民國方面不能接受，也立即受到中共強烈的抨擊。

十月四日下午，羅吉斯正式在聯大發言支持中華人民共和國加入聯合國取得安理會席位，同時反對排除中華民國，「此舉為惟一切合二十年來所存在現實情況之公平辦法，使全體中國人都在本組織有代表」。羅吉斯發言後，白宮隨後宣布，季辛吉將於十月二十日飛抵北京，安排尼克森的訪問。一九七一年十月二十日至二十五日，季辛吉第二次訪問北京，這讓原先可能會支持中華民國的國家看到了美國的意向，對之後的投票有很大的影響。[20]

在十月十四日，沙烏地阿拉伯仗義執言，提出一項議案：

> 中華民國，亦即台灣島之人民，應保留其在聯合國及所有與其有關各組織內之席位，直至中華民國人民，亦即台灣島之人民，能在聯合國主持下舉行複決或全民表決而就下開各項宣布其所作選擇時為止：一、以聯合國記錄之一項條約所確定之中立地位，作為一個主權國家繼續獨立；二、與中華人民共和國組成一個邦聯，其條件應由當事雙方商定之；三、與中華人民共和國組成聯邦，但需依照當事雙方所商定之議定書。

這時的美國對中華人民共和國真是仁至義盡、極力維護，因為季辛吉對此議案極力反對。他認為如果美國支持這一議案，將會實質形成「兩個中國」，而且這一議案為台灣創造了法律地位，這是中國最反對的。如果美國支持，將會嚴重損害當時美中的交往基礎。[21]這時候，他連先前「（美國）不要努力為重要問題案拉票，而由聯合國所有會員國對最後結果負責」的滑頭立場都放棄了，

而是直接站在中共一方。

一九七一年十月二十五日，聯合國大會表決「重要問題案」。結果是五十五票贊成、五十九票反對、十五票棄權。接著，大會就沙烏地阿拉伯修正案進行表決，因為美國沒有部署支持，也被否決。最後表決由阿爾巴尼亞提出的「排蔣納共」案，以七十六票贊成、三十五票反對、十七票棄權的壓倒性多數通過「第二七五八號」決議，決定「**恢復中華人民共和國之所有權利，承認其政府為中國出席聯合國組織之唯一合法代表，並立即驅逐在聯合國及一切與有連繫之組織內非法占據席位之蔣介石代表**」，但隻字未提台灣地位或歸屬。作為東歐國家的阿爾巴尼亞，何以在提案中忽略了加上「台灣為中國的一部分」或類似文字，由大會順勢表決確認，則又是一個難解的謎團。

對越戰常見的誤解

越戰可能是一般人誤解最多的一場戰爭。第一個誤解是它是一場游擊戰。事實上，它是一場陣地戰、城市戰和游擊戰相結合，戰線模糊的大規模戰爭，直接參戰人員最高時超過兩百萬人。就兵力的密度來說，很多時期大過二次大戰的西歐戰場，更不談美軍空中和地面的強大火力、出動的飛機架次遠多過二次大戰和韓戰。直升機出動架次更高達三百六十一萬四千五百架次，損失達四千三百架。

第二個誤解是北越軍是一支草鞋軍，以低科技打敗了美國的高科技。事實上，越戰完全是當時最高科技的實驗場，美蘇除了核武之外，都將自身最先進的軍事技術和裝備，特別是電子戰、反電子戰、空戰、防空、防空制壓（Suppression of Enemy Air Defenses）和無人機（Unmanned Air Vehicle）領域，送往越南參戰。偵察衛星、空中加油、空中機動作戰與直升機的廣泛運用，也是越戰的一大特色。而北越迅速掌握中蘇援助裝備的能力，與後勤管理的有效，都顯示其卓越的軍事素質，是其屹立不搖的最大因素。

第三個誤解是越戰是美國一國單打獨鬥，得不到世界各國的支持。事實上，除了美國以外，有二十五個國家援助南越，出兵的有韓國、澳洲、紐西蘭、泰國和中華民國，其他提供援助的國家非常多。

第四個誤解是美軍不知為誰而戰，而北越軍和越共士氣始終高昂。這應該得歸功於美國左派電影人的「偉大貢獻」。事實上從一九六三年到一九七一年，北越方面投誠南越的人數近十八萬人。北越雖政治控制較南越嚴密，民心士氣較南越高，但在長年的轟炸、戰亂和慘重傷亡下，[22]仍有厭戰、反戰心理。這些都是從西方角度看越戰時容易忽略的。如果美國沒有在一九七三年之後就如此全面地撤出對南越的支援，越南局勢在彼此消耗之下，可能會有不同的發展。

第五個誤解是美軍在戰場上野蠻又沒有紀律，而北越軍和越共則秋毫無犯。事實上，越共在南越施加的紅色恐怖、暗殺破壞是相當可怕的。越共經常暗殺、公審南越基層官員、反共人士、支持政府的農民和知識分子。這些恐怖行動累積到一定強度，不但沒有讓南越人民仇恨共產黨而支持西貢政府，反而是讓人民更為害怕、恐懼，而不敢支持美軍和南越當局。最後很多人因為恐懼採取漠然的態度，坐視南越的滅亡。

小國該如何爭取大國支援？

越戰對台灣最大的影響就是，美國為了解決越戰，決心和中華人民共和國和解。其次是因為越戰對美國國力軍力的消耗，讓美國更需要聯合中國來因應與蘇聯的冷戰軍備競賽。第三是讓美國再次針對從事對外干涉設置了一道無形的門檻——自越戰之後，美國再碰到要出動軍隊實施「警察行動」時，都會考慮再三。越戰對美國外交和軍事政策思維的改變是無與倫比的。

為何解決越戰就需要和中華人民共和國合作？因為蘇聯和中華人民共和國是北越兩大援助國，沒有這兩個國家，北越是無法繼續戰爭的。至於哪一國對北越的續戰能力影響更大，筆者認為中國的影響力更大。原因有下列五點。

第一，北越的輕武器、彈藥、糧食與工業產品幾乎全部來自中國，這些是支撐北越續戰無可取代的資源。當時高階的武器如防空飛彈、雷達、米格機大致上來自蘇聯。但是目前解密的文件顯示，最有成效、造成美軍損失最大的是高射炮，無論火炮、彈藥抑或射控系統幾乎都是來自中國。

第二，中國提供運輸管道。當時蘇聯援越物資有些也需要透過中國運送。當然北越還有海防港可以接收進口物資，但在一九七二年海防港遭美軍封鎖，海運斷絕，這時就顯現中國陸運的無比價值。

第三，中國出動援越的人力遠多於蘇聯。整個胡志明小徑的運輸管理都是中共協助設計的。

第四，中國提供緩衝區，當時美國為了不想激怒中國，在中越邊境設置緩衝區，轟炸北越的飛機不進入該區域以免誤入中國領空，因此北越米格機必要時可以逃入緩衝區，這不只有軍事上的意義，更有政治上的意義。

第五，中國可能像韓戰那樣出兵，這讓美國始終沒有派地面部隊進入北越。這是中國對北越提供的最大潛在保障，也決定了越戰的最後結果。

在台灣方面，美國為解決越戰，和中國改善關係，直接促使了中華民國喪失了聯合國裡的中國代表權。長年來爭論的是除了美國轉向以外，蔣中正「漢賊不兩立」的態度是否為退出聯合國的主因？蔣曾在日記中寫道「我國已定有最後之打算，與決不放棄漢賊不兩立之原則，寧為玉碎不為瓦全之精神」。目前有學者認為蔣其實是有彈性的，理由是蔣最後表達可以接受雙重代表權提案。筆者認為這不能規避蔣的責任。因為歷史文件顯示，就算蔣可以接受雙重代表權也太晚、太遲了，美日根本沒有時間部署支持。因為這並非在當時國際間有絕對共識的事情，不是一提出就可以安然通過的。

其次，蔣縱使對於雙重代表權案有支持之意，對外態度仍非常僵硬甚至倨傲，如何能讓美國樂意支持？第三則是蔣堅決保衛安理會席位，若無法保存則寧可退出，但又無能力遊說美國以外其他三常任理事國。蔣要長期爭取他國支持極為困難，因為僅有台灣一地的中華民國，在國際外交上就國力、軍力和國際影響力上要和美蘇英法並列聯合國五強之一，縱使沒有中（共）美關係改善的大前提，也缺乏現實基礎，中華民國在聯合國僅行使過一次否決權即為顯例。蔣最大的錯誤是忽略了即使僅有大會代表權，對中華民國的合法性及國際地位仍具不可取代的重要性。但這需要及早開始部署。

最後，中華民國對於聯合國的會籍保衛戰，幾乎完全依賴美國支持，本身並沒有非讓美國非支持中華民國不可的條件及籌碼，坐待美方支持。這種外交態度值得台灣人省思。

台灣人可以從越戰中取得哪些教訓呢？

第一，**台灣人應該可以發現，人民不想統一絕對不是獨立的保障**。很多人覺得只要多數人不想統一，就不會統一。實際上，南越雖然說政府腐敗，但絕大部分的人民並不想接受共產統治。但是因為軍事的失敗，以及民心的不夠堅定，加上對共產黨的畏懼，雖然不想統一，最後結果事與願違。所以說，人民不想統一，並不是絕對不會被統一的保證。還是要取決於政治、軍事的對決。

事實上北越在統一全越後，實施共產主義，限制各項自由，原有的部分民主政治更完全停止。雖然戰爭停止，南越的經濟狀況、人民生活水準和自由反較戰爭時期阮文紹的「腐敗」統治下更為下降，[23]因此出現了大批難民（尤其是華僑）逃往海外，但他們在越戰時期即使在戰火下都未外逃。甚至原先「南方民族解放陣線」的幹部、支持者和單純反對南越政府的人士，也大量遭到清洗、拘禁甚至處決。但是，後悔已經為時已晚了，因為國家已經不存在。無論是當時還是今天美國和西方國家都僅能給予人道關懷和政治庇護，因為那已經是越南的內政，也不可能採取任何行動去讓南越復國。

第二，**美國助戰不是絕對安全的保障**。美國支援南越，所付出的人力物力可以說是史無前例。雖然說現在很多人在責備美國在越戰中的政策與造成的破壞，但反過來看，美國在自己的安全沒有遭到直接威脅和攻擊的情況下，純粹只是出於捍衛民主自由的意識形態，願意對另一個國家做出如此重大的犧牲、提供這麼多的援助，不僅沒有得到一絲一毫的利益，反而犧牲了五萬七千名軍人，受傷人達數十萬人，還有龐大戰費的支出，可以說是仁至義盡。從美國的角度來看，這一切的理由就是「不要讓南越變成共產主義」，但是還是失敗了。所以以後任何國家想要美國再協防，出動這麼多人力物力，恐怕是非常困難。其實，未來美國有沒有那麼多兵力可以出動也很難講。

第三，**任何國家都不能認為大國就算和你有共同的敵人，你的利益就完全是他的利益，因為主觀認知未必一樣，客觀局勢也不是永遠一成不變的**。在大國領導人眼中，他有他的戰略目標，而且他的顏面、傷亡和內部民意壓力永遠比你的國家利益重要。如果他不想再承受傷亡或另有盤算，小國利益就會被犧牲。

一九六八年是越戰一個重要的轉捩點。筆者推測，如果當年沒有推動「越戰越南化」，繼續打下去以相同的強度打到一九七〇年美國跟中國和解的時候，中國可能會為了和美國改善關係與美合作共同對抗蘇聯，而降低對北越的支援；若繼續再打到一九七六年等毛澤東過世，政治情形極可能就會改變。因為中共改革開放之後，無條件支持北越的可能性不大。但是因為美國的傷亡太慘重，所以在一九六八年就決定撤退，這就犧牲了南越。這個關鍵胡志明了然於胸，因此即使知道雖然北越自己來打，要付出非常非常慘痛的代價，但是絕對不要讓中蘇軍隊來打仗。不然到時候大國可能會以撤軍所得的利益犧牲掉小國的利益。這是一個非常重要的決定。

第四，**一定要有自立自強的決心。因為「天助自助」的道理也可以用在戰爭上，有時候大國會不會來援助，取決於小國自己的抵抗意志**。其實越戰開始後不久，第三次中東戰爭也開打。但以色列從頭到尾從來沒有設想美軍來助戰，而是自己獨立作戰，結果從一九七〇年代開始，就得到美國的援助。所以自立自強的決心是最重要的。

第五，就是《和平協議》不能輕言簽訂。有關兩岸「和平協議」的討論，讀者若有興趣，可參閱拙著《台灣健檢書》。主要是對美國這種西方國家來說，「和平」就是最高價值，戰爭的目的也是為了和平，因此簽訂了《和平協議》之後，就會降低軍事參與，甚至撤出部隊。這也是《八一七公報》的精神（請參閱第十七章）。但是共產體制不在乎這一套，特別是在還有很多軍事以外的手段可用的時候，《和平協議》只是先封住對方獲得外在軍事支援的擋箭牌。

第六，一定要深切理解美國的政治文化。美國雖然有「鐵肩擔道義」的歷史傳統，但有複雜的政治運作模式。雖然美國國會經常強調國際政治的道德意識、美國的國際責任，尤其是對人權和民主自由價值的捍衛，但也不是一成不變的，缺乏一貫性和堅持不是沒有出現在國會的態度中。另一方面，行政部門和國會的關係也經常主宰美國的對外政策。一九六四年，美國國會高度支持美國在越南從事反共戰爭，在東南亞建立並捍衛自由民主體制。但到了一九六七年，同樣的政策已經被認為失敗，並且是好戰政客的變態行為。季辛吉說的很透徹：**美國知識界和輿論曾經歡欣祝賀一位具進步意識的青年總統（甘迺迪）的出現，但旋即指控他的後任（詹森）是殘暴不仁、一貫撒謊的戰爭販子，不顧這位後任總統的策略（或其策士）都是甘迺迪留下的舊人舊政。**[24]

第七，**若要和大國結盟，一定要有為大國利益服務的氣魄和能力，也就是說，小國雖然可能能出的力很少，但絕對不能有坐享其成的心態。**任何的國際利益都應該是雙贏的。總是希望別國來讓利、來鼎力相助，甚至主動顧及你的利益，這種「己願他力」的思維是非常危險的。一定要讓人家覺得「跟你合作，幫助你，對我自己是有利的」。關於這一點，胡志明做到了。他讓他自己的統一戰爭成了中蘇共對美國鬥爭、製造美國麻煩的場域，援助自然源源而來。北越自己雖面臨美國強大的軍事壓力，卻能掌握共產集團想擴張版圖的根本戰略，對柬埔寨和寮國共黨的奪權提供軍事支援，等於幫了中蘇共大忙。他又能在中蘇共之間保持平衡、左右逢源，所以能保障戰爭時期中蘇共的支持不斷。姑且不論共產主義的對錯，**北越能充分運用冷戰情勢（天時）、和寮柬共黨聯成一氣，利用寮柬作為庇護所和運輸道路（地利），加上動員全國人力自立自強、不怕萬難刻苦犧牲，又能逐步影響美國和南越人心（人和）**，贏得最後的勝利，這是值得台灣人去研究的。雖然在北越統一越南之後，隨即在一九七九年和中國爆發邊界戰爭，然而國家獨立並統一這個目標總是達成了。統一後的共黨越南最後還是能加入聯合國，和中美也都恢復了正常關係，甚至現在還成為亞洲經濟的另一個明日之星。

歷史是很耐人尋味的。當年美國被認為打輸了越戰，共產主義的聲勢隨著越南的統一與寮柬兩國的赤化而空前高漲，但沒想到僅十六年後世人就看到蘇聯解體，一度出現「美國獨強的單極體系」。今天以美、越兩國來說，不論是政治、外交，抑或經濟體制，都是越南更接近美國，而非美國更接近越南的共產主義體制，而美國還是當時的那個美國。足見國際關係世界裡自有恆常不變和恆常必變的部分，也值得我們共同來思考。

12 第十二章

東歐、鐵幕與柏林圍牆

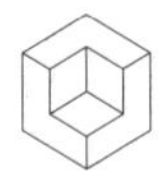

本章觀察重點

東歐二戰後被劃入「鐵幕」的原因？
東西德之間的關係？
東歐各國是如何赤化的？

「鐵幕」的意義與東歐各共黨的奪權

鐵幕一詞，一般所熟知的是用來形容東歐共產國家。事實上，它本來的意思是歐洲主要劇院舞台上的一種裝置，設若劇院的後台失火，舞台的後面就會降下一個鐵閘，將火勢和觀眾席隔離。但這個舞台專有名詞並不普遍。現在常用的含意，被認為出自邱吉爾一九四六年三月五日在美國密蘇里州富爾頓市的威斯敏斯特學院所發表的題為《和平砥柱》（*Sinews of Peace*）的演講中：

> 從波羅的海邊的斯德丁（Stettin）[1]到亞得里亞海邊的第里雅斯特（Trieste）[2]，一幅橫貫歐洲大陸的鐵幕已經拉下。這張鐵幕後面坐落著所有中歐、東歐古老國家的首都——華沙、柏林、布拉格、維也納、布達佩斯、貝爾格勒、布加勒斯特和索菲亞。這些著名的都市和周圍的人口全都位於蘇聯勢力範圍之內，全都以這種或那種方式，不僅落入蘇聯影響之下，而且已受到莫斯科日益加強的控制。

筆者認為他有兩個意思：第一是歐洲已經因為共產主義分出了明顯的界線；第二是共產主義的那一部分是被封鎖、沒有自由的。

東歐是如何變為「鐵幕」的呢？首先，《雅爾達協定》將東歐劃為蘇聯的勢力範圍。二戰後，隨著美蘇關係的破裂，「馬歐爾計劃」又讓美國的力量和聲望在西歐擊敗德國、解放各國之後的又一個高峰，讓蘇聯意識到資本主義的威脅，因此對東歐戰後的民主政府予以滲透、共化，逐漸加強控制，讓各國逐漸轉為共產國家。

捷克

捷克的例子是二戰後東歐的典型寫照。捷克共產黨在一九二一年成立，很快就具有一定實力，因為捷克人崇尚平等，在工業化的過程中，許多勞動者被共產主義喊出的「消滅資本家、保障勞動者」的宣傳吸引，因而支持共產黨。此外，捷克和蘇聯同為斯拉夫民族，許多人對蘇聯有情感。

此外，在《慕尼黑協定》中英法兩國屈服於德國的壓力，出賣了捷克，最後是**蘇聯紅軍從納粹德國手中解放了捷克，讓許多捷克人認同蘇聯而仇視西方**。因此在一九四六年的大選中，共產黨拿下最多選票，成為最大黨，和民主派政黨成立聯合政府。在聯合政府中共黨掌握重要部門，蘇聯並指示共產黨滲透、掌握大型企業、工會和媒體。一九四八年五月捷克再次舉行大選，共黨發動暴民、媒體和武裝民兵逼迫民選總統本恩斯（Edvard Beneš）讓共黨完全組織政府，進而逼迫他辭職。捷克從此變成共產國家。

保加利亞

保加利亞在二戰時還是君主立憲國家，但共產黨歷史悠久，早在一九一九年五月就由保加利亞社會民主工黨改組為保加利亞共產黨，由季米特洛夫（Georgi Dimitrov）擔任黨的領導工作。一九二三年他領導九月起義，失敗後流亡蘇聯。

二戰中保加利亞原本加入軸心國，共黨則聯合其他黨派組成「祖國陣線」（Fatherland Front）反抗納粹。當時祖國陣線中的非共政黨有農民黨、茲文諾黨（Zveno）和社會民主黨。一九四四年保加利亞政府看德國敗象已露，先宣布退出戰爭，蘇聯擔心保加利亞投向西方，支持祖國陣線先推翻原有的親納粹內閣，由茲文諾黨領袖喬治耶夫（Kimon Georgiev）擔任首相。由於雅爾達會議中蘇聯同意東歐各國舉行自由選舉，季米特諾夫在蘇聯的支持下重新回到保加利亞，成為保共領導人，準備以選舉方式奪權。保共主張未來的大選只由祖國陣線提出候選人，祖國陣線裡面的其他政黨候選人也要得到共黨的同意，引起非共政黨抵制大選。

一九四五年十一月十八日保加利亞舉行國會大選，保共操控下的祖國陣線得到了百分之八十六的選票，一九四六年舉行了廢除王室的公投與制憲議會大選，已為保共控制的政府強行禁止其他政黨參加，之後逮捕處死了農民黨領袖帕特科夫、逮捕了社會民主黨的九位議員，並且廢除王室，建立了保加利亞人民共和國。

匈牙利

匈牙利早在一九一九年三月就成立過匈牙利蘇維埃共和國，雖然壽命不到五個月（三月二十一日至八月六日），但卻是俄國十月革命後首個在歐洲成立的社會主義政權，後因協約國聯軍中的羅馬尼亞攻占布達佩斯而解散。一九四一年第二次世界大戰期間，匈牙利站錯邊，加入德義日軸心國成為德國盟友，同年二月，匈牙利跟德國向蘇聯宣戰，參與德蘇戰爭中的各個戰役。

一九四五年二月，蘇聯攻入匈牙利東部，之後完全占領了匈牙利，德國投降後，匈牙利建立共和國。一九四五年十一月的選舉中，小農黨（Independent Smallholders' Party）獲得了百分之五十七的選票，成為最大黨派。和此相對的是，匈牙利共產黨只獲得了百分之十七的選票。駐紮在匈牙利的蘇聯紅軍司令克里門特·伏羅希洛夫（Kliment Voroshilov）出手干預，拒絕由小農黨主導政權，建立了由共產黨為核心的政權。共黨政權設立匈牙利國家保安局（ÁVH）。一九四七年二月小農黨及另一主要政黨國民農民黨的黨首被捕，兩黨部分黨員逃亡國外。

在一九四七年的選舉中，匈牙利共產黨及社會民主黨合併為匈牙利勞動人民黨（Working People's Party），成為最大黨派，組建了聯合政府。至此，共產主義陣營控制了匈牙利當局。眾多反共產主義者都被逮捕流放。一九四九年八月十八日，以史達林憲法為基軸的匈牙利共和國憲法頒布。國名也改為匈牙利人民共和國。勞動人民黨是一九四八年至一九五六年匈牙利人民共和國的執

（資料來源：維基百科）

政黨。一九五六年十一月匈牙利抗暴遭蘇聯鎮壓後，該黨重組為匈牙利社會主義工人黨。

波蘭

波蘭共產黨早在一九一八年建立，但因為捲入蘇聯黨內史達林與「托派」的政爭，一九三八年被第三國際解散。波蘭工人黨（Polish Workers' Party）於一九四二年一月五日建立，它的綱領宣言號召一切波蘭愛國力量團結在反法西斯人民戰線周圍，共同抗德，同時把抗德的民族解放鬥爭與反抗資本家的勞動群眾社會解放結合起來。該黨領導建立了人民近衛軍，進行抵抗德國納粹的游擊戰爭。一九四三年十一月，瓦迪斯瓦夫・哥穆爾卡（Władysław Gomułka）當選為該黨中央總書記，同年十二月，波蘭工人黨、波蘭社會黨左派、農民黨、民主黨和其他激進組織的代表秘密成立全國人民代表會議，結成了反法西斯的民族陣線。

一九四四年元旦，在工人黨的倡議下，成立全國人民代表會議，由貝魯特（Bolesław Bierut）任主席。一九四四年，紅軍攻入波蘭，流亡蘇聯的波蘭工人黨分子在蘇聯控制下，七月二十二日於盧布林省海烏姆成立波蘭民族解放委員會，頒布具有歷史意義的《波蘭民族解放委員會宣言》（Manifesto of the Polish Committee of National Liberation），也叫《七月宣言》（*Manifest Lipcowy*），十二月二十七日改稱為「波蘭臨時政府」，一月五日蘇聯不顧英美「將倫敦的波蘭流亡政府納入臨時政府」的要求，對臨時政府予以承認。一九四五年，工人黨召開第一次黨代表大會，強調波蘭的目標是逐步地、循序漸進地建設社會主義，並制訂了國家恢復和發展的三年計劃。

由於雅爾達會議中蘇聯同意東歐各國舉行自由選舉，工人黨一方面對大選時程推三阻四，一方面積極發展工會及其他群眾組織，並實施土地改革爭取農民支持，同時滲透入其他非共政黨，促其分化，脅迫反共和中立分子交出職位，代之以親共分子。一九四七年一月波蘭舉行大選，臨時政府操作選舉，採用多種骯髒手法，包括取消反對政黨的合法身分、藉故逮捕非共黨候選人，取消工人秘密投票。大選結果工人黨獲勝，終於完全露出了猙獰面目，開始逮捕、禁止其他政黨活動。一九四八年十二月十五日，該黨與波蘭社會黨合併為波蘭統一工人黨（Polish United Workers' Party）。

羅馬尼亞

羅馬尼亞共產黨於一九二一年由羅馬尼亞社會黨布爾什維克派發展而來，二戰時羅馬尼亞本來加入軸心國作戰，後來戰局逆轉，國王麥可一世（Michael I）在一九四四年八月二十三日宣布和聯軍停戰，八月二十五日對德宣戰，因此蘇聯紅軍派遣四十到六十萬兵力駐紮在羅馬尼亞，扶持出身寒微、學歷最低、性格最殘暴的喬治烏—德治（Gheorghe Gheorghiu-Dej）和尼古拉·西奧塞古（Nicolae Ceausescu）。

羅馬尼亞和聯軍停戰時，由軍事將領索諾德斯古（Sanatescu）組閣，在蘇聯的壓力之下，一九四四年十一月由親共的「耕者陣線」領袖格羅薩（Petru Groza）擔任副首相，共黨分子在新內閣占據主要位置（喬治烏-德治時任交通部長）。一九四五年內閣再度改組，由另一名軍事將領拉德斯古（Nicolae Radescu）繼任。一九四五年冬，羅共準備奪權，先聯合社會民主黨、「愛國者聯盟」（Union of Patriots）、「耕者陣線」及全國工會等團體，組成「全國民主陣線」。一九四六年「全國民主陣線」發動示威，再製造暴亂，共黨分子擊斃數人後指稱是拉德斯古下令開槍鎮壓。蘇聯立刻壓迫麥可一世，要求應撤換拉德斯古首相，因為他沒有能力維持秩序。蘇聯只接受由格羅薩組閣，麥可一世勉強接受，內閣改組，為共產勢力掌控，只在形式上維持聯合政府。

一九四六年十一月，羅馬尼亞舉行大選，在共黨的操控下，「全國民主陣線」得到四百一十四席中的三百四十八席。一九四七年六月，政府宣布第二大黨農民黨為非法組織、主要領袖多被處死或囚禁。一九四七年底，喬治烏-德治逼迫國王麥可一世退位，宣布「羅馬尼亞人民共和國」成立，一九四八年羅馬尼亞共產黨與羅馬尼亞社會民主黨合併為羅馬尼亞工人黨。一九六五年又改國號為「羅馬尼亞社會主義共和國」。

東德

德國共產黨（Communist Party of Germany），簡稱德共，一九一八年十二月三十日創建了該政黨。該黨創始人是卡爾．李卜克內西（Karl Liebknecht）和羅莎．盧森堡（Rosa Luxemburg）。一九三三年納粹黨上台後，德共被取締。一九四五年，納粹政權瓦解後，英美法蘇四國分別占領德國，德共恢復運作。一九四六年，德共與德國社會民主黨（Social Democratic Party）兩黨在蘇聯占領區的組織合併為德國統一社會黨（Socialist Unity Party）。一九四九年十月七日德意志民主共和國（German Democratic Republic）成立，這一天德意志民主共和國憲法正式生效。第二屆德國人民議會組成了臨時議會並任命奧托．格羅提渥（Otto Grotewohl）為總理以組建政府。威廉．皮克（Wilhelm Pieck）則於十月十一日被選舉為東德總統。東德被宣布為一個社會主義的人民民主共和國。除統一社會黨外，資產階級的政黨也被容忍，前提是需參加國家陣線。

南斯拉夫

南斯拉夫原本是君主立憲國家，在二戰時被五國（德、義、保、匈和阿爾巴尼亞）分占，在英國倫敦則有流亡政府，狄托是抗德地下軍的知名首領，他早在一九一七年就在俄國加入共產黨，一九一九年南斯拉夫共產黨成立，狄托在一九三七年擔任南斯拉夫共產黨書記長。

一九四二年十一月，狄托成立「南斯拉夫反法西斯民族解放委員會」，參加者除了共黨外，還包括其他非共黨派，和其他東歐國家非常類似。一九四三年十一月，狄托在波士尼亞召開「南斯拉夫反法西斯民族解放委員會」第二次大會，成立臨時政府，被推為主席兼解放軍總司令。他聲稱這個臨時政府才是真正代表南斯拉夫的政府，並得到美國的支持，英國和蘇聯則是有限的支持。**狄托自己則非常清楚，革命成功不能「己願他力」。一方面他希望找到一個位於市場經濟和計劃經濟之間的「中間地帶」。另一方面他想成為東歐的領袖，對鄰國有一定的領土野心。**

由於當時在英國倫敦尚有南斯拉夫流亡政府，而《雅爾達協議》要求在東歐必須進行選舉，因此狄托第一步先排除王室，第二步和另一反對力量農民黨（流亡政府的主要力量）取得協議，以換取英美的承認。一九四五年三月六日，「南斯拉夫反法西斯民族解放委員會」和流亡政府共組臨時政府，因為狄托長期在南斯拉夫國土上抗德，勢力已居優勢，臨時政府二十八名閣員裡非共黨閣員僅八人。但這個臨時政府得到美英蘇的正式承認。

狄托的第三步是開議。為了準備大選，八月狄托成立了「人民陣線」，在民族解放委員會以外，增加了一百二十一名代表，組成了「全國臨時議會」。八月十日通過制憲議會選舉法，在狄托操作之下，「通敵分子」一律不得參加選舉，但實際上誰是「通敵分子」由共黨決定。另外也有操控選舉的作為，非共黨派一致杯葛但無效。十一月十一日大選，共產黨大勝。二十九日，通過成立南斯拉夫聯邦人民共和國，狄托成為第一任總統

史達林無法完全控制狄托，於是在一九四八年將南斯拉夫驅逐出了共產主義陣營。狄托則發展出「狄托主義」，其特點主要體現在共產黨的執政方針和政策的基礎上，亦即：在各個國家實現共產主義這一最終目標的過程中所採取的方針和政策，必須基於這個國家本身所特有的條件而有別於其他國家。

阿爾巴尼亞

阿爾巴尼亞在二戰時被義大利兼併。阿爾巴尼亞共產黨在南共的扶植下成立，也仿照南共模式，一九四四年五月組成「反法西斯民族解放委員會」，十月成立臨時政府。一九四四年十一月德軍撤離阿爾巴尼亞，臨時政府隨即接管統治權。一九四五年十二月大選，共黨控制的「民主陣線」獲得百分之九十三的選票，隨即制定憲法，成立「阿爾巴尼亞人民共和國」。[3]

「鐵幕」下的相對自主性

東歐各國建立共產政權後，政策和蘇聯基本類似，都採取計劃經濟制度，共產黨一黨專政，人民沒有民主自由。但是東歐各國對經濟控制程度仍有所不同，大體說來，他們給予市場、農業和工業的自由程度較蘇聯高，更遑論改革開放前的中國。東歐沒有中華人民共和國那麼多的政治運動，各國人民生活溫飽尚無虞，和非共國家的關係也因為他們雖是共產國家，但不輸出革命，對於西歐以外的地區也不會有實質威脅，因此從一九六〇年代之後普遍有接近正常的往來。

經濟狀況最好的東德，一般人還是可以在國內隨處旅行，或是去蘇聯或其他東歐國家旅遊，甚至高中學生可以演戲諷刺蘇聯，及自由收聽西德廣播、電視等。

波蘭的控制則比較嚴厲，因為波蘭和俄羅斯是世仇，共黨幾乎完全是以反抗納粹德國的民族主義功動作為統治基礎。一九七〇年，波蘭政府提高糧食價格，引發格但斯克的造船工人大規模罷工。共黨領導人哥穆爾卡向蘇聯求援，希望出兵鎮壓。蘇聯領導人布里茲涅夫（Leonid Brezhnev）基於三點考量予以回決。第一，波蘭反俄歷史悠久，蘇軍鎮壓波蘭工人可能會遭到波蘭軍隊抵抗，雖然蘇軍最後必然能消滅波軍，但至少需時數周，蘇聯評估太過危險，會將華沙公約組織的內部矛盾暴露在西方面前。第二，二次世界大戰乃因希特勒進軍波蘭而爆發，而蘇聯則是波蘭的解放者，布里茲涅夫不願意因出兵波蘭，讓這一形象反轉而被西方宣傳為希特勒第二。第三是蘇聯對於哥穆爾卡的能力也大表不滿，認為他非常無能，把經濟和黨務弄得一團糟。因此，布里茲涅夫認為波蘭的問題要由波蘭自己解決，這讓波共政治局決定罷黜哥穆爾卡，由吉里克（Edward Gierek）接替。

一九八〇年八月三十一日，波蘭再度爆發工潮，在格但斯克造船廠成立了「團結工聯」（Solidarity），由萊赫·華勒沙（Lech Walesa）所領導，也是華沙條約簽約國中第一個非共產黨控制的工會組織。團結工聯主張非暴力的反抗模式。一九八〇年代，它將波蘭國內的天主教及反共左翼人士組織結合，成為了一股強大的反共主義社會運動，這次罷工有百萬人參加，規模遠大於一九七〇年的罷工。吉里克被迫下台，由國防部長賈魯賽斯基（Wojciech Jaruzelski）上台執政，對於團結工聯有一些讓步，波蘭的政治和社會逐漸嗅到了自由的氣息。

一九五〇年代初期，數十萬羅馬尼亞人因為政治因素被關進勞改營。到西奧塞古執政時，更開始計畫性地將羅馬尼亞塑造成東歐版的北韓。計畫要點之一是一個稱為「系統化」的離譜方案，旨在於二〇〇〇年以前將羅馬尼亞的農村數量減少一半。西奧塞古夫婦於一九八九年被處決時，雖然「系統化」才處於初期階段，但已經引起人民極度的憤怒，因此西奧塞古的下場也是最悲慘的。

然而，西奧塞古卻也是最反蘇、最有獨立精神的東歐共黨領袖，在一九六七年一月三十一日，羅馬尼亞和西德建交，是東歐集團第一個和西德建交的國家。一九六八年蘇聯鎮壓捷克「布拉格之春」時，羅馬尼亞居然敢於支持捷克；西奧塞古在一九六八年八月訪問捷克，兩國簽訂《友好合作互助條約》。蘇聯軍事干預捷克後，下一個目標可能就是羅馬尼亞，這時西奧塞古沒有屈服，不僅下令軍隊動員，還組織民兵，暗示一旦蘇聯入侵，羅馬尼亞將全民抵抗到底。最後蘇聯沒有動手。一九六九年起，西奧塞古勤於出訪，足跡遍及三十多個亞、非、美洲國家，公然鼓吹各國都要尊重他國獨立主權、不干涉他國內政、世界各國不分大小一律平等。**蘇聯雖然極度不悅，但仍守住尊重羅國主權的底線，未對羅馬尼亞採取侵略行動。**

東歐的共產化直接強化了冷戰。因為東歐各國就土地面積和西歐差堪彷彿，雖然人力和經濟規模不能相提並論，但加上蘇聯的駐軍後就形成勢均力敵的態勢。各國都有長年執政的獨裁者，因此使得他們更需要蘇聯的支持來鎮壓內部可能的不滿。軍事上，蘇聯在東歐各國（羅馬尼亞、南斯拉夫和阿爾巴尼亞）以外都有龐大的駐軍。一九八五年時在東德的蘇軍約有三十八萬人，是東德軍隊的兩倍以上。[4]華約各國都完全採取蘇聯的軍事準則和接收蘇聯提供的武器裝備，不過武器裝備通常較蘇軍一線裝備者落後一代。不過，各國也無意挑戰這種安排，反正都是蘇聯免費贈送，且領取較差的武器也代表他們在和北約的戰爭中只需要扮演支援或防衛後方的角色。華約組織成立後，各國間的矛盾也在蘇聯的領導下緩解，這點和北約組織與歐盟對西歐發揮的作用非常類似。

自由世界與東歐的關係

東歐國家除了阿爾巴尼亞之外，都具有一定的工業基礎，東德、捷克和波蘭甚至還協助蘇聯生產軍火，因此一九四九年西方國家為了規範具有潛在軍事用途之貨品或技術，銷售至非市場經濟國家，先後成立「多國聯合出口管制委員會」（Coordinating Committee for Multilateral Export Controls，簡稱為COCOM）及「瓦聖那協定」（Wassenaar Arrangement）等組織，[5]以集體方式對共黨國家進行貿易管制。COCOM成員以北大西洋公約組織國家（冰島除外）及日本為主。成員國定期在總部巴黎集會，協商出口管制的審查作業，所有有關管制之事務均採全體一致決原則，以表示尊重各國主權。[6]因此，COCOM僅為會員國間非正式之協議，本身並沒有任何立法或司法機關執行其管制，各會員國以內國法以執行COCOM之出口管制。[7]

柏林圍牆是東歐鐵幕的最鮮明象徵。五〇年代早期，蘇聯加強了對東歐各國的控制，並防止公民外逃至西方國家。但直到一九五二年，大多數東西德的邊境仍可自由通過。在蘇聯的提議下，從一九五二年開始，東西德之間的德國國內邊界被封鎖並設置了鐵絲網，阻止東德人民前往西德。但此時東西柏林間尚未修築邊境設施，柏林市民最初是能在各區之間自由活動的，因而成為東德人前往西方的跳板。一九四九年到一九六一年大約有兩百五十萬東德人冒著被射殺的危險逃入西柏林。[8]一九六一年東德乃修建柏林圍牆，阻止東德人民逃往西柏林。

東歐各個國家的封閉程度受到它們的獨立程度和西方的相對關係影響。東德是最前線，受西方影響最大，所以控制較為寬鬆。阿爾巴尼亞離西歐相對最遠，因此狀況最惡劣。東德還因為有西德這個富親戚，西德又對東德伸出援手，因此經濟發展也是東歐之冠。

和解的第一步

1970年西德總理勃蘭特（Willy Brandt）總理與東德總理史多夫（Willi Stoph）於埃爾福特會面，這是兩國領袖初次會面，也是美蘇兩集團冷戰的「低盪」的最初的一步。

（資料來源：維基百科）

西德在維利・勃蘭特（Willy Brandt）擔任總理時，推動所謂「東方政策」（Ostpolitik），一九七〇年兩德在東德的埃爾福特（Erfurt）舉行了首腦會議，進行了談判和溝通，並達成協議，同意朝「解除武裝對立」和「在國際社會中互不杯葛」方向努力，並確立通過由東德改善道路狀況和簡化過境手續，保障西德與西柏林之間交通通暢。一九七二年兩德簽署了《德意志聯邦共和國與德意志民主共和國關係基礎條約》，標誌兩國在和平和共存的基礎上認同彼此的存在。隨後在一九七三年，兩個德國同時加入聯合國，並於一九七四年時依據基礎條約第八條規定，在波昂和東柏林相互建立常駐代表處。

西德的東方政策使兩個德國的人民和家人能互相接觸。西德政府當時在佛列特蘭（Friedland）、邊界過境營（Transit Camp）及紐倫堡（Nuremberg）設置定居人民過境辦事處，一份數據指出僅在一九七一至一九七八年之間，幾近四十萬人成功自東德及東歐移居西德。[9]

東西貿易也是緩和緊張的一個重要因素。當時西歐認為其效果可以讓雙方均對他方經濟進步立刻發生興趣，並在各國人民意識中留下印象。一九七三年五月十九日及一九七四年十月三十日，西德和蘇聯訂立有效時期為十八年的合作協定，一九七八年五月六日，又簽訂一個新的經濟協定，有效時期為二十五年。這個協定，主要對原料及能源方面增加推動力量，於一九七八年十二月二十七日生效，並包括西柏林在內。在一九五八年，西德和蘇聯的貿易量約為五億馬克，在一九七八年成長為十一億馬克。[10]

南斯拉夫從一建國開始，就決定排除蘇聯的影響。一九五〇年他就和美國改善關係，接受美國軍經援助，不加入華沙公約組織。狄托提出「共產主義多元化」觀點，並在一九五六年和印尼、埃及共創「不結盟國家運動」。一九六一年，在南斯拉夫首都貝爾格萊德舉行不結盟國家首次高峰會，有二十五國參加。**狄托因為領導民族解放運動，又敢於在作為蘇聯的鄰邦下挑戰蘇聯，因此得到了極高的國際聲望。蘇聯為了不想過度開罪第三世界國家以免在冷戰中孤立，對狄托的作為予以容忍。**

南斯拉夫以外，羅馬尼亞是東歐最具獨立精神的共黨政權，羅馬尼亞要求蘇軍撤離，理由是蘇聯和羅馬尼亞接壤，有事時蘇軍可隨時入境，而且捷克、匈牙利和波蘭和西方距離較近，北約軍隊可能隨時入侵，而羅馬尼亞的地理位置不致有這麼直接的威脅。一九五八年七月，蘇軍撤出。在經濟上，羅馬尼亞開始與西德、法國、英國和義大利開展貿易，拒絕接受蘇聯組織的「經濟互助委員會」安排給羅馬尼亞的分工（提供原料），喬治烏-德治為了貫徹他的獨立政策，大膽提出「社會主義的民族主義」，激勵人民的愛國心，並將自己塑造成民族英雄，甚至不再諱言帝俄和蘇聯對羅馬尼亞的領土侵占。

一九六〇年中蘇共分裂，羅馬尼亞利用兩共之間的矛盾，支持中共立場以獲得和蘇聯周旋的籌碼。西奧塞古時期更積極和西方發展關係，是唯一在中東戰爭時支持以色列的東歐國家。一九六四年羅馬尼亞甚至還派代表團訪美，並一度作為美中（共）關係的中介者。

東歐被納入鐵幕後人民生活備受限制，和西歐的民主、自由和開放形成鮮明對比。但是若干非共國家也在國內自己築成「類鐵幕」，以防止共產主義入侵並限制國民接受外來資訊。台灣就是最好的例子。柏林圍牆堵住了東德人民前往西德，但東德人民如能成功逃到西德，西德都會予以收容，甚至還有花錢買人的歷史——西德政府會以付錢方式贖回東德政治犯的自由。然而，台灣方面則對於中國大陸投奔者，除少數具有政治宣傳價值者外，基本上不予接納。在金門前線甚至還有一概格殺的軍令。東西德之間是共產的東德邊防軍射殺投奔自由者（兩德統一後也有人為此接受審判）。台海之間則相反，是號稱自由的中華民國國軍射殺中國大陸投奔者，譬如一九八七年三月七日發生在小金門的東崗事件。當天上午有多名沒有武裝的越南難民乘船抵達金門申請政治庇護，遭金防部拒絕登陸；當他們在當日下午傍晚再次漂回試圖上岸時，因金防部曾有「第一線單位不得接受投誠」的命令，第四七二旅旅長與第一營營長下令攻擊射殺，未死的傷患不准就醫或任何供給與救援，屍體就地掩埋於沙中。全船越南難民至少十九人，盡數罹難，其中包含婦女、孩童與一名孕婦。

在赫魯雪夫時期，蘇聯執行對東歐國家的有限主權政策，開始干預東歐國家的內政。為此入侵匈牙利，用武力樹立自己的權威，踐踏東歐國家的主權。因此，在東歐國家產生極大的反抗心理，尤其是波蘭等國還跟俄羅斯是世仇，很難消弭，所以這種反抗心理隨時等待爆發。在蘇聯強大的時候，各國敢怒不敢言。但是等到蘇共開始衰弱時，首先從世仇波蘭開始，直接以反蘇聯模式的示威遊行，最終推翻蘇聯支持的政府。東歐變天本質上除了追求自身的民主自由外，也是對蘇聯威權的反抗。

東歐民主為何被顛覆？

筆者認為，**東歐的共產化經驗給台灣人的最重要啟示就是民主不是不會倒退的。各國的共產化都是漸進的，同時蘇聯雖然具有絕對武力優勢，仍然沒有直接併吞東歐國家，而是透過支援各國共產黨的方式，逐漸透過民主程序奪權。**

二戰後東歐許多國家都曾經有多黨民主時期，但之後都一一消失。原因除了蘇聯武力的強大外，更在於共產黨先以反納粹的功績為由建構武力、爭取民心，接著採用和平手段，先盡量結合可利用的社會力量，通常是該國社會主義的政黨或工會。因為共產主義的基本原理原則就是爭取勞動者權益，打倒資本家的剝削，平均財富和救濟貧民，所以在貧窮或充滿剝削的社會裡，共產主義特別容易發展或爭取到同情者。此外，在有戰爭或民族衝突的國家，共產主義也容易發展，因為共產黨強調國際主義，就是全世界無產者皆親如兄弟，必須聯合起來，因此容易和反對戰爭的民意結合，因為若能四海之內皆兄弟，就不需要相互殺戮了。

東歐各國共黨奪權的模式就是先成立跨黨派的聯合陣線，敲定大選時程，以獲得外部正當性；接著在選前就非法排除、驅逐或限制其他政黨候選人參選，包辦大選勝利後直接執政、制憲、更改國名。或是先以聯合陣線在選舉中獲勝，建立聯合政府之後，如果是聯合政府第一大黨，就暴力取締、排除其他政黨；如果不是第一大黨，就請求蘇聯介入。這種「以民主反民主」的作法，在捷克、波蘭、匈牙利、羅馬尼亞和保加利亞都取得了勝利。

此外，歐洲的經驗告訴我們，如果一個國家由溫和派的左傾民主政黨執政，對共產黨會比較沒有戒心，比較不會認為他們是民主的威脅（歐洲二戰後幾乎都有此一現象，除英國外，法國和西班牙的共產黨也都因此壯大），也傾向於認為民主本身就是捍衛民主最好的工具。**事實上民主本身是脆弱的、是會倒退的，因此想要過民主生活的人不僅要服從民主的遊戲規則，建立民主的政治文化，更要有隨時對抗反民主力量的決心與力量。決心和力量缺一不可；光有決心沒有合適足夠的力量也無濟於事。**

東歐國家也可以讓我們了解一國獨立的步驟，絕無自己不爭取、宣布，而坐待他國因我「國」戰略地位重要，或是有特殊的國際安排，不歸屬於某特定國家，因此主動承認我「國」獨立的可

能。獨立的國家地位實為特定種族求取生存與安全的最大保障。且獨立的國家身分就可對外交往，就算淪為大國附庸，也比當其他國家國內的少數族群命運來得好。

冷戰時期的東歐對台灣是非常陌生的存在。一直到一九九〇年代，政府嚴禁與共產國家進行貿易，自然包括東歐國家。也因此台灣人通常不容易理解非暴力或民主抗爭的方式。

東歐與西歐在冷戰時期的往來，特別是兩德之間的互動模式，相當多被用於台灣在兩岸開放初期的政策定位與研擬。之後出現的特殊國與國關係之論述，也很可能是受到兩德關係定位的影響。

13 第十三章

歐洲的整合

本章觀察重點

歐洲為什麼要整合？
整合的過程為何？
整合是代表哪些方面在整合？

從共同市場、歐元到歐盟

歐洲歷史上曾經多次出現統一的局面，也就是說，現在的歐洲國家在歷史上有多次是屬於同一個政權或帝國管理之下。曾有數個帝國用武力統一了現代歐洲的大部分地區，像是羅馬帝國、法蘭克帝國、神聖羅馬帝國、法蘭西第一帝國和納粹德國。而王朝聯盟（Dynastic union）則是統一歐洲領土的和平手段，另外也有少數的國家聯盟，如東歐的波蘭立陶宛聯邦、中歐的奧匈帝國，和地處亞洲西部、歐洲東南部和非洲北部的封建神權大帝國——鄂圖曼土耳其帝國。[1]

歐洲統一的思想在二十世紀之前就已經萌生。在十九世紀之前，最大的目的是共同抵禦外來威脅。一四五三年，拜占庭帝國首都君士坦丁堡被鄂圖曼土耳其帝國攻破後，於是在一六四六年，波希米亞國王喬治就建議歐洲基督教國家應該組成聯盟，對抗鄂圖曼土耳其帝國的擴張。十九世紀初，拿破崙曾在大陸封鎖期間在歐洲大陸實行關稅同盟。最初於一九四八年由荷蘭、比利時、盧森堡三國組成的關稅聯盟，主要作用是免除關稅，並開放原料、商品的自由貿易。

這裡要提一下關稅對於經濟和國際貿易的意義。關稅一般是指商品進口時，當地政府對進口商品課徵的稅金。徵收關稅的目的一般是增加財政收入、保護國內經濟行業或政治目的。關稅最直接的經濟效果就是提高了進口商品的售價，使它在其他成本相同的條件下不易和國內生產的同樣商品競爭。

關稅通常和「貿易保護主義」是分不開的。貿易保護主義通常簡稱保護主義（Protectionism），是一種為了保護本國產業免受國外同類產業競爭壓力，或是擴大國內產品市場，而對進口產品設定極高關稅、限定進口配額，或其他減少進口額的經濟政策。歐洲統合的第一個目標就是在減少關稅這個貿易壁壘。首先透過重要資源和原材料的共同開採、共同經營來達成，因為資源和原材料的供應和生產關係密切，如果各國各自控制就容易引起糾紛，甚至為了爭奪它們而發生衝突。

一九五一年四月十八日，法國、西德、義大利、比利時、荷蘭及盧森堡簽署了《巴黎條約》，建立了「歐洲煤鋼共同體」（European Coal and Steel Community）。歐洲煤鋼共同體的原始構想，就是德法都有意願結合各自煤的生產和鋼鐵製造，以共同加速經濟發展和避免衝突。一九五二年七月二十三日，《巴黎條約》生效。共同體的基本任務是建立煤鋼單一共同市場，逐步取消有關煤和鋼的關稅限制，並對生產、流通和分配過程實行干預。根據條約規定，成員國無須交納關稅即可直接取得煤和鋼的生產原料（一九五八年六國間煤鋼關稅完全取消），價格也有統一規定。這麼作是為了通過共同掌管煤和鋼這些重要的戰爭物資，實現各國互相控制，以保障歐洲內部的和平，也為二戰後重建所需的重要生產資料提供保障。新生的西德和法國同為締約國，代表著兩國的化敵為友。

一九五二年七月二十五日，歐洲煤鋼共同體正式成立一個超國家的權力機構——高級機構（High Authority，之後發展為「歐盟執行委員會」〔European Commission〕）。高級機構由九人組成[2]，掌握煤鋼共同體的大權，負責協調各成員國的煤鋼生產，保證共同體內部的有效競爭。它擁有共同體內部的生產、投資、價格、原料分配，以至發展或關閉某些企業或某些部門的大權，並掌管共同體同第三國和有關國際組織的關係。各成員國必須執行該機構作出的決定。此外，歐洲煤鋼共同體還設有部長理事會（Special Council of Ministers，之後發展為「歐盟理事會」〔Council of the European Union〕）、共同體議會（Common Assembly，之後發展為「歐洲議會」〔European Parliament〕）和法院（Court of Justice）等機構。**這是歷史上國家第一次放棄了各自的部分主權，並將這些主權的行使交給一個獨立於成員國的高級機構。**

因為煤鋼共同體的合作順利，讓西歐六國（比利時、法國、義大利、盧森堡、荷蘭及西德）在一九五七年三月二十五日，又簽訂了《羅馬條約》（Treaty of Rome），正式官方名稱為《建立歐洲經濟共同體條約》（Treaty establishing the European Economic Community），於一九五八年一月一日生效，歐洲經濟共同體（European Economic Community）建立。[3]

歐洲經濟共同體的目的是要建立一個在會員國之間的商品、勞動、服務及資本的共同市場。《羅馬條約》規定立約國之間的所有商品關稅須逐年調降，並成立一個關稅同盟。[4]該條約也建立了共同運輸及農業政策，以及歐洲社會基金與歐洲聯盟委員會。

通過分期削減後，到一九六八年七月六國間工業品關稅全部取消，比原定計劃提前一年半。農產品方面除實現關稅同盟外，還實行共同的農業政策，統一價格，設立農業基金。

歐元是自羅馬帝國以來歐洲貨幣改革最為重大的結果。歐元不僅使歐洲單一市場得以完善，歐元區國家間自由貿易更加方便，而且更是歐盟一體化形成的重要組成部分。傳統上，各國常會用貶值貨幣的方式鼓勵出口，因為貨幣貶值後，需用較多的本國貨幣兌換等值外幣，因此不利於進口，也會造成國內進口商品物價的上漲。不過對於商品出口而言，因為等值本國貨幣所對應的外幣下降，對於出口有利。因此各國貨幣會出現匯率差異，兌換他國貨幣需要承擔匯差，非常不方便。

二〇〇四年十月，歐共體二十五國首腦在義大利首都羅馬簽署了《歐盟憲法條約》。這是歐盟的首部憲法條約。但法國和荷蘭二〇〇五年先後在全民公決中否決了《歐憲條約》。因為「憲法」這一用詞被認為「超國家」的含意太濃，在兩個國家公投否決之後，實際上無法實施。因此在二〇〇七年十二月十三日，歐盟二十七個國家的領袖在葡萄牙里斯本簽署《里斯本條約》，該長達兩百一十多頁的《條約》在二〇〇九年十二月一日起正式實施，為歐盟進一步統合奠定了基礎。[5]

《服務歐盟》（Serving the European Union）這本小冊子說明歐盟制定政策的基本程序是由「執行委員會」（European Commission）提出議案，經「歐盟理事會」（Council of the European Union）同意，「歐洲議會」（European Parliament）行使建議權，最後由「歐洲聯盟法院」（Court of Justice of the European Union）解釋條文。[6]

歐盟執委會的成員是執行委員（Commissioner），他們由各歐盟成員國政府提名，經由歐洲議會行使人事同意權後方得成為執委，一國一人，任期五年。執委會主席由歐盟理事會和成員國政府首腦一起決定，並需要得到歐洲議會的贊成。

另一個重要機構是歐洲聯盟理事會，簡稱歐盟理事會或部長理事會，是歐盟事實上的兩院制立法機關的上議院，由來自二十八個歐盟成員國各國政府部長所組成，是歐盟的主要決策機構。每一個國家在理事會中都有一名理事，但代表不同國家的理事所擁有的投票數不同。[7]決議有三種形式——簡單多數（需十五個會員國同意）、條件多數（需百分之五十五的會員國同意，並至少能代表百分之六十五的歐盟會員國總人口）和無異議決（所有會員國都同意）。

歐盟的主要權力在執行委員會和歐盟理事會手上，且只有執行委員會具有代表為歐盟提出議案的權力。執行委員會若有提案，會送請歐盟理事會和歐洲議會審核。歐洲議會的角色較傾向於諮詢單位，而非立法單位。

至於共同體的預算，是由會員國提供的補助金而來，部分則來自於「自有財源」（own resources）。根據一九七〇年四月二十二日簽訂的《盧森堡條約》規定，「自有財源」包括對進入共同體的農產品和工業產品課徵的共同對外關稅，以及各國課徵的加值稅總額的百分之一點四。歐洲議會並無任何權力監督這些稅收，而執行委員會不但享有立法提案權，同時也有提出預算的權力。對進入共同體或歐盟的貨物課徵關稅的稅率，也是由執行委員會和部長理事會共同長期協商同意的結果。加值稅稅率和項目則由各會員國自行決定。

英國或美國國會可以經由否決預算以監督行政機關，而歐洲議會則無權力可以監督部長理事會和執行委員會等歐盟行政機關。歐洲議會對於歐盟預算的唯一控制權僅限於經費的運用。歐洲議會的立法提案權遠比各國議會的提案權更受限制。雖然歐洲議會因為一九七五年關於歐洲議會直接選舉的《潘迪琴報告》（Patjin Report）而獲得立法提案權，[8]但是該提案權僅限於歐洲議會可以提案要求執行委員會草擬議案。而關於該議案的措辭用字，以及何時送交部長理事會審議，仍然是執行委員會的特權，同時執行委員會仍保留隨時撤銷和修改該議案的權力。英國於一九七三年加入之後不久，即提議要求執行委員會的執行委員出席歐洲議會，並回答議會質詢。但是這項提議並未像在英國一樣發展為特別的「首相質詢時間」（Prime Minister's Question Time）。歐洲議會必須以書面提出質詢，開會時間通常安排在深夜，而且出席率甚低。同時歐洲議會不能處理已經部長理事會核准的議案，主要原因在於各會員國均已同意該議案。[9]

歐盟雖然具有超國家的特質，各國也願意放棄部分主權，但本質上它還是一個國際組織，並不是國家。《里斯本條約》規定在稅收、社會保障、外交和防務等事關成員國主權的領域，仍採取「一致通過」原則。歐盟在聯合國裡也沒有投票權。雖然在《里斯本條約》通過之後，歐盟執委會主席可強制要求成員國在聯合國上的投票意向，成員國議會仍然在歐盟決策過程中產生決定作用。例如，如果一項歐盟立法草案遭到三分之一成員國議會的反對，將返回歐盟執委會重新考慮。所以它的會員國自成立以來也有增加，一般國家的領土範圍是很少增加的。

至於各國究竟放棄了哪些主權？精確地來說，筆者認為在《里斯本條約》中規定「成員國不能在聯盟已經完成以下之項目內行使職權」的項目，就算是放棄主權的項目。目前這些項目包括：

（一）內部市場；（二）社會政策，即是由本《條約》之內所訂下的某方面、（三）經濟，社會和領土凝聚力；（四）農業和漁業，不包括保護海洋生物資源；（五）環境；（六）消費者保護；（七）交通運輸；（八）跨歐洲網絡；（九）能源；（十）地區內之自由，保安和司法；（十一）共同安全關注之下的公共衛生問題，即是由本《條約》之內所訂下的某方面。

難民與民粹對歐盟的挑戰

歐盟成立之後，由於成員國家眾多，意見不一是可以預期的。但是最大挑戰乃在於內部成員國是否真的都能遵守歐盟條約，以及一旦有國家違反要如何來進行制裁。

近年來，歐盟最大問題是中東難民。因為敘利亞長年內戰，大批難民逃抵歐洲，成了非常複雜的人道主義問題。二〇一五年九月，歐盟成員國內政部長舉行緊急會議，投票通過轉移安置在義大利、希臘等國境內的十二萬外來難民的方案。此方案引起不少歐盟國家不滿，匈牙利等國公開表示反對歐盟按照配額強制分攤難民。目前，歐盟內部圍繞各成員國如何履行按照配額接納難民爭議不斷，匈牙利、波蘭和捷克等國都沒有真正履行該方案。[10]波蘭和匈牙利多次對歐盟提出強烈批判。

歐盟的另一個問題來自東歐國家。歐盟將匈牙利、波蘭等視為挑戰其統一價值觀和規則的國家，而這些國家則反對歐盟干預內政。一方面，歐盟與一些成員國在價值觀、移民等問題上存在分歧；另一方面，以中東歐國家為代表的「新歐洲」與以西歐國家為代表的「老歐洲」也在歐盟改革等問題上矛盾重重。

波蘭右翼民族主義政黨「法律與正義黨」（Law and Justice）長期批評法官體系是守舊的共產黨勢力，阻礙國家發展，因此在二〇一五年上台執政之後，加強控制司法系統，不僅改組憲法法院，擁有解釋憲法、並賦予司法部管轄法官的權力，更對最高法院出手。二〇一六年一月十三日，歐盟執委會根據二〇一四年確立的法治審查規定以及《里斯本條約》第七條，對波蘭修改《憲法法院法》和《公共媒體法》問題發起了正式的法治調查。二〇一七年七月，波蘭議會通過了三項司法改革法案，其中涉及最高法院的法案將使最高法院的現任法官全部卸任，由司法部長任命臨時接替者，再由國家司法委員會批准任命提名新法官。另兩項法案分別允許議會任命國家司法委員會成員，以及允許司法部長任免普通法院的首席法官。[11]歐盟於二〇一七年十二月二十日認為波蘭的這一系列修法已危及行政與司法權之權力分立，並對法治造成明顯的威脅，違反歐盟對法治的堅持。

根據《里斯本條約》第七條，若成員國被認定出現「嚴重且持續違反歐盟價值觀」的行為，在經特定多數成員國同意後，歐盟有權予以懲罰。但是過程相當複雜。

第一步，要有絕對多數成員國贊成，**歐盟執委會**即可向違規成員國發出正式警告，指控他們有牴觸基本權利或核心價值之嫌。[12]違規成員國可以向歐盟理事會提出答辯，或修改被指控的政策。如果歐盟理事會對答辯或修改的結果不滿意，第二步就由其餘成員國（五分之四的成員國支持，即至少二十二個）將用投票決定被控方是否牴觸基本權利或核心價值。此際投票過關的話，以波蘭的狀況，其法律將暫由歐盟理事會監管。

第三步是取得**歐洲議會**三分之二同意，並獲得相關成員國提交自己的觀察報告。第四步是其餘成員國將在**歐盟高峰會**（European Council，由會員國領袖組成）上參與裁定違規當事國是否有違反條約第七條第二款的情況，但需要得到成員國的一致同意（棄權也包含在內）。由於制裁之實施需經過歐盟高峰會的一致決，匈牙利已揚言將在投票時否決執委會對波蘭制裁的提案。

如果這關再次通過，第五步就是**歐盟理事會**以條件多數決投票（即至少百分之五十五成員國，加上百分之六十五歐盟人口）決定是否懲罰。倘若通過，即可懲罰相關成員國，包括暫停該成員國在歐盟理事會的內部投票權。其他成員國將在歐盟理事會上研究如何制裁。

波蘭問題尚未解決，匈牙利又爆發與歐盟的爭議。起因是匈牙利總理奧爾班（Orbán Viktor）二〇一〇年再度上台之後，為了長期掌控政權，開始強力鉗制媒體、扭曲司法、打壓言論自由，嚴重違反歐盟的核心價值。問題的導火線起自於二〇一八年六月，匈牙利國會六月一致通過反移民法案，除了拒絕難民進入匈牙利，國內庇護難民的律師或人民也將會面臨刑事處分。援助難民的人將面臨牢獄之災，人權團體和非政府組織成為主要調查目標。此外，匈牙利國會同時修憲，明文規定「外籍人士」不可以在匈牙利境內定居。

經過一系列討論後，二〇一八年九月十二日歐洲議會以四百四十八票贊成、一百九十七票反對，認定匈牙利「嚴重且持續違反歐盟價值觀」，準備依據《里斯本條約》第七條暫停匈牙利在歐盟的投票權。[13]這是歐洲議會歷史上首次針對歐盟成員國啟動該條款。匈牙利政府對此表示抗議，稱歐盟此舉是對匈牙利的報復。但由於仍需經過歐盟高峰會一致同意，預計波蘭將會投桃報李，因此是否能貫徹到底，截至二〇一九年八月仍在未定之天。

主權與安全才是歐盟的根本

歐洲統合的過程對台灣最大的啟示應該是重新證明了主權的重要。歐盟執委會、歐盟理事會、歐盟高峰會和歐洲議會等機構都是以「國家」為單位來計算名額和表決權。換言之，如果沒有國家的地位，會員無從在歐盟中互動。**一個政治體若沒有國家的地位，無論享有多大的自治權、在國際經貿上具有多大的重要性，或經濟有多大的規模，就是無法廁身於歐盟的體系中。蘇格蘭無法獨立地在歐盟中和德國互動，但比蘇格蘭小許多的馬爾他卻可以。歐盟若要懲罰會員國，需要經過會員國一致決定，因此對歐洲國家，特別是小國，保有國家地位的重要性還高於沒有歐盟之前。**

歐盟真正的影響是讓歐洲傳統的「權力平衡」弱化。權力平衡就是各國合縱連橫相互結盟去平衡敵國的力量。但是歐盟在重要問題上採一致決（歐盟高峰會），單一國家就舉足輕重，因此不必再去聯合其他國家以求在關鍵議題表決時取得多數。但是對台灣來說，短期內我們不會有機會加入類似歐盟這種性質的國際組織，因此廣結善緣、增加邦交國和願意為台灣在國際組織內提供實質助力的國家，仍是當務之急。

很多人士以為歐盟是兩岸的典範，因為歐盟有讓出部分主權，於是反對台灣主權獨立，或認為台灣沒有必要追求主權獨立的人很喜歡拿歐盟的「統合」來推演到兩岸也必須統合，亦即台灣應該像歐洲國家向鄰國開放那樣地像中國盡量開放，不要「閉關鎖國」。姑且不談統獨議題，**歐盟的經驗其實對全世紀最具啟發性的是主權的完整與安全的確保才是互信的基礎。因為主權的完整，歐洲國家的人民知道他們不會任意被他們無法監督或替換的人所代表，同時所有會加諸於他們身上的約束與規定必然會出自於他們的同意。**而歐盟的合作架構不會導致國家主權的消滅，因為歐盟完全不可能讓任何國家能透過歐盟的合作，而有併吞或主宰其他國家的機會。

為什麼歐洲人能做到這些？首先是二戰的慘烈破壞讓活下來的人有強烈的非戰意願。此外，二戰也解決了許多遷延已久的領土疆界問題。在沒有領土爭議的情況下，國家與國家之間更能合作。

馬歇爾計畫則讓各國經濟發展快速恢復，而且基本上處於接近的水平。這樣的條件才可能使關稅同盟、共同市場得以運作。這在經濟發展差異太大的地區之間是無法進行的。

冷戰和北約組織的成立則是歐洲統合的最關鍵因素。北約組織這個合作架構讓西歐各國在安全上得到空前的保障，各國之間不用再擔心來自共產集團以外鄰國的威脅——這是兩次世界大戰的直接起源。法國不需要再擔心德國，而北約組織使各國政府有制度性地在國防上彼此合作，甚至融為一體，這是政治統合的最直接前提。各國國防力量對北約內其他國家來說空前透明，因此秘密外交、彼此間的軍備競賽和安全困境（security dilemma）就完全消失了。

北約組織還讓美國留在歐洲，因此各國不需擔心德國再起，也可以省下大筆防衛自己的資源。美國的軍事力量還有核子傘是西歐在冷戰期間安全的基石。

因為這些因素在世界其他地方都難以完美複製，因此歐洲的統合乃成為獨一無二的歷史和政治成就。有人說歐洲是因為面積較小因此易於融合，然而，中美洲的面積小於西歐，語言也更加統一，幾乎都說西班牙語，卻沒有形成如歐盟這樣的統合態勢。「東南亞國家協會」和「阿拉伯國家聯盟」的條件也類似。這三個區域都證明所謂「同文同種」或有共同的敵人，甚至於並肩作戰，都不見得能夠達成統合。

目前，歐盟逐漸朝「建立與會員國在功能上平行的機構」方式在進行。譬如一般國家主權最明顯的象徵就是獨立的外交與國防，歐盟各會員國也都設有外交部，多數設有國防部，於是歐盟也在二〇一〇年設立了「歐洲對外事務部」，它是歐洲聯盟的外交部及軍事統籌機構，專責執行歐盟共同外交與安全政策，於《里斯本條約》簽訂後十二個月內籌組成立，並在二〇一〇年十二月正式運作；由歐盟「外交和安全政策高級代表」（High Representative of the Union for Foreign Affairs and Security Policy）指揮。《里斯本條約》第十五條並規定「歐盟高峰會應包括各成員國的國家元首或政府首腦，以及其主席及歐盟執委會主席。歐盟外交和安全政策高級代表也應參與部分工作」。[14]

當然，歐盟要通過共同政策也必須經過決議，目前規定有關決議必須至少獲得百分之五十五的成員國和百分之六十五的歐盟人口的贊同，才算通過。新表決制將在二〇一四年開始實施，到二〇一七年之前的三年為過渡期。但明顯的，未來歐盟將可能在歐洲的國防和外交上扮演更積極的角色。

二〇一八年，中華民國出口至歐盟的金額為兩百九十四億五千八百三十一萬美元，年增百分之八點三九；自歐盟進口的金額為兩百七十九億六千五百三十五萬美元，年增百分之七點三五。貿易呈現出超（盈餘）十四億九千兩百九十六萬美元，年增百分之三十二點二。雖然每年都有所成長，但是比起與中國、美國和日本三國的貿易數字相比，還有很大的成長空間。

14 第十四章

核子武器的誕生、擴散與對世界政治的改變

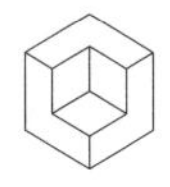

本章觀察重點

核武的誕生對二戰的影響？
美國和蘇聯的核武戰略？
核武對於國際政治的影響？

「巨型報復策略」開啟了核武時代

一九四〇年代，美國啟動「曼哈頓計畫」，之後研發的兩顆原子彈結束了第二次世界大戰。它的驚人威力讓美國一度認為美國從此將獲得無以倫比的軍事優勢，自此世界和平可以確保。因此，美國的重點是，第一，如何盡快大量生產原子彈；第二，提升原子彈的威力、投射準確度；這就需要研發更好的投射載具，並且調整軍事戰略、部隊架構與作戰準則，好讓這一劃時代的武器能發揮更大的作用。

一九四九年蘇聯試爆原子彈成功，讓美國認為獨享核武優勢的美景已經消失；一九五〇年爆發的韓戰看來好像是雖然美國享有核子優勢，卻並不足以嚇阻共產主義擴張的例子，也無法阻止這類區域戰爭。但艾森豪和杜勒斯都深信，如果當時的國務卿艾奇遜（Dean Acheson）對於其在遠東的圍堵線曾做明確的界定，並鄭重聲明美國不惜使用原子彈以來維護這條界線和南韓的領土完整，則這次戰爭根本不會發生。此次戰爭的指導以及中間的談判對於未來的有限戰爭也不能提供模式。[1]

換言之，雖然發生了韓戰，美國還是認為核武因為有巨大破壞力，對未來戰爭仍具有無與倫比的嚇阻力。至少，可以用來嚇阻蘇聯不敢對美國發動核武戰爭。這時就浮現幾個議題：第一是必須要有足以投射的核武；第二，必須要有使用的決心；第三，是必須讓對方清楚理解前兩項訊息；第四，是必須提供投降以外的選項。若投降等於毀滅，那麼對方只能選擇不投降，那麼嚇阻等於失效。

因此，美國認為核子武器及其投擲工具對於國家戰略應有明智的配合。所以陸海空軍都集中全力發展核子武器。到一九五三年初，蘇聯後來居上試爆第一顆氫彈成功時，美國的第一種中程噴射轟炸機（B-47 Stratojet）已經快要服役，第一種長程噴射轟炸機（B-52 Stratofortress）也正在模型試飛的階段。而第一批戰術核子武器也完成部署的準備。

NSC 162/2　　COPY NO. 47

A REPORT

TO THE

NATIONAL SECURITY COUNCIL

by

THE EXECUTIVE SECRETARY

on

BASIC NATIONAL SECURITY POLICY

October 30, 1953

WASHINGTON

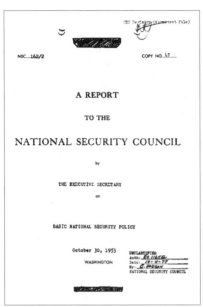

艾森豪總統批准的NSC-162/2文件，奠定了「巨型報復」戰略的基礎。
（資料來源：維基百科）

因此，當艾森豪於一九五三年入主白宮時，美國內外的情況都要求對戰略指導做一種基本性的檢討。在經過政府內部的一度辯論之後，終於在十月三十日由總統批准了NSC-162/2號文件，該文主張美國應該維持「強大的軍事準備，尤其著重以攻擊性打擊力量對敵人施加巨大報復性傷害的能力」（a strong military posture, with emphasis on the capability of inflicting massive retaliatory damage by offensive striking power）以及美國會「考慮核子武器作為可以使用的軍火選項之一」（will consider nuclear weapons as available for use as other munitions）。之後直到甘迺迪於一九六一年一月接掌政權時為止，所謂「巨型報復」（massive retaliation）的戰略構成美國官方戰略思想的核心。即當美國認定共產集團國家要對世界展開全面性侵略時，美國便將在自己選定的時機、對自己選定的區域，進行全面性的核子攻擊，直到贏得戰爭——也就是徹底摧毀蘇聯與其附庸——為止。此種戰略觀念有三大主要特點：第一是高度重視核子武器；第二是比過去更依賴戰略兵力的嚇阻作用；第三是必須掃清對方可資報復的核子武器。

然而，蘇聯在核武實力上的進步，讓巨型報復戰略慢慢被認為不太可行。因為蘇聯也會發動反擊——因為蘇聯核武越來越多，要一次全部掃清越來越困難。因此一九六三年起，美國的核戰略轉換為「彈性反應戰略」，也就是依照事件的狀態，決定美國投入兵力的規模；在需要使用核武的情況下，也不再是一次性的毀滅蘇聯各大城市與人口，而可以依事態決定核武的使用規模，是僅限於即應兵力、飛彈陣地、軍事基地、指揮中樞，還是要擴及到交通、人口與工業中心。

相互保證毀滅與核武待命

核武威力雖大，卻必須能在要用的時候能迅速發射出去，並準確擊中目標才有意義。為了提高核子兵力在核戰下的生存力，美國和蘇聯都研發了三種核武投射載具—戰略轟炸機、洲際彈道飛彈和潛射彈道飛彈。最早實用化，也是唯一有實戰經驗的是戰略轟炸機，美國投注了大量的努力，讓夠多的轟炸機保持能迅速起飛的狀態，因為當時的電子系統可靠度沒有今天那麼高。

由於轟炸機待命成本過高，飛往目標的時間又太長，隨著蘇聯防空系統的精進，美國認為光靠轟炸機還是不能達成有效的嚇阻。一九五九年，配備「擎天神」型洲際彈道飛彈（SM-65D Atlas或Atlas D）[2]的加州范登堡（Vandenberg）基地的第五七六戰略飛彈中隊成為第一個待命值勤的飛彈單位。一九六二年開始服役的「義勇兵」飛彈（LGM-30 Minuteman）可說是為了「待命」設計的完美武器。首先，它採用固態燃料火箭，可以長久儲存而不需在發射前裝填。此外，它為了確保飛行時的方向準確度的慣性陀螺儀利用電磁懸浮在真空中，不會因為軸承接觸而磨損，這表示陀螺儀可以無限期保持旋轉與待命狀態，而不需在發射前啟動[3]。因此義勇兵飛彈可以最低的成本，在防塵防潮防爆的地下發射窖保持待命，並在按下按鈕的一分鐘內發射升空。其英文名稱「分鐘人」（Minuteman）可謂名符其實。核武只有發展到這個階段，才算是真正實用的核武力量。換言之，「擁有核武」和「成功發動核子戰爭」中間還是有很大距離的。[4]

蘇聯的核武發展大體遵循美國的模式。但是蘇聯在轟炸機的發展上比較落後，且因為地理位置，蘇聯轟炸機更難直攻美國本土，因為蘇聯沒有辦法在美國周圍找到可以讓蘇聯轟炸機起飛攻擊美國的基地。所以，蘇聯集中實力在發展洲際彈道飛彈。

這些武器的成熟，讓「相互保證毀滅」（Mutual Assured Destruction，簡稱「瘋狂」（MAD），亦稱共同毀滅原則）得以落實。此一思想假設雙方都有足以毀滅另一方的武力，而且一方如果受到另一方攻擊，不論理由為何都會以同樣或更強的武力還擊。如此一來，可以預期的結果就是衝突會立刻升級到雙方都保證會完全毀滅對方。此策略進一步假設，兩方都將不敢發動第一擊。因為對方會在預警之後攻擊，或是利用輔助的力量反擊（第二擊），結果雙方都會毀滅。這種戰略一直延續到今天。

最多只有五分之三的命中率

一九七〇年代的一項研究，揭露了美國在核子戰爭下的流程。[5]

一二〇〇時：預警系統偵悉飛彈發射。位於科羅拉多州斜陽山（Cheyenne mountain）的「北美防空司令部」（NORAD），負責計算此等飛彈之彈道，偵測其目標，並估計彈頭到達的時間。

一二〇一時：核子攻擊警戒程式開始。北美防空司令部分析，來自預警系統的資料，俾確定這不是假警報，因為偵悉的現象實屬反常。其中包括從雷達幕上顯示轟炸機來襲之群雁飛越跡象，到北美防空司令部內電腦發生故障等現象，不一而足。一旦警報發出，評鑑過程開始，參謀首長聯席與美國總統都會立即獲悉有關警報的確切情況。在此同時，包括評估防禦選擇在內之若干例行戒備措施，一開始執行。

一二〇八時：證實為大規模核子攻擊，所有戰略核子部隊奉命進入全面戒備狀態。「戰略空軍司令部」的轟炸機在七分鐘內緊急起飛，加入已在空中執行巡邏任務者之行例。洲際彈道飛彈的操作人員開始準備發射之各項程式，而潛射彈道飛彈亦奉命就行動位置。

一二一三時：在此戒備期間，廣泛的政治與軍事諮詢已告展開，其中包括在華府與莫斯科之間，以及與其他國家首都之間，使用「熱線」（Hotline）電話。然在此時，究應逐漸降低戒備狀態，抑或繼續此種狀態並準備發動報復性打擊之攻擊，勢須即刻決定。

一二二〇時：如果決定遂行報復式打擊，則以密碼傳達執行命令至核子部隊。

一二二二時：總統乘直升機從白宮至附近的安德魯斯空軍基地（Andrews Air Force Base），該處之E-4型空中指揮所飛機早已完成準備。當總統及隨行指揮參謀人員登機之後，該架飛機即行起飛，並且進入一條經計算最能發揮通信效果，又可在預想襲擊下獲致最大安全程度的航道。

一二三〇時：來襲的飛彈摧毀其目標，我們使用人造衛星所搜集之資料估算初期損害。不過，報復式的攻擊此時亦經發起，並且行將集中目標。於是，儘管原先旨在嚇阻對方之理想此時已然破滅，而所謂「相互保證摧毀」的政策卻告實現。

這時美蘇兩國已經毀滅了。

在這樣的戰略之下，可以看出每個環節都不能出問題，因為決策時間須以分鐘計。對任何國家來講，除非戰爭已經發生一段時間，最高領導人就定位，否則不可能在這麼短的時間內有所反應。核子武器雖然威力十分巨大，但畢竟也是由無數零件裝配而成，發生故障絕對是可能的。專業人士都知道不能對任何武器寄予百分之百的信賴。由於核子戰爭如前面所說的，速度以分鐘計，不可能在發射時發現故障時還有維修的時間，或是幾小時後或隔日再出動，因此在設計此等武器系統時，美蘇都藉由品質管制，外加雙倍或三倍的備援系統（即凡順利飛行所不可或缺之裝備零件，都多加一兩組備份），以求儘可能獲得高度的可靠性。但如此就導致這些武器耗費極為驚人。[6]

此外，「過度殺傷力」（overkill）這項因素成為必須，因為飛彈不像飛機，僅能做一次性使用，因此沒有辦法在平時實地測試每枚飛彈的全部功能。為了要達到有效的嚇阻，必須製造超出所需數量甚多之武器，以彌補因技術失靈、作戰失利、乃至無法預見之天候或地理狀況所造成之缺陷。

一九五〇至七〇年代的電子科技遠不如今日，體積和故障率都很高。因此，飛彈的導引系統、融合、初期彈道的計算、及飛彈航行中的若干其他因素，都讓它無法保證達到百分之百的可靠性或精確度。假定任何一項變因都只有百分之九十五的可靠性或精確度，一共有六項因素列入計算，最後的成功機率將是零點九五的六次方，所得答案將略低於百分之七十四。假使其因素增加達十項，則其成功機率將下降到百分之六十。因此，即令以當今世界第一流的設計水準與製造技術，所生產出來的飛彈，只要涉及十項影響因素，預期能命中目標的機率，充其量亦不會超過五分之三。[7]

然而，五枚當中能夠精確命中目標的三枚飛彈，可能沒有一枚能隨時處於待命發射狀態。飛彈（尤其是較舊型者）需要徹底進行定期保修，因此在任何特定時間，任何飛彈部隊中都可能有相當比例的飛彈不能使用。使用液體燃料的飛彈，更可能是在受命發射後才開始加注燃料。美國、蘇聯和中國早期的彈道飛彈都是使用液體燃料。

此外，世界上所有的潛艦發射飛彈可能只有三分之二係隨時保持在能夠立即作戰的狀態，因為裝設在潛艦上的飛彈，只有在當艦隻進行實際巡邏任務之時，才處於作戰狀態。因為當潛艦結束例行巡邏返回其母港之前，需注意艦上飛彈的安全，所以飛彈都處於解除戒備狀態。所以在任何特定時間，世界上所有的潛射飛彈部隊，縱然每艘艦上通常都編配兩套人員相互接替，以使停用狀態盡可能縮減至最短，也免不了有相當可觀的部隊係處於無法出動狀態。

即令飛彈已經射出並且運行得十分順利，目標區上空的天候狀況，仍可能產生發射者所無法預見、當然也無法加以控制的影響。雖然發射者可以選擇若干百萬噸（MT）級威力的彈頭，以產生所冀求的殺傷效果。但是，根據長期的大氣核子試爆及傳統炸藥爆炸經驗顯示，一種「高雲底」（high cloud base）的天候狀況能夠使一般爆震波無害地「越過」中間地帶，但仍會傷害外圍地帶。於是，在某種天候狀況下，難免有些落至錯誤地區的可能。相反的，一種「低雲底」（low cloud base）的天候狀況，則會使爆震波折返至地面，並且因而可能大幅增大理論上的損害半徑。再者，大地中的雨水亦可因核子爆炸而含輻射性，並且飄落於發射者未列入目標之地區。

地形、地物亦會影響爆炸的效果。即使是在一條淺谷灘爆炸，亦可使爆震波沿谷道傳至遠超過理論上的損害半徑之外。相反的，若是在山谷外爆炸，則即令該山谷位於理論上損害半徑之內，亦可完全倖免。一九四五年八月九日，美國以原子彈轟炸長崎時，曾因為此項因素使其損害及傷亡程度較三日前廣島減低了許多。[8]

另一項考量因素是，在混合武器系統中，舊式與新式飛彈的可用性的問題。新型的武器命中精度與可靠性均較高，但是美蘇都在新型武器完全用於作戰前，不讓舊型武器除役。這麼做的目的是一方面充實實力，一方面也把舊型武器看作限武談判中討價還價的籌碼。因此，舊式武器有時仍繼續做有限度的服役，以提高帳面上的數字——儘管其軍事效用可能低於其要求標準。

只有五個國家合法擁有核子武器

首先，因為核武的巨大破壞力，使得美蘇只是「冷戰」，而沒有發生第三次大戰。相互保證毀滅戰略的出現，讓兩國極力發展戰略核子武器，又極力避免使用它們，這讓傳統的「安全困境」[9]出現了相反的結果。為此，美蘇兩國推動限制戰略武器談判，目的是要限制核子武力的繼續增長。兩國在談判中取得協議，洲際彈道飛彈、潛射彈道飛彈和戰略轟炸機都限定在一定數量以下。

但是，這並不意味著核武軍備競賽就此停止。在冷戰結束前，兩大超強仍然在精進其核武，也就是淘汰舊核武而以新核武替代。結果是軍備競賽依然沒有停止。而且限武談判對蘇聯比較有利。因為數量的凍結可以讓美國不易在其居劣勢的領域（武器數量）趕上蘇聯，但蘇聯可以改善投射精確度和載具性能（限武條約不限制這些部分）。這也是沒有其他核武強權願意加入限武條約的原因。因為其他核武強權加入限武條約，他們的核武數量、部署狀況就會曝光，還得接受查核。對此中國就不可能接受，事實上中國從來沒有正式公布過其核武的確實數量。其次是這樣其他強權的核武數量可能就會被納入限制，但是他們的科技要改善投射精確度、載具性能是比美蘇來得困難。

二次大戰之後，沒有任何國家在任何衝突或戰爭中再次使用核武。[10]曾經有「有限核子戰爭」的觀念出現，也就是說，僅將核武當作威力較大的炸彈或砲彈使用[11]。但是，戰爭不是下西洋棋，誰都無法保證雙方規則相同、兵力相同、行動透明，因此很難防止對方只拿出兩三千噸黃色炸藥當

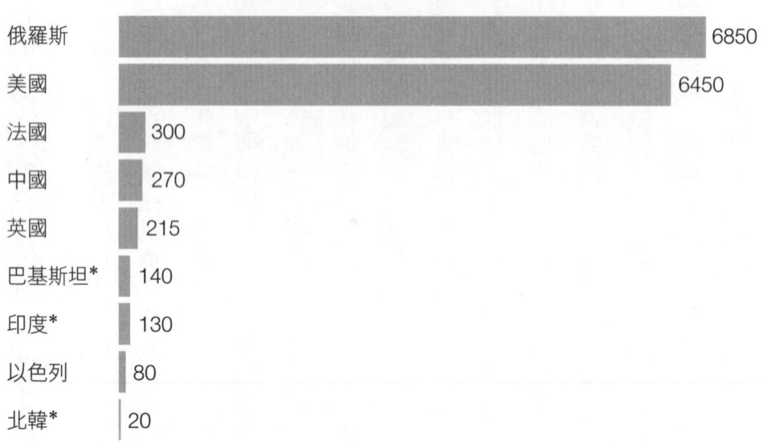

核武總量清單，包括已部署的戰略性和非戰略性核武、保留／未部署的軍備。
*星號表示最大預估值（以最小值計算則巴基斯坦為130、印度為120、北韓為10）
資料來源為1945年參加研發核武的曼哈頓計畫的科學家成立的美國科學家聯合會（The Federation of American Scientists）。

量的小型核武來使用[12]，而非威力數十萬噸的大當量核武，如此一定升高為全面戰爭。所以儘管二戰後有許多有限戰爭、代理人戰爭，但一次也沒有使用過核武。**相形之下，傳統武器的重要性反而提升了，因為既然不打核戰爭，或是在戰爭升高為核子戰爭前就要結束，傳統武器如戰車、戰鬥機一定得更精良，才能迅速擊敗敵軍獲得勝利。**結果反而是軍備負擔更大。因為對西方國家來說，傳統武器需要昂貴的人力。

此外，核武國家即使是和非核國家軍隊，或者甚至只是游擊隊作戰，雖然完全無虞對方的核武報復，也都沒使用過核武。美國在越南、蘇聯在阿富汗都是如此。**這種自律的原因不外一旦運用核武，**

可能因為它在摧毀敵軍上收效太快，因而過量使用。如果超級強國或其他中等強國會用核武對付敵人，則全世界所有國家都非擁有核武不可，以防萬一被超強威脅時得以自保。結果是超級強國也可能更不安全，因為它們干預其他國家的力量會不成比例的減弱。假定北越也有核武，儘管無礙於美國將它從地球上抹去，造成數千萬人傷亡，但美軍也將傷亡數十萬人。二戰時投落在廣島的核武的威力為一萬三千噸黃色炸藥，瞬間即可造成近十萬人傷亡。若用於戰場上對付美軍，雖然軍隊比平民分散很多，又有相關防護的訓練，但同一時間仍能造成一定區域內的所有官兵全部死亡。這在軍事和政治上是連極權國家都未必能接受的。

其次，如果區域戰爭中使用核武，輻射汙染勢必波及平民，會讓使用國痛失當地的民意支援，而這經常是超強介入區域戰爭的原因。如此一來等於本末倒置。

因此，從一九六〇年代開始，阻止核武擴散成為國際政治的重要議題。一九五九年和一九六一年，聯合國大會先後通過愛爾蘭提出的「要求有核子武器國家不向無核國家提供核子武器」和《防止核子武器更大範圍擴散》的議案。**一九六八年七月一日由英國、美國、蘇聯和其他五十九個國家締結簽署了《核武禁擴條約》（Treaty on the Non-Proliferation of Nuclear Weapons，縮寫NPT），或稱《核不擴散條約》（Nuclear Non-Proliferation Treaty，縮寫NNPT），宗旨是防止核擴散、推動核裁軍和促進和平利用核能的國際合作。**截至二〇一六年八月，共有一百九十一個國家與地區簽署了該條約。而沒有簽署這項條約的國家包括印度、巴基斯坦、南蘇丹和以色列。

條約所稱的「核子武器擁有國」，係指截至一九六七年一月一日已製造並爆炸核子武器或其他核爆炸裝置的國家，允許保留核子武器。美國、蘇聯（一九九一年後為俄羅斯聯邦接替）、英國、法國和中國成為僅有五個被《核武禁擴條約》承認的有核子武器國家。各國約定：

第一，核國家保證不直接或間接地把核子武器轉讓給非核國家，不援助非核國家製造核子武器。

第二，非核國家保證不製造核子武器，不直接或間接地接受其他國家的核子武器轉讓，不尋求或接受製造核子武器的援助，也不向別國提供這種援助。

第三，停止核軍備競賽，推動核裁軍。

第四，把和平核設施置於國際原子能總署的國際保障之下，並在和平使用核能方面提供技術合作。[13]

一九九六年，聯合國大會以壓倒多數通過了《全面禁止核子試驗條約》（Comprehensive Nuclear Test Ban Treaty），禁止在任何地區進行核子試爆。該條約最先於一九五四年提出，經歷了四十年才得以通過，目前已從一九六三年的部分禁止試驗，擴大到全面禁止各種核武試爆。

二〇〇〇年不擴散條約審議大會通過了一個最終決議，使擁有核武器的國家「擔負起……責任以期完全關閉他們的核工廠。」為了證實根據《核武禁擴條約》所應承擔的義務，各參與國家必須接受國際原子能總署（International Atomic Energy Agency）的查核。

為執行《核武禁擴條約》，國際原子能總署具有國際檢查員的身分，負責檢查核能保護措施的應用和包括民用核能在內的核查措施。根據各國所締結的協定，國際原子能總署的核查員將定期檢查非核國家的核設施、證實有關核原料所在地的情況、核查國際原子能總署安裝的儀器和監控設備是否正常運作，與確認核原料的庫存量。這些和其他所有的保護措施提供了重要證據，確認各政府遵守和平使用核能的承諾。

很多人可能會問，核武不擴散條約只約束聯合國五個常任理事國以外的國家，不是很不公平嗎？為什麼世界各國不分政治體制和軍力大小，都一致願意接受這些協議？因為如果沒有這些措施，一些國家可能會用核武威脅他國，最後每個國家都得準備核武以防衛外來威脅，這不是每個國家都能負擔得起的。此外，如果各國都有核武，軍事衝突居於下風的國家可能就會訴諸核武，這麼一來戰爭的結果都是毀滅性的。因此，全球性的禁核體系乃維持下來，因此這也可以理解為何北韓是因為擁有核武而非迫害國內人權而遭聯合國，也就是全球所有國家的制裁（至少是形式上）。

因為要禁止核武擴散，因此出現了「核保護傘」（Nuclear Umbrella）戰略。是美國或其他擁有核子武器的國家向其盟友國家——如韓國、日本、澳洲、紐西蘭，與北大西洋公約組織成員等——所作出的保護承諾。如果其盟國受到危險攻擊的處境下，美國可使用自己的核武進攻有意圖的國家。意即該盟國受到攻擊時，也等同於本國受到攻擊。

讀者可能會問，為什麼超級強國要提供這種保障呢？因為核保護傘可以讓無核武器的國家不用自己發展核武器。如果沒有核保護傘，無核武器的盟邦可能被敵人核武器消滅或在敵人核武威脅下屈服，則超級強國就成了孤家寡人。對美國而言，它要圍堵蘇聯必須要靠在歐亞大陸上的盟邦。如果它們一一脫離，美國就陷入被蘇聯孤立的態勢了。核保護傘還有利於美國在盟國領土上部署核武器，這樣有增大美國核武對蘇聯威力的重要作用。

中國透過蘇聯援助取得核武

中華人民共和國建立之後，就積極打算建立自己的核武力量，一九六四年十月十六日十五時整，中國第一顆原子彈在新疆羅布泊試爆成功，接著中國實施了一連串的核試驗。

在研發核武器的同時，中國也積極研發投射載具。在轟炸機方面，首先向蘇聯採購了六十架伊留申-28轟炸機（Ilyushin Il-28），這是具有投擲核武能力的轟炸機，至一九五六年，中國一共購買了一百七十一架，並曾參與中國的空投核武器試爆。中國的仿製型號轟五於一九六三年開始仿製，一九六六年首飛，一九六七年量產，一九八四年停產。

一九五七年九月蘇聯決定協助中國建設一座中型轟炸機製造廠，同意中國授權生產Tu-16戰略

時間	事件
1966年10月27日	核彈頭彈道飛彈試驗成功。
1967年6月17日	中國第一顆氫彈爆炸成功。
1980年10月16日	最後一次大氣核爆炸。
1986年3月21日	中國政府正式宣布不再進行大氣層核試驗。
1996年7月29日	成功進行了一次地底核試驗，中國政府聲明從7月30日起開始暫停核試驗。

轟炸機，根據蘇、中雙方的協議，同年蘇聯給予中國兩架Tu-16A飛機，一架拆解作為研究，另一架則交由西安飛機廠拆解分析其生產模具的規格。一九五九年九月哈爾濱飛機廠用蘇聯供應的零件組裝的第一架Tu-16實現首飛。之後中國生產的型號稱為「轟-6」。Tu-16是蘇聯能夠提供盟邦最高規格的武器系統，而技術援助的慷慨程度更是絕無僅有。相比之下，美國從未出售給任何國家戰略轟炸機，更遑論給予生產設施。蘇聯為何如此慷慨？可能是美國和中華民國簽訂《中美共同防禦條約》，蘇聯想和美國打對台，因為防禦條約簽訂之後，美國就有利用台灣作為空中攻擊中國大陸的軍事基地的可能，給予中國Tu-16可以威脅台灣。之後中國設法將Tu-16國產化，直到二〇一九年，「轟-6」還是中國唯一服役中的戰略轟炸機。

在彈道飛彈方面，一九六〇年中國第一枚彈道飛彈「東風1號」試射成功，一九六六年十月二十七日「東風-2A」飛彈攜帶當量一萬兩千噸的原子彈彈頭從酒泉發射擊中八百公里以外的羅布泊的目標。自此中國才算擁有真正的核武打擊能力（轟炸機速度太慢易於攔截），一九六六年十二月，「東風-3」號遠程彈道飛彈進行首次飛行試驗，一九六七年五月首次全程發射成功，一九七一年進入中國人民解放軍第二炮兵部隊服役，射程為兩千八百公里，中國開始有威脅蘇聯遠東部分大中城市的能力。一九七〇年一月「東風-4」號試射成功，它是機動發射的遠程彈道飛彈，射程達四千公里，戰略上的意義是中國首次有辦法打擊到美軍駐關島的轟炸機基地，之後射程甚至增至五千五百公里，已將莫斯科及其他蘇聯西部城市納入射程範圍，並能打擊印度和美國太平洋基地的目標。中國在一九七〇年四月二十四日成功地發射了第一顆人造衛星「東方紅一號」。

一九八〇年五月，中國第一枚洲際彈道飛彈「東風-5」號全程飛行試驗成功，飛彈飛行距離九千多公里。目前最新型的是「東風-41」號洲際彈道飛彈，射程達一萬五千公里，可以打擊歐洲和北美洲所有目標。

台灣該如何面對擁有核武的中國？

核子武器的發明對台灣人最大的啟示應該是，核武大國間不會輕易發動戰爭，因為誰也不敢保證失利的那一方會不會有狗急跳牆、玉石俱焚的行為。因為戰爭的發展很難預料；美國沒有預料到中國會介入韓戰，也沒有預料到越戰的結果。所有核武強權都同意禁止核武擴散，且大體上都能嚴格遵守此一國際規範，堪稱冷戰時期難得的共識。這不能不說是對核武國家一旦捲入戰爭後，戰爭的發展難以預料的結果。

此外，中華人民共和國成為核武強權對台灣也有至關重要的影響，因為核武增加了它在美國、蘇聯和中國這個戰略大三角之間的份量。美國要拉攏它制衡蘇聯，中華人民共和國有核武是主要原因。因為中國的核武對蘇聯遠東地區仍然有一定程度的威脅，可以說中國是離蘇聯最近的核武強權。美國想拉攏它、支援它，自然不在話下。**這也是美國後來「聯中制蘇遠台灣」的戰略形成的原因之一，對台灣的影響可說無與倫比**。

中國核武成功取得核武對台灣的第二個影響是它在第三世界的聲望獲得飛躍性提升，因為打破了白人壟斷核武的局面，且僅在建國十九年後就得到如此成就。中國在第三世界的威望提升，對聯合國中「中國代表權」之爭有決定性助益。**在第三世界支持度提升，美國又想要拉攏，對中共來說可謂天時（美國想結束越戰）、地利（和蘇聯接壤可扮演制蘇角色）和人和（第三世界國家支持）三者同時具備，因此乃在一九七一年「中國代表權」之戰中大獲全勝**。中華民國從此進入外交黑暗期，直到今天，已經喪失全世界所有主要國家，包括亞洲所有國家的外交承認，淪為類國家的政治實體地位

中國核武對台灣的第三個影響是讓「反攻大陸」正式破產。美國自始至終不贊成中華民國軍事反攻大陸，因此在中美共同防禦條約中明白限定美國防禦範圍僅限於台澎，連金馬都未明白列入，就是表達對中華民國固守金馬的質疑。因為蔣中正堅守金馬就是為了要反攻大陸。但國軍船艦數量

不足，一次根本無法載運足夠的兵力登陸中國大陸，因此必須將部隊前運至金馬，一旦反攻時機來臨可以小型登陸艇迅速登陸。其次金門正對廈門，馬祖正對福州，廈門和福州分別是福建兩大港口，攻占廈門和福州後可迅速開放港口以供增援部隊快速下卸軍需，以利後續軍事行動。

中共當然很清楚蔣中正的算盤，因此攻占金馬就可徹底瓦解東南沿海所受的威脅，還可消滅大量的國軍，所以國共在金馬發生大戰的機率在一九五〇年代非常高。美國深怕捲入雙方衝突，因此從一九五〇年開始就希望國軍放棄金馬。但在中華民國不放棄反攻大陸的戰略之下，雙方對此始終存有歧見，成為台美關係中最大的分歧。

但是在中國試爆核武成功之後，反攻大陸這個議題就顯得相當不務實了。因為誰也無法保證在國共再次內戰中，中共不會使用核武器。國軍若軍事失敗，中華民國無庸置疑會真正覆亡。若國軍取得勝利，中共政權覆亡在即時，也難保中共不會動用核武挽救其軍事上的失敗。**因此在中華人民共和國成為核武國家之後，國民黨政府不得不思考在反攻大陸無望之後，要如何對內維繫統治權威甚至「法統」問題**。所謂「法統」問題，是指在現行中華民國憲法施行之後，總統和中央民意代表都在一九四八年選出，形成中華民國統治正當性的來源；但一九四九年中國大陸即被中共所控制，總統和中央民意代表都無法再行改選，只好由撤退來台的人繼續延任行使職權。

然而任期一再延任終究不合乎民主原則，甚至連國民黨內都有人批評，對此政府的「反攻大陸」政策實際上是一種緩解批評的作法——「早日反攻大陸，就可早日改選，終結這種不正常現象」。對台灣人來說，「反攻大陸」政策其實也有一種願景的暗示，因為如若成功，就代表多數外省人都能返回大陸。若反攻大陸無望，則這兩種作法就無效，國民政府就不得不開始考慮放鬆政治控制，擴大台灣人政治參與的問題。因此從一九六〇年代中期開始，國民政府逐漸採取較為溫和的政策。一九六六年提名對台灣較為瞭解的文人財政官員嚴家淦為副總統；逐步減少關押政治犯；最重要的是一九六九年首次辦理台籍中央民意代表的改選，這是一九四八年之後的首次。此次選舉順利選出十一位立委，包含臺北市選出的四位及台灣省選出的七位，其中無黨籍當選者達三人，包括反對國民黨的黃信介和郭國基。一九七一年辦理全國減刑。一九七二年更辦理首次「中華民國立法委員自由地區增額選舉」，於十二月二十三日投票，名額大幅增加至五十一名（含十五名國外選出之僑選立委），且有任期限制，可以說在台灣的民主上向前邁進了一大步。

很多台灣人會嘆氣「若台灣有核武就好了」，理由是若中共武力犯台，可用核武攻擊中國城市，以此嚇阻中共不敢武力犯台。但這個說法其實欠缺完整性。首先，台灣國土狹小，能部署核武的地方有限，若真有打算動用核武的戰略，很難不遭中國第一波打擊所摧毀。唯一在敵方第一波打擊下仍能生存並發動還擊的，只有潛射彈道飛彈。但台灣是不可能自己發展出這項高端武器系統的。

其次，美國必然強烈反對，從中山科學研究院首席核武專家**張憲義**上校於一九八八年被美國中央情報局吸收，攜帶台灣發展核武機密叛逃美國即可看出來，美國絕對不希望兩岸之間發生核子戰爭。而國軍要自力研發核武投射載具也不是一件容易的事，因為戰鬥機都為美國製造，要擺脫美國的技術限制私下改裝是不可能的事。不過核武發展始終在秘密進行，在張憲義叛逃之後方完全終止。

筆者認為，**縱使中華民國有了核武，外交的困境恐怕也難因此改變。因為台灣不受多數國家外交承認的窘況，和國力、軍力並無關係**。以原先研發核武的時程，不可能早於《核武不擴散條約》簽訂前完成，這意味著台灣無法在大門關上前進入核子俱樂部，所以有了核武仍會遭受國際制裁，這樣極可能會對中國更加依賴，一如今天的北韓。

15 第十五章

蘇聯解體

本章觀察重點

蘇聯內在的矛盾與弱點？
共產體制與計畫經濟的問題？
蘇聯解體對中國的影響？

蘇聯雖強，無法克服極權體制必然的矛盾

蘇聯解體是二十世紀末葉最重要的大事，對國際政治的發展影響無與倫比。關於蘇聯解體的原因，各種研究可以說是汗牛充棟。我們關切的重點在於蘇聯解體的遠因和近因。

蘇聯於一九一七年十月革命建立之後，採行史稱「史達林主義」的政治、經濟、文化體制。這是一種高度集權的體制。類似的這種體制在二戰之前各國或多或少都有採用，[1]甚至英美都曾在特定時期採取了類似計畫經濟的作法，就是為應對國內外緊張局勢加大政府權力，政府介入規劃和管制，集中一切人力、財力、物力，適應備戰和應戰的需要。但蘇聯是不分戰時平時，由國家訂定所有商品的生產計劃，再由國家決定價格，統購統銷。因此國家可以集中力量發展重點領域，或是在一定時間內完成國家所需要的建設。那在資本主義之下可能是無利可圖，因此難能完成的。

蘇聯的政治問題

在這樣的指導原則下，蘇聯能集中人力物力，在一九三〇年代就成為數一數二的軍事大國、工業大國。一九四一年納粹德國入侵，蘇聯雖然損失慘重，但是在共產黨領導之下，全力開動戰爭機器，打贏了二次世界大戰，成為歐洲第一強國、世界第二超級大國。

然而這種體制從一開始就發現有嚴重的問題：

重要蘇聯領導人在位時期

列寧	史達林	赫魯雪夫	布里茲涅夫	戈巴契夫
1922-1924	1924-1953	1953-1964	1964-1982	1985-1991

第一是獨裁專制，對於統治者的錯誤無法查核矯正。

第二是在政治上殘酷鎮壓反對者，無情地消滅各種反對派，壓制持不同政見的知識分子，形成極端恐怖、思想禁錮的社會。

第三是「計畫經濟」和共產主義「消滅資本家」的本質，摧毀私產制度，嚴重背離現代經濟的發展規律，扭曲市場機能和供需關係，損害了地方、企業、勞動者的積極性。

第四是嚴密控制，在意識形態方面的極端化，對於各項自由嚴厲壓制。

二次大戰是蘇聯的一場浩劫，雖然獲得了最後的勝利，但是損失極為慘重。戰後蘇聯軍隊逐漸復員，照理說經濟建設方向也應該逐漸走向和平發展，但是冷戰隨即開始，這讓驚魂甫定的蘇聯領導人意識到如果發生第三次世界大戰，面對美國率領北約組織西方各國甚至加上宿敵德日的圍毆，情況勢必慘過二戰，因此二戰後對軍事的重視提升到空前高度。「史達林主義」制度能夠控制經濟投注軍需的好處仍然存在，因此蘇

1984年美蘇戰略核武數量比較

	美國	蘇聯
洲際彈道飛彈	1018	1398
洲際彈道飛彈彈頭數量	2118	6420
戰略飛彈核潛艦（艘）	37	77
潛射彈道飛彈	616	979
潛射彈道飛彈彈頭數量	5536	2787
戰略轟炸機	180	170
戰略轟炸機彈頭數量	2520	680
總彈頭數量	10174	9887
洲際與潛射彈道飛彈彈頭爆炸威力（百萬噸黃色炸藥當量）	2230	5323
戰略轟炸機彈頭爆炸威力（百萬噸黃色炸藥當量）	1395	514
核武總威力（百萬噸黃色炸藥當量）	3625	5837

資料來源：The International Institute for Strategic Studies編著，王漢興、葉信庸合譯，《一九八五－八六年世界各國軍備概況》（*The Military Balance* 1985-1986），（臺北：黎明文化公司，一九八六），頁六六八至六七〇。

聯在一九五〇年代初仍舊沒有多大改變，又多了東歐這個包袱。核武出現之後，洲際彈道飛彈（intercontinental ballistic missile，縮寫為ICBM）的發展完成了蘇聯在軍事思想方面的革命。[2]

蘇聯決定撥出龐大的資源發展核武。隨著美國核武戰略的轉變，蘇聯也必須亦步亦趨予以配合，因為蘇聯擔心一旦在任一軍事領域暴露弱點，基於美國對共產主義的敵意，有可能立刻趁虛而入。**特別是韓戰讓蘇聯發現，美國會在自身未遭到攻擊的情況下，完全為意識形態而戰。**

一九八八年，不含邊防和內

蘇聯與美國一九八九年的經濟表現比較

	蘇聯	美國
國內生產總值	2兆6595億美元	5兆2333億美元
人口	2億9094萬	2億5041萬
人均國內生產總值	9211美元	21082美元
勞動人口	1億5230萬	1億2556萬

資料來源：美國中央情報局1990年份《世界調查報告》（*The World Factbook*）

衛部隊，蘇聯武裝力量的兵力達到五百一十三萬人。龐大的軍事開支榨乾了蘇聯社會經濟發展的一切成就。在六〇年代中期，蘇聯的戰略武器系統還遠遠落後於美國。而到八〇年代初，蘇聯在洲際彈道飛彈、潛射彈道飛彈、戰略飛彈核潛艦、攻擊型核潛艦的數量上都超過了美國。

這些都需要龐大的經費。一九八〇年代，蘇聯的實際軍費開支已接近甚至超過美國，[3]而蘇聯的國民生產總值卻只有美國的一半多，隱性軍費更多，這使蘇聯的國民經濟發展難以持續。

在冷戰架構下，美國的力量推近到西歐。對蘇聯來說，威脅近在咫尺，雖然有東歐作為緩衝區，但蘇聯仍然擔心西方社會的影響力會威脅蘇聯統治，因此必須限制蘇聯人民的耳目與自由。整個蘇聯的社會活力被牢牢控制，之後雖然有若干修正，仍無法解決根本問題，漸漸使蘇聯處於僵化、封閉和麻木的狀態。

由於長年龐大的軍費，民生經濟受到壓抑，對外貿易除了能源、礦產外缺乏競爭力，蘇聯人民的生活水準長期落後於西方國家，尤其是農民的生活水準。戰後初期由於破壞太嚴重，基期很低，國民收入增長率一九六六至一九七〇年年平均增長百分之七點八，一九七一至一九七五年平均增長百分之五點七，一九七六至一九八二年平均增長百分之四點三，八〇年代經濟增長率繼續下跌，到九〇年代則開始出現負增長。[4]人民生活水準的各項指標成長率呈逐年遞減態勢，蘇聯經濟的各項指標也都出現速度遞減。

事實上蘇聯有著世界上名列前茅的耕地面積，但從一九二〇至三〇年代開始，蘇聯農業採取計劃經濟模式，徹底消滅自耕農，農民納入集體農莊實施大規模生產，完全剝奪了農業生產者個人的利益，甚至選用了不合理的生產策略，農產品的增長趕不上需求增長。這使農業發展不但無法外銷，甚至還得輸入糧食，生產糧食不如進口糧食便宜。因此蘇聯需要外匯，偏偏工業產品又沒有銷路，只好仰賴能源出口。

能源出口收入占蘇聯外匯收入最高曾達到一九八四年的百分之五十四，在一九七三年和一九七九年第一、二次石油危機期間，蘇聯大幅增產石油，與「石油輸出國家組織」（ＯＰＥＣ）爭奪西歐市場，到了一九八〇年代，蘇聯極度依賴油氣出口收入來維持經濟運轉。一九八五年八月，美國雷根政府迫使沙烏地增產，實行「逆石油衝擊」戰略，因為伊朗輸出革命，沙烏地阿拉伯需要美國協助其防衛，同意了美國的要求。增產的結果是油氣價格下跌，使蘇聯收入遭受重創。戈巴契夫改革時期，蘇聯陷入了用增產維持石油美元收益的困境。

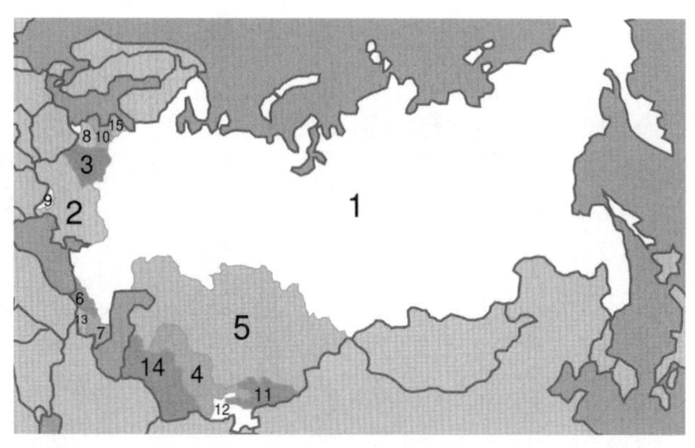

蘇聯共有十五個加盟共和國，依加盟順序分別為：1俄羅斯、2烏克蘭、3白俄羅斯、4烏茲別克、5哈薩克、6喬治亞、7亞塞拜然、8立陶宛、9摩達維亞、10拉脫維亞、11吉爾吉斯、12塔吉克、13亞美尼亞、14土庫曼與15愛沙尼亞。

（資料來源：維基百科）

蘇聯雖大，掩蓋不了深層的民族衝突

蘇聯民族問題由來已久。從一五四七年莫斯科大公伊凡四世稱沙皇建立俄羅斯沙皇國開始，到一九一七年俄羅斯帝國被推翻，在長達三百七十多年中，沙俄先後擴張占領了外高加索、中亞、西伯利亞和遠東等地，使其版圖擴張了八倍，征服的民族達一百二十多個。史達林時期強行吞併波羅的海國家和芬蘭的部分領土。為確保統治權與防止反叛，俄國從十九世紀下半葉開始改變保有特定民族自治權利的政策，逐步對被征服的民族實行壓迫、語言同化，鼓吹大俄羅斯民族主義，唆使俄羅斯人鄙視、仇恨、欺壓非俄羅斯民族，即所謂「俄羅斯化」政策。非俄羅斯地區的一切重要職務都由俄羅斯人擔任，俄語為官方語言，禁止用非俄語出版書報，學校禁止用非俄語授課，非俄羅斯民族被迫俄羅斯化，並經常遭到蹂躪與奴役和屠殺。

十月革命後，在原俄羅斯帝國的土地上，先後出現了近七十個獨立的民族國家，[5]對此，新成立的俄共政權採取「先承認、後兼併」的做法。一九一七年十一月，俄羅斯蘇維埃共和國成立，十二月，烏克蘭宣布脫離沙俄獨立，成立烏克蘭蘇維埃共和國，接下來一九一九年一月，白俄羅斯蘇維埃共和國成立，一九二〇年十一月，亞美尼亞蘇維埃共和國成立。一九二一年二月，喬治亞蘇維埃共和國成立。但在一九二一年，俄共就強調各蘇維埃共和國必須結成更加緊密的聯盟。在俄共運作之下，一九二二年亞塞拜然、喬治亞和亞美尼亞先成立了南高加索蘇維埃社會主義共和國聯盟，九月史達林提出方案，成立以俄羅斯為首的聯邦，其他各共和國以自治的身分作為其下屬的一部分加入該聯邦。比較有民族平等意識的列寧對此非常反對。一九二四年制定的蘇聯憲法就給予各共和國較大的自治權。

但在列寧死後，史達林就大舉收權，將各共和國的權力集中到蘇聯中央，一九三六年更制定新版憲法，大幅縮減了各加盟共和國的自治權。接著他又以國家安全為理由，從一九三六年起陸續將住在蘇聯西部的三萬多波蘭人、居住在遠東地區的十多萬朝鮮族人、居住在伏爾加河流域的一百多萬日爾曼人強制遷往哈薩克和中亞地區。[6]在第二次世界大戰的戰時和戰後，蘇聯為防止境內的波蘭人、芬蘭人、愛沙尼亞人、拉脫維亞人、立陶宛人等少數民族投德或反叛，甚至曾經實行過殘酷的無差別屠殺或強制遷徙。[7]

到一九四四年，蘇聯先後併入了獨立的希瓦汗國（Khanate of Khiva）、布哈拉汗國（Khanate of Bukhara）、烏克蘭蘇維埃共和國、亞塞拜然蘇維埃共和國、喬治亞蘇維埃共和國、愛沙尼亞共和國、拉脫維亞、立陶宛共和國（包括中立陶宛共和國）、圖瓦人民共和國（Tyva Republic）[8]等國家，並對外侵略和武力兼併了包括羅馬尼亞與芬蘭等民族的大片聚居地。到一九五三年，蘇聯已經擁有十六個加盟共和國、十七個自治共和國、六個自治州和十個民族專區。實際上，蘇聯完全實施的是單一制國家的管理辦法，轄下所有的地區都由共黨專政。共黨領導人均由蘇共黨中央指派，各地的共黨組織都是一條鞭，各加盟共和國的一切行政制度、幹部選派都聽命於莫斯科。所以這種聯邦制完全徒具虛名。

和沙皇時代相比，蘇共仍以大俄羅斯主義為基礎，以民族作為行政區域。但又移入俄羅斯人，造成了各加盟共和國內部始終存在民族矛盾。同時又在烏克蘭強行推動農業集體化，在哈薩克等遊牧地區強制當地民族定居，都造成嚴重的問題。

赫魯雪夫時期與布里茲涅夫時期，蘇聯的民族政策有所緩和，為解決民族問題作了不少努力，也曾取得一些成績。但由於歷史上傳襲下來的民族問題的嚴重性和民族關係的複雜性，民族問題未能得到根本解決。

計畫經濟導致的貪、懶、無

蘇聯在史達林時代，由於嚴刑峻法，社會被紅色恐怖籠罩，再加上處於均貧狀態，貪汙問題還不嚴重。到了赫魯雪夫時代，從一九五八年六月起，蘇聯政府將集體農莊對國家的義務上繳制改為採購制，並提高農產品的收購價格。從一九五二年到一九六四年期間，國家收購各種穀物的平均價格指數提高了將近七點五倍，收購畜產品的價格指數提高了將近十五點七倍。這使農民收入增加不少，一九五五年起，國家放寬對農牧業的生產管理，只下達國家收購各類農畜產品的數量指標，農莊有權自行安排生產，同時還鼓勵莊員發展副業經濟，允許莊員擁有自留地和飼養一定數量的牲畜。但是因為農民不能轉業，因此在人數不變、耕地面積沒有大幅增加情況下，收入的增長率到了一定程度就會趨緩。

農民雖然變得相對富裕，由於制度的扭曲不公，他們並未變得勤奮向上。在社會主義計畫經濟下，上繳糧食收購價一般低於真實的市場價格，因此農民傾向於上繳劣品，保留好的自售以增加收入。蘇聯政府使出的對策有二：一是提高收購價，結果是財政負擔日益沉重；二是設計繁複的監察機制，但這樣就平添交易成本（transaction cost），另一方面農民賄賂監察幹部成了常態。貪汙風氣因此開始蔓延，對此，又要設置更多的幹部去監察幹部。最後，所有人都在「吃社會主義」——農民在集體農場工作時虛應故事、上繳劣品；工人在工作時摸魚打混，多數時間打零工增加收入；公務員每個人都在自己的管理權責中設法製造門檻、關卡、刁難以收取紅包；沒辦法收紅包的部門就盜竊國家資產、虛報績效。整個蘇聯成了一個貪汙橫行的國家。國內農產方面，因為政府不願意、也不打算在農業生產領域實施痛苦的但卻必要的市場化改革，這種情況導致了蘇聯農產品消費市場在一九九〇至九一年間的徹底崩潰。

在嚴厲的社會控制下，每個人都由國家分配工作、安排生活。這原來是共產主義打破貧富差距、避免資本家剝削勞動者的偉大設想，但是也造成吃大鍋飯的偷懶心態。國營企業在計畫經濟之下，生產是有指標的，完成生產指標就算達成任務，沒有創新創利的誘因。因此自然造成職工的偷懶心態。同時生產原料、機器都由國家統一供應，這中間的調配對生產效率是很大的影響。

赫魯雪夫時代，下放國營企業的控制權以增進效率；布里茲涅夫時代，為了提振工業生產，以獎金制度鼓勵國營企業職工提升生產積極性。但是實施日久就出現鑽漏洞詐領獎金的方式，結果是獎金制度為了防弊而越來越複雜，也不能完全解決工人私下打零工、盜竊資產和虛報資產的問題。

在蘇聯的體制下，為鞏固共產主義信仰，思想教育、政治宣傳和個人崇拜可謂鋪天蓋地，不僅浪費了大量的資源，宣傳一多，人民就陷於麻木。同時在貪汙懶惰的社會，共產主義願景格外顯得諷刺。最後就是人民普遍陷於一種虛無的狀態，不相信一切，對於未來也感到沒有希望，酗酒、吸毒的情況非常嚴重[9]。東歐也有類似的情況。

阿富汗戰爭讓蘇聯被看破手腳

阿富汗民風剽悍，長期有反抗強權的傳統。一九六五年，留學蘇聯的共產黨員努爾·穆罕默德·塔拉基（Nur Muhammad Taraki）在蘇聯支持下，成立阿富汗人民民主黨（共產主義政黨），一九七三年，原為君主國家的阿富汗發生政變，國王的姪子穆罕默德·達烏德汗在人民民主黨的支持下發動政變奪權，廢除君主制。一九七五年，阿富汗與蘇聯簽訂了蘇阿互不侵犯條約。到一九七八年，人民民主黨在蘇聯的支持下發動另一次政變並奪取政權，穆罕默德·達烏德汗和絕大部分家庭成員被殺害。新政府由塔拉基出任最高領導人，留美的哈菲左拉·阿明（Hafizullah Amin）出任總理，人民民主黨另一要角副書記巴布拉克·卡爾邁勒（Babrak Karmal）則另樹一幟，和塔拉基與阿明的派系針鋒相對。先是塔阿二人的派系與卡爾邁勒不合，卡被流放到捷克擔任大使，他的支持者被鎮壓或消滅，引起政治危機，部落武裝力量逐漸控制了一半以上的省分；接著塔拉基與阿明政見不和，一九七九年阿明發動政變，將塔拉基驅逐下臺。阿明強調國家自主性與外交獨立，鎮壓共黨分子，驅逐蘇聯大使，明顯違背蘇聯的利益。

一九七九年夏天，蘇共中央政治局成立「阿富汗問題委員會」，十二月布里茲涅夫決定出兵，以保衛蘇聯南部的安全，防止泛伊斯蘭民族主義影響蘇聯中亞地區的穆斯林，同時逼近中東產油地區，威脅西方的利益，並完成對中國的包圍。[10]同年十二月二十七日阿明與家眷等遭蘇軍特種部隊殺害，卡爾邁勒在蘇聯支持下出任阿富汗最高領導人，蘇聯並派遣大軍入侵阿富汗，支援卡爾邁勒的親蘇政權。

蘇聯入侵阿富汗之後，立刻陷入長期的游擊戰，而且得罪了整個伊斯蘭世界。美國決定全面支持阿富汗游擊隊對蘇作戰。雖然戰費對於蘇聯經濟的負擔有限，但這場戰爭曠日持久，損害了蘇聯的軍事威信，這是東歐之後分離的原因之一（參見第十五章）。蘇阿戰爭也使第三世界國家對蘇聯和共產主義的好感嚴重降低。伊斯蘭世界全面支持阿富汗抗蘇，也擔心蘇聯會干預中東產油國家，使得沙烏地阿拉伯和海灣國家決定暫時放下美國支持以色列的問題，和美國發展全面性的關係，這對一九九一年的海灣戰爭有關鍵影響。

在戈巴契夫手中解體……

在戈巴契夫推動新思維改革後，激化並爆發了蘇聯所長期存在的民族矛盾，一些如波蘭的卡廷大屠殺（**Katyn massacre**）[11]和一九四四年時期蘇聯政府對車臣人的流放[12]等事件的歷史真相，被逐漸解禁並曝光出來。最終這些事件雖得到了平反，但並沒有讓人民因為蘇共當局這些局部開放而增加對共產黨的支持，反而因為瞭解了這些歷史黑暗面而增加了對黨的質疑和不滿。

布里茲涅夫和蘇共高層其實對蘇聯的病灶相當清楚，但因為問題的根源在於共產主義計畫經濟的本質和黨的獨裁專制，這些症狀是不可能從根本上根治的。而且因為和美國的軍備競賽，蘇聯領導階層一方面不敢大改以免動搖國本，另一方面也不可能為了徹底掃蕩貪腐現象而重興紅色恐怖，因為打擊面太廣，一旦再發生三次世界大戰人民會立刻倒戈，而且各級幹部也少有人不涉及貪腐。

布里茲涅夫在執政十八年後於一九八二年過世，接下來的安德洛波夫（Yuri Andropov）和契爾年科（Konstantin Chernenko）都執政不到一年就去世。蘇共黨內無法建立鞏固的領導核心，開始出現分裂的苗頭，具有反社會主義、改革意識的領導人出現。一九八六年二月在蘇共第二十七次代表大會上，時任蘇共中央政治局候補委員、莫斯科市委第一書記的葉爾欽（Boris Yeltsin）批評了以利加喬夫（Yegor Ligachev）為首的蘇共中央組織部「什麼都管，但忽略了最重要的幹部工作」，還指責黨內有一個「惰性階層」，他們反對進行根本改革。因為蘇聯人民是支持改革的，因此為瞭解決實際問題，也為了聯合外部勢力鬥爭黨內對手而爭取民意，主張改革的高層越來越多。

一九八六年三至四月，在哈薩克首府雅庫茨克的國立雅庫茨克大學，年輕的俄羅斯族大學生與雅庫茨克族大學生發生了衝突，這是戈巴契夫當政以來發生的首次民族糾紛。

一九八七年五月六日，莫斯科發生二戰後首次群眾自發的示威遊行事件，四百多人上街，要求給反對派「歷史愛國主義紀念協會」以合法法律地位，「打倒改革的怠工者」，要求會見葉爾欽。一九八七年十二月二十八日蘇共機關報《真理報》（*Pravda*）發表社論，指出當時蘇聯的非正式社團有三萬多個，這在蘇聯歷史上是從沒有過的。社論一方面肯定「這是民眾對政治感興趣的一個健康現象」，但也承認這些組織「宣揚反蘇觀點，促進猶太愛國主義，鼓吹民族主義」，鼓吹成立反對黨或者獨立觀點，促進改革。

第十九次代表會議採取了電視直播的方式，從而使整個蘇聯社會和全世界目睹了蘇共領導層的分歧。蘇共領導層關於改革路線衝突的公開化，「像一枚特殊炸彈加速了蘇共的分裂」和不同改革派別的組合，形成了改革的激進派、傳統派和主流派，社會上的每個反對勢力都可以找到黨內同盟軍。

從一九八〇年代末期開始，蘇聯經濟出現了以下問題：

第一，經濟秩序從混亂走向崩潰。經濟秩序混亂的首要表現是勞動紀律鬆懈。一九八八至八九年，蘇聯社會被民主政治激情所籠罩，工人把勞動紀律看得無足輕重。曠工和罷工成了家常便飯。工時銳減，生產力下降加速。

第二，由於東歐劇變，蘇聯國內的族群衝突愈演愈烈，國家政權機關癱瘓，經濟管理機關自行其是，各共和國、地區、企業之間的經濟聯繫中斷，一九九〇年經濟開始出現負增長。

第三，商品短缺迅速發展。由於生產力下降，日用商品更加短缺。蘇聯末期，國內物資、商品，尤其是生活用品極度匱乏。為了購買生活必需品，蘇聯人民必須一大早就排長隊，甚至在商店和超市裡已經無法買到必要的商品。當時還出現了囤積物資後再高價賣出的

「地下經濟」，最後還變得越來越猖獗，政府也無力管控。從一九九〇年開始，蘇聯政府就再也沒有公開發表過任何對經濟狀況的統計和報告，也沒有按例制定和發布相應的「五年計劃」。

第四、通貨膨脹愈演愈烈。蘇聯政府的秘密報告指出，八〇年代末期盧布出現嚴重貶值，國民購買力嚴重下降。根據蘇聯計畫委員會的資料，消費領域的通貨膨脹率：一九八七年百分之七點三，一九八八年為百分之八點四，一九八九年出現了超過百分之十的通貨膨脹。[13]

第五、財政狀況迅速惡化。由於生產下降，稅收減少，使蘇聯國家財政入不敷出。

第六、在自發市場迅速發展的同時，「自發私有化」進程也悄悄地開始了。「自發私有化」指的是在蘇聯官方私有化政策頒佈之前，自發進行的國有產權向個人和集體的分割、轉移或為此進行的準備。其實就是公開或半公開的偷拿國家資產。

黨中央的混亂、經濟的困境弱化了蘇共控制加盟共和國的能力。蘇聯歷次憲法均規定蘇聯各加盟共和國享有自由退出聯盟的權利。但是，過去黨中央會透過集中的政治控制、強大的軍事力量、計畫經濟的統一調控和對邊遠地區鎮壓和補貼並行，來阻止各加盟共和國真的脫離中央。但在一九八〇年代末期，政治控制衰退、軍事力量又因阿富汗戰爭僵局被各少數民族看破手腳，計畫經濟破產，讓過去的手段已無法持續。這為加盟共和國獨立和蘇聯解體鋪開了道路。

東歐陸續「非共化」之後，和東歐國家情勢類似、卻只是被併入蘇聯的各邊疆加盟共和國認為時機來臨，離心意願更強。一九九一年三月十七日，蘇聯政府在境內舉行全民公投，以決定國家前途。結果喬治亞、愛沙尼亞、拉脫維亞、立陶宛、摩爾多瓦和亞美尼亞六個加盟共和國拒絕背書，予以抵制。其他九個加盟共和國的近一億五千萬蘇聯公民參加投票，投票結果顯示百分之七十八的蘇聯公民希望國家維持現狀。但時任蘇聯總統的戈巴契夫卻認為保住蘇聯領土主權完整的唯一方法就是權力下放，因此戈巴契夫繞過蘇共中央和蘇聯最高蘇維埃，與葉爾欽等九個加盟共和國領導人達成協議，同意組成新蘇聯，各加盟共和國均為主權國家，國家更名為「蘇維埃主權共和國聯盟」。

一九九一年八月十九日，蘇共中的保守派發動了一場不成功的反戈巴契夫政變，軟禁了當時正在克里米亞度假的戈巴契夫，試圖收回下放給加盟共和國的權力，同時終止不成功的經濟改革。但是由於保守派向來視人權、法律如無物的印象，手段過於粗暴而引起反感，在人民和大多數蘇共黨員的聯合反對，以及部分蘇軍的倒戈下，政變僅僅維持三天便宣告失敗，而參與組織政變的緊急狀態委員會成員均在政變被平息後遭到政治清洗被捕入獄。

雖然戈巴契夫在政變結束後恢復了職務，但因為平息政變的因素是時任俄羅斯總統葉爾欽的「勤王」，之後葉爾欽下令宣布蘇聯共產黨為非法組織，並限制其在俄羅斯境內的活動。蘇共喪失最大加盟國的控制權，其他加盟國也陸續脫離蘇聯，中央政府已名存實亡。一九九一年八月二十四日，戈巴契夫辭去了蘇共中央總書記的職務，並「建議」蘇共中央委員會自行解散。蘇聯政府已經無法控制在平息政變的過程中，大大加強加盟共和國的分離勢力。

一九九一年十二月八日，白俄羅斯、俄羅斯、烏克蘭三國領導人簽署《別洛韋日協議》，宣布三國退出蘇聯，並建立一個類似大英國協的架構來取代舊蘇聯，其國家繼承為「獨立國家國協」（Commonwealth of Independent States）。除波羅的海三國和喬治亞以外的其他蘇聯加盟國紛紛響應，離開蘇聯並加入獨立國協。蘇聯至此已名存實亡。隨後葉爾欽在一九九一年十二月二十四日告知聯合國秘書長，蘇聯在安理會及其他聯合國機構中的成員國資格將由俄羅斯聯邦（Russian Federation）及其他獨立國協十一個成員國繼承。

一九九一年十二月二十五日，蘇聯總統戈巴契夫宣布辭職，將國家權力移交給俄羅斯總統葉爾欽。蘇聯國旗在克里姆林宮上空緩緩降下，取而代之的就是俄羅斯國旗。

一九九一年十二月二十六日，蘇聯最高蘇維埃通過最後一項決議，就蘇聯停止存在和建立獨立國家國協一事發表宣言，並通過議會關於蘇聯及聯盟國家政權機構和管理機構的法律繼承問題的決議，蘇聯就此正式解體。

蘇聯的失敗，中國的教訓

東歐民主化、蘇聯解體讓冷戰結束，世界進入美國獨強的單極體系，讓美國無須再聯中制蘇，對台灣的影響堪稱「絕處逢生」。如果冷戰持續下去，美中關係繼續深化，類似《八一七公報》這種事件可能層出不窮。最後台灣被美國戰略放棄將不是不可能的事。

蘇聯解體證明瞭民主政治和資本主義自由市場才是可以永續存在，使國家發展並且強大的制度。台灣雖然是反共國家，但是卻長期實施社會主義計畫經濟的政策，例如自一九五三年起，中華民國政府在台灣推動「四年計畫」，一共實施了十期，到一九九三年才停止，這是完全仿照蘇聯與中國的「五年計畫」。至於台灣人津津樂道的土地改革、全民健保和十大建設，可以說完全是社會主義的產物，而且許多人認為政府就是該在經濟方面發揮這麼大的引導作用，**這對台灣人對於政府角色的想像、政治人物的要求，以致於轉型正義的態度，都有密切的關係。**

蘇聯領導層竭力迴避改革，經濟改革措施大多半途而廢，致使經濟發展遲滯，遠遠地落後於西方國家。這些都被中共看在眼裡，因此六四事件之後，中國依然堅定推動經濟改革開放，戰略上有三點重要性：第一是厚植經濟實力，改善人民生活，以免垮臺。第二是透過改革開放提供西方國家商機，避免或延緩接替蘇聯地位，成為下個冷戰的對象。第三是以改革開放累積國力，就算假使最壞狀況發生，中國成為新一波冷戰的對象，也能自保自存。

蘇聯經濟改革失敗也給中共上了沉痛的一課。在中共看來，蘇聯改革失敗的原因在於那是在激進民主派奪取國家政權的背景下展開的，因而受到政治鬥爭的嚴重干擾、羈絆。這種經濟改革不但沒有爭取到人民支持，反而釋放出巨大的反作用力，不僅未使蘇聯經濟發展的積弊得到改善，反而誘發本位主義膨脹，勞動紀律鬆懈，各加盟共和國之間的經濟聯繫中斷，經濟秩序全面崩潰，引發更大的經濟危機。

所以，中共絕對不會允許黨內出現派系鬥爭造成分裂，更不會開啟任何民主化的小門，以免人民「得寸進尺」，要求更多民主導致情勢不能控制；或是因為民主帶來的開放，引發人民對共產黨歷史上的黑暗面及獨裁體制的反思批判，衝擊黨的統治。因此蘇聯解體後，中共等於煞停了胡耀邦、趙紫陽時期曾經略作討論的政治改革。**到了今天，中共利用大數據等等各種科技的進展強化對中國社會的鐵腕控制，又利用數十年改革開放將台灣緊緊綁牢，可以說，中共利用對蘇聯解體的各方面經驗總結和反思，反而強化了統一台灣的力量。這或許將成為影響台灣未來命運的最大變數。**

16 第十六章

中國的改革開放

本章觀察重點

中國改革開放的經過與目標？

六四造成什麼影響？

改革開放對台灣的巨大影響？

被平反的「黑五類」成為改革開放的政治基礎

中國的改革開放起自於一九七八年十二月中國共產黨的「十一屆三中全會」[1]，在會中否定了「以階級鬥爭為綱」、「無產階級專政下繼續革命的理論」，高度評價「實踐是檢驗真理的唯一標準」，確定了「解放思想，開動腦筋，實事求是，團結一致向前看」的指導方針。從此將中共中央的指導思想由階級鬥爭轉移到經濟建設上。此外，鄧小平透過這次會議掌握了中國共產黨的最高權力，自此啟動了中國的改革開放。

改革開放應該可從「改革」和「開放」兩大概念來探討。鄧小平的「改革」，就是解放生產力。至於中國如何解放生產力？就是承認經濟規律、強調按勞分配，重建市場經濟，提高人民所得、保護私有財產。

所謂「開放」，原本是指對資本主義國家開放自己的門戶。用鄧小平自己的話來說，中國的唯一出路是改革開放，搞好經濟。所謂「不管黑貓白貓，能抓老鼠，便是好貓」，「讓一部分人先富起來」。因此能夠提高生產力，也就是說能提高平均個人所得，鄧都願意採用，這在《鄧小平文選》中表達得非常清楚。

然而，隨著改革開放政策的深化，中共認為改革開放不能沒有底線。那就是所謂「四個堅持」，包括：堅持社會主義、堅持無產階級專政、堅持共產黨的領導，必須堅持馬克思主義和毛澤東思想。這四個堅持除了「共產黨的領導」決不容許有任何讓步和妥協的餘地以外，其實都有很大的解釋空間。對中共來說，改革開放是鞏固共產黨領導的手段，任何政策只要不危及共產黨的領導，都可以視情況考慮或採行，只有共產黨的領導權力是絕對不能交換、改變和動搖的。

鄧小平的改革開放第一步是平反「走資派」幹部和過去政治運動中被鬥爭的人。除了文革中受害的幹部和黨員以外，中共也為文革中受害的「黨外人士」、「海外關係」者（去台人員親屬、港人親屬、華僑親屬……）、投共而未死的前國民黨人員，以及所謂「地富反壞右」[2]分子「摘帽」。「平反」就是已死者正式撤銷罪名、恢復名譽，給予正面評價；還在關押者被釋放；降級或失去工作者，原則上恢復原職級或辦理退休，領取退休待遇；罪名撤銷；爾後不再視其為鬥爭、運動對象，身分不再世襲、待遇也逐漸平等。這幾類人的總數遠超過幹部和黨員。據估計，前國民黨人員總數是四十五萬人。地富反壞右則有兩千萬人，包括四百四十萬地主和富農，以及他們在文革中遭殃的家屬。文革期間上山下海的兩千六百萬學生，也被允許回到城市。

一九八〇年二月，文化大革命的第一號走資派劉少奇終於獲平反。這是一個非常鮮明的政治訊號。之後在反右、廬山會議和文革中被鬥爭的「右派」、「走資派」幹部幾乎全獲平反；到一九八二年底，全國約有三百萬黨員和幹部被「平反」，其中有四十七萬人恢復黨籍。[3]這些人不少恢復工作，甚至重回領導崗位。**被平反又能恢復工作的走資派幹部，為鄧的新政提供了所需的執行隊伍與堅實的支持基礎。**

改革開放之後，中共原則不再對人民作出階級劃分，也不再以階級決定政治、經濟和生活待遇。在過去，特定階級的人生活相當悲慘，經常要接受「批鬥」和「再教育」，甚至直接強制勞動，送往邊遠地區或鄉村作苦工，稱之為「勞動改造」，關押他們從事強制勞動的地方稱之為「勞改營」。「勞改」是人人聞之色變的名詞。

「允許動、減少管、打開門」的經濟改革

中國經濟改革首先是農業，強調農林牧漁副（業）併舉，必須從事多種經營，尤其重視副業和經濟作物的種植，並擴大和恢復農民的自留地以及農村集鎮市場。此外，中共強調生產隊的自主權。

一九八〇年以後，實行「包產到戶」，回歸一九五〇年代農業集體化前的小農經濟。包產到戶的全國普及率，到一九八二年達到百分之六十七。次年，更高達百分之九十七，可以說整個中國揚棄了集體經濟的道路。實行包產到戶以後，農民除了需要上繳的公糧外，對穀物擁有完全的自主權。農民可以選擇收益較高的經濟作物，農民的收入亦因而提升，部分的農戶更躍升為萬元戶。農村出現了一番新景象。[4]

包產到戶提高農民生產的積極性。從一九七九至一九八四年，全中國大陸的糧食產量不斷增

加，從三億三千兩百萬噸增加到四億零七百萬噸。[5] 接著，中共允許有土地承包權的農民把土地轉租他人。農民有從事農業以外工作的自由，因此許多人外出到城市、經濟特區打工，提供了大量廉價勞動力，對下一步的發展外銷產業、吸引外資有直接幫助。

受到包產到戶政策的影響，農村開始出現非農業的個體戶。發展到一定程度，人民公社和生產大隊也根據包產到戶的原則，開始把所擁有的公社或生產隊小型企業（如養殖、農副產品加工、農具農機修理……），交由農民承包，因此「鄉鎮企業」開始出現。鄉鎮企業的個別規模不大，技術層次也不高，但是，所花費的資金不多，成為吸收農村多餘勞動的最好途徑。

非農業部門的經濟改革始於對國營企業「放權讓利」，一九七九年七月，以「放權讓利」為重點的企業改革在全國範圍內正式開始。所謂「放權」，就是增加國有企業的自主權，在生產、進貨、銷售和人事上有更大決定權；所謂「讓利」，是指上繳一定利潤後，剩餘者可作為紅利分配或擴大生產。一定程度上激勵了企業的生產積極性。一九八三年初實行「利改稅」政策，將國有企業財政繳款中的上繳利潤改為繳納所得稅。一九八六年，全面實行承包經營責任制和廠長負責制，增加它們的競爭力。允許外資入股國有企業，對於績效實在太差的國有企業，中共毅然摔破大鍋飯，允許調整、合併、減員，甚至破產、歇業、關廠或轉型。

第二項是承認「資本主義」生產方式所強調的經濟規律和經營方式。一九七九年七月，中共中央、國務院同意在廣東省的深圳、珠海、汕頭三市和福建省的廈門市試辦出口特區。一九八〇年五月，中共中央和國務院決定將深圳、珠海、汕頭和廈門這四個出口特區改稱為經濟特區。八月二十六日，全國人民代表大會批准《廣東省經濟特區條例》，允許經濟特區對中國大陸內部隔絕，特區之內以減免關稅、提供廉價勞工和土地、興建基礎設施和其他優惠措施來吸引境外商人。境外商人可以採取合作經營或是獨資經營方式設廠（視行業而定），**換言之，就是在特區內可以實施資本主義**。《中華人民共和國立法法》授予經濟特區所在地的市的人民代表大會及其常務委員會可以制定地方性法規。「經濟特區法規根據授權對法律、行政法規、地方性法規作變通規定的，在本經濟特區適用經濟特區法規的規定。」

在對外開放的同時，鄧小平也對內開放。最重要的就是「個體戶」的開放。一九八一年七月，中共中央正式規定，個人或家庭可以以個人財產或者家庭財產作為經營資本，經核准登記，並在法定的範圍內從事非農業的工商經營活動。這些活動包括小型手工業、零售商業、修理業、餐飲服務業，以及非機動工具運輸業等集體經濟難以顧及的行業，並允許業主僱用工人和招收學徒各數人。這些個體戶其實就是西方世界與我們常說的「資本家」。它們對恢復和繁榮城市生活做出了很大的貢獻。

簡單說，中國的改革開放就是「允許動、減少管、打開門」。允許動就是允許中國境內人民移動，可以具有一定的學習、遷徙、擇業、創業的自由；減少管就是逐漸降低政府對經濟、社會與人民生活的干預，盡量採取資本主義市場經濟自由交易的體制；打開門就是開放進出口貿易，允許外資、外國人、部分外國文化及制度進入中國，也允許中國人出國，許多方面也引進、學習外國的制度和規定，特別是金融、經濟、科技方面。就這樣徹底改變了中國的面貌，成為世界第二大經濟體。

六四事件並未撼動中共的穩定

一九八九年四月十五日，前中共中央總書記胡耀邦因心臟病猝逝，許多北京大學生與市民便在天安門廣場舉辦悼念活動。在部分大學生主導下，原本單純悼念的活動轉向要求政府控制改革開放以來的通貨膨脹、處理國企改革帶來的職工失業問題、解決市場經濟下官員貪腐、倒賣物資，也有人提出政治改革、開放新聞自由、民主政治與結社自由等。中共意識到黨內對群眾意見不一，有分裂的可能，對共產黨的統治形成極大威脅。五月二十日，總理李鵬宣布北京市實施戒嚴，中共中央軍委調動解放軍三十萬兵力前往北京。最終解放軍在六月三日晚至六月四日凌晨實施清場，並控制了天安門廣場。

六四事件顯示，共產黨專政不容許任何挑戰。之後的中共統治的確也出現一段比較安定的時間，雖然當時學生的訴求並沒有因此而在中國得到根本改善，但是政治的穩定卻給經濟發展帶來一定的條件。中國經濟在六四事件之後，依然保持長年高速增長，一九九三年中國GDP破五千

近期中國共產黨全國代表大會

	第十四大	第十五大	第十六大	第十七大	第十八大	第十九大
召開時間	1992年10月12日至18日	1997年9月12日至18日	2002年11月8日至14日	2007年10月15日至21日	2012年11月8日至14日	2017年10月18日至24日
人數	出席代表1989人 全國黨員5100萬人	出席代表2048人 全國黨員5900萬人	出席代表2114人 全國黨員6600萬人	出席代表2213人 全國黨員7336萬人	出席代表2268人 全國黨員8260萬人	出席代表2280人 全國黨員8900萬人
秘書長	喬石	胡錦濤	胡錦濤	曾慶紅	習近平	劉雲山
中共總書記	江澤民	江澤民	江澤民	胡錦濤	胡錦濤	習近平
政治局中央委員	江澤民、李鵬、喬石、李瑞環、朱鎔基、劉華清、胡錦濤	江澤民、李鵬、朱鎔基、李瑞環、胡錦濤、尉健行、李嵐清	胡錦濤、吳邦國、溫家寶、賈慶林、曾慶紅、黃菊、吳官正、李長春、羅幹	胡錦濤、吳邦國、溫家寶、賈慶林、李長春、習近平、李克強、賀國強、周永康	習近平、李克強、張德江、俞正聲、劉雲山、王岐山、張高麗	習近平、李克強、栗戰書、汪洋、王滬寧、趙樂際、韓正

億美元；一九九八年破一兆美元，達到一兆零兩百五十三億美元。二○○九年中國GDP破五兆，達到五兆零五百九十七億美元；二○一○年，超過日本躍居世界第二位；二○一四年破十兆，達到十兆三千六百一十一億美元；二○一七年，中國GDP總量達到十二兆兩千五百零四億美元。

鄧小平執政以後，針對文化大革命對高級幹部的衝擊，宣布停止群眾運動，強調「社會主義的法制建設」。一九九七年九月中共召開「十五大」，在共產黨史上第一次提出了「依法治國、建設社會主義法治國家」的基本方略。目前，共產黨組織的權力比改革開放前有削弱的趨勢。但是貪汙腐敗的問題卻隨著經濟發展越來越嚴重。中共中央為收攬人心，以法律制裁貪汙腐敗，習近平執政之後，全面展開「打貪」，但礙於錯綜複雜的政治和經濟考慮，很難根本改善。不過，貪汙腐敗並未導致反對中共政府的組織性行動。反而由於經濟發展迅速，所以政權看來仍相當穩定。

中國運用經濟實力強化對台灣的連結與包圍

中國改革開放對台灣的影響大概僅次於一九四九年中華民國政府來到台灣。因為中國改革開放，台灣與中國大陸再次恢復連繫，甚至在經貿上結為一體。二〇一九年，中國為台灣第一大出口市場、第一大進口來源，亦為台灣主要對外投資地區之一，兩岸經貿關係密切。更於二〇一〇年簽署「兩岸經濟合作架構協定」（Cross-Straits Economic Cooperation Framework Agreement，簡稱ECFA），自二〇一一年全面實施ECFA貨品貿易及服務貿易早期收穫計畫，至二〇一八年十月估計台灣及中國大陸早收產品已分別獲減免關稅約六十一點六億美元及五點四億美元。

兩岸貿易金額自一九七九年不足一億美元，到二〇一八年攀升至歷史新高兩千兩百六十二億美元，台灣對中國進口四百八十六億美元，年增百分之十點六，出口一千七百七十六億美元，年增百分之十三點九。中國成為台灣最大的交易夥伴和貿易順差來源地。[6]

在人員往來方面：二〇一八年台灣人民赴中國大陸（不含港澳）旅遊人數為六百一十四萬人次，累計至二〇一八年止，臺灣人民赴中國大陸旅遊人數共計一億五百四十二萬人次；二〇一八年中國大陸人民來臺人數約兩百六十六萬人次，累計至二〇一八年底止，中國大陸人民來臺達兩千八百八十三萬人次。

中國改革開放對台灣的第二大影響是，讓中國具備了改變台灣政治體制和民主制度的能力。因為改革開放讓中國國力大幅提升，因此中國統一台灣似乎不再是遙不可及的天方夜譚。一九八一年，中華人民共和國全國人民代表大會常務委員會委員長葉劍英向新華社記者提出「有關和平統一臺灣的九條方針政策」，一般稱為「葉九條」，其實就是統一的步驟和統一後的設計，內容如下：（一）中國國民黨與中國共產黨兩黨可以對等談判；（二）雙方在通郵、通商、通航、探親、旅遊及開展學術、文化、體育交流達成協議；（三）統一後的臺灣可保留軍隊，作為特別行政區，享有特別自治權；（四）臺灣社會、經濟制度、生活方式與同其他外國的經濟、文化關係不變；私人財產、房屋、土地、企業所有權、合法繼承權和外國投資不受侵犯；（五）臺灣政界領袖可擔任全國性政治機構領導，參與國家管理；（六）臺灣地方財政有困難時，可由中央政府酌予補助；（七）臺灣人民願回大陸定居者，保證妥善安排、來去自如、不受歧視；（八）歡迎臺灣工商界人士到大陸投資，保證合法權益與利潤；（九）歡迎臺灣各界人士與團體，提供統一的建議，共商國事。除了（三）和（四）是統一後安排外，其他七項可說已全部達成。**靠的就是中國改革開放後社會開**

放、經濟成長代來的政經吸引力大幅提升。

目前，中國已經透過其經濟實力，對台灣發動輿論戰、心理戰，與法律戰，即所謂「三戰」，因為形式上，台灣的民主自由不易被中共的民族主義統合吸納，因此，中共要利用台灣的民主，讓民主為其所用。一方面，利用民主的體制所保障的言論自由，擴大化宣傳民主的局部缺點，以襯托中共體制既可「集中力量辦大事」，又可成為世界第二大經濟體的「優點」。二方面，利用民主機制，扶植能為其服務的政治人物及勢力。

其次，確立「利出一孔」[7]原則，從經濟面下手，威迫利誘，繼以所謂惠台政策，表示慷慨大度又堅決鬥爭反對者，達到併吞的目的。

在台灣政治上的反對勢力隨民主化逐漸成形並建立制度性團體之後，中方也把「對台灣非國民黨勢力」的統戰列為重點。除了宣傳、轉化這些人的思想之外，中方很清楚瞭解台灣不可能完全一言堂，仍會有反對者的存在，因此對於反對者在全部被消滅之前，挑選、引導的重要性極其重要。挑選的原則在於：（一）沒有企圖從根本上來挑戰現有體制（例如一中架構），甚至願意在某種程度或條件下服從這個體制的人。這樣的人的主張只是「在這個體制下面我有不同的意見」，但是遇到分歧時該怎麼化解不同的意見或衝突呢？他們還是主張「凡事回到體制內解決」。這種人不但對體制毫無威脅，甚至在體制內還能發揮背書的作用，這當然是權力者挑選反對者最重要的原則。

目前中共統戰在台灣未統一之前，仍以堅持兩岸屬「一中體制」者為重點，在現階段可以先忽視對

「一中」的定義不同，先求將台灣人士、團體拉入認同「一中體制」中，再逐漸轉化利用。

第三個影響是，中國改革開放讓台灣面臨新的安全威脅。

改革開放使中國經濟、科技實力大幅提升，直接有助於其建立強大的軍事力量。二〇一二年十一月，習近平提出「中國夢」，並定義其為「實現偉大復興就是中華民族近代以來最偉大夢想」；隔月習近平在廣州向共軍領導幹部講話時指出：「實現中華民族偉大復興……這個夢想是強國夢，對軍隊來說，也是強軍夢。」

為了實現強軍到強國之夢，中國連年大幅增加國防預算。依照中國政府公布的數據，二〇一九年中共國防預算達到一兆一千八百九十八億人民幣，全球僅次於美國，此一數額還不包括隱藏性的軍事支出。值得注意的是，即使近年中國經濟成長趨緩，亦未改變大舉挹注擴軍的動作。除此之外，中國軍力對國際和區域和平已經形成潛在的巨大威脅，包括致力軍工科技及戰具研發，包括提升聯合情監偵能力、火箭軍打擊能力、空中海洋及地面的整體作戰能力，強化了抗擊外軍的力量，也升高了對台灣的軍事威脅。[8]

第四，中國改革開放對台灣的對外關係與國際地位影響巨大。

改革開放後，鄧小平採取「韜光養晦、絕不當頭」的策略，吸取蘇聯的教訓，不和美國對幹，不過度擴張軍力；停止革命輸出、投入國際事務，加入WTO等，力圖融入國際社會，美國一度稱中國為「戰略夥伴」、「負責任的大國」。中國國際形象的改變和改革開放後帶來的經貿實力，對台灣的對外關係和國際地位形成極大打擊。

台灣在一九七一年失去在聯合國內的中國代表權之後，國際組織會籍陸續喪失，各國陸續撤銷承認，在國際上相當孤立，而且飽嚐無國家之苦。一九八〇年代中國改革開放之後，贏取了國際間良好的形象，經濟的迅猛發展更讓各國為了中國國內市場，不想任意得罪中國，甚至主動靠攏中國。因此，中國認為台灣問題遲早解決。台灣自己又沒有建國的決心和作為，在既不能代表中國，又無法以台灣之名為代表的情況下，國際政治空間空前壓縮，國際地位降到最低點。

習近平上任後，中國逐漸改變過去「韜光養晦」的戰略，與東海、南海的鄰國多次發生衝突，並且推動「一帶一路」戰略，以強化在世界的影響力與發言權，挑戰美國的世界霸權。[9]根據中共官方媒體報導，在沿線六十四個國家中已有約六十國明確表達積極態度。歐盟、聯合國亞太經社理事會（U.N. Economic and Social Commission for Asia and the Pacific，簡稱ESCAP）、東南亞國家協會（Association of Southeast Asian Nations，簡稱ASEAN）、南亞區域合作聯盟（South Asian Association Regional Cooperation，簡稱SAARC）和上海合作組織（Shanghai Cooperation Organization，簡稱SCO）等多個重要國際組織都對「一帶一路」構想表示正面態度。[10]中共積極的外交攻勢，結合經貿實力，對台灣外交空間的壓縮更加劇烈，雖然有美國等國的溫言支持，但國際空間並沒有因此實質擴大。

第五，中國改革開放改變了部分台灣人的認同。

早在一九五〇年代，中方提出的「一綱四目」其實已是最早的惠台政策。[11]惠台政策在於「利誘」，近年來，**惠台政策的目的一方面是顯現中方是如何寬廣大度、兩岸的同胞情誼如何重要，**[12]**另一方面藉由中方所謂「惠台政策」，藉機凸顯台灣當局在相對政策上的不足和無能。**因為中方很清楚台灣的政治權力需透過選舉來獲得，光是以利益相餌，不能確保獲得利益的人必定會投給中方想要的人。因此給利益不是只發揮收買的作用，還得發揮「攻擊」的作用，讓收到利益的人不僅有感恩心理，還會對特定力量產生輕視、否定的心理（因為這些力量無法提供這些好處），才能將收買的資源完全落實於選票上。

其次，對於願意配合中方宣傳、採取相同言語的政治人物，視其表現程度、所屬陣營和面對環境，給予程度不一的正面宣傳，以壯大其聲望與實力；並且要打擊、扭曲台灣特定政治人物，醜化其形象，凸顯、擴大及失誤與不足之處；此外，強調台灣的發展如何劣於中國，以動搖台人信心，增加中國認同；還有，暗示中國的對台政策是有彈性的，並且建構一些似是而非的觀念，例如「現在台灣問題不是大陸的重點」、「台灣只要不獨立一切好談」、「台灣可以參與大陸的發展」、「中方對一個中國的涵義有彈性」、「中方對統一後台灣的政治安排是有彈性而且願意跟你談的」、「談統一晚談不如早談」、「台辦在中國政治地位不重要」……等等。

中國不斷透過中國媒體或親中媒體的二手傳播、片面翻譯，利用台灣人是多數無法也不習慣直接閱讀外國媒體、資訊的弱點，以中國媒體的語文優勢影響台灣人對其他國家的認知、對國際事務和新聞的瞭解，導向中方所要的方向。近幾年來，在台直接介入經營媒體，除擴張收視收聽和閱讀普及率以外，也利用台灣的新聞自由、言論優勢，蒐集非機密性情報，引領風向；利用媒體平臺經營文化產業、承包政府標案、也可作為兩岸文化交流平臺；並且利用訪問、邀請檢驗、拉攏台灣政治人物。栽培、扶植台灣媒體人、藝人、作家、學者……等對群眾意識、觀感有影響力的人士，促使他們服從中國統戰策略，願意配合宣傳。這種服從和配合，以「不知不覺」「渾然天成」為優先。即使不願意配合、服從中方統戰策略和宣傳口徑，至少追求不挑戰、不質疑。

最後，對於非一九四九年之後來台的本省籍人士，中方並未輕忽「中國連結」對他們的重要性。台灣深受中華文化影響，台語在對岸福建亦有持接近語系的人口。所以中方長期以來利用宗教直航、拉攏宗教團體、寺廟，鼓勵相互朝拜、進香，產出神祇都是中國人、來自中國的「兩岸一家親」形象。另外每年舉辦「海峽論壇」，邀請台灣各行各業人士參加，再就各該領域由中方挑選統戰對象實施對接。

這些做法，在增加台灣人的「中國認同」上的確已經產生作用，關鍵因素就在於中國改革開放帶來的經濟實力、進步形象和發展機會。

最後，中國改革開放讓台灣在政治上更朝成為「大陸中國」的一部分接近，長此趨勢之下，未來台灣人將真的有可能成為中華人民共和國的人民。

17 第十七章

美國獨強的單極體系

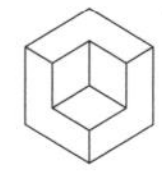

本章觀察重點

美國獨強是指強在什麼方面？
這種「強」是指什麼方面？
這種「強」的原因？這種「強」的影響？

雷根拖垮蘇聯的關鍵

一般來說，國際關係學者將一九九一年蘇聯瓦解後美國取得的地位定義為「一超多極」，意味著美國在軍事上享有絕對優勢的態勢。雖然也有學者從經濟的角度出發，把美國作為世界最大經濟體視為獨強的一個重要特色，但這是畫蛇添足之論，因為其實在冷戰時期，美國就一直是世界最大經濟體。美國單極體系形成的原因，筆者認為經濟因素是決定性的。軍事上當然美國的投入非常驚人，但畢竟沒有人能保證一旦爆發第三次世界大戰，美國一定能以擊敗伊拉克的方法擊敗蘇聯。但是美國引領的國際經貿體系和本身的經濟實力，是美國戰勝蘇聯的最佳資本。在這個領域裡，如前面各章節所說的，即使是在冷戰時期，蘇聯也充其量只能在軍事上和美國分庭抗禮。因此，美國成為獨強只是證明了一點：「**政治就是經濟，經濟就是政治。**」

美國獨強的單極體系其實不完全始於蘇聯解體，早在雷根擔任總統的時代就已奠定基礎。雷根的作為包括強化國防和經濟政策。雷根政府以「和平來自實力」（Peace through strength）為名的政策進行大規模擴軍，這個名稱是為了對照狄奧多．羅斯福的強硬外交政策和他的名言「溫言在口，大棒在手，路走得久」（Speak softly and carry a big stick, you will go far.）。雷根政府新設立的對蘇政策以贏得冷戰為最終目標，這個戰略被命名為NSDD-32（National Security Decisions Directive），這個戰略概述了雷根計畫在三個戰線上對抗蘇聯，其中包含：經濟上，減少蘇聯獲取高科技技術的機

雷根的「六百艘軍艦計畫」要求將四艘愛荷華級戰艦予以重新啟動、現代化、並重新服役。在上圖中，在「紐澤西號」（New Jersey）字樣下，雷根總統在重新服役典禮上發表談話。

（資料來源：維基百科）

會並設法減少其資源，包括壓低蘇聯商品在世界市場上的價值；軍事上，增加美國的軍事支出，以鞏固美國在談判上的立場，並迫使蘇聯轉移更多經濟資源至軍事用途上；最後，在秘密戰略上，支援全世界的反蘇聯勢力，從阿富汗的反蘇聯游擊隊，到波蘭的團結工聯運動。

雷根首先增加國防預算。當選過後不久，堅稱美國應該提高國防開銷，向蘇聯發出一個強烈信號。雷根政府的最高優先國家安全目標為下述二點：第一，嚇阻蘇聯及其盟國對美國、同盟國、以及其他友邦的軍事攻擊，並嚇阻或對抗蘇聯使用軍事力量來壓迫或威脅美國的友邦和同盟國；第二，一旦敵人發動攻擊，應能阻止敵人達到其目標，和使戰爭依照有利於我方的條件迅速結束，並維持美國及其同盟國的政治領土完整。

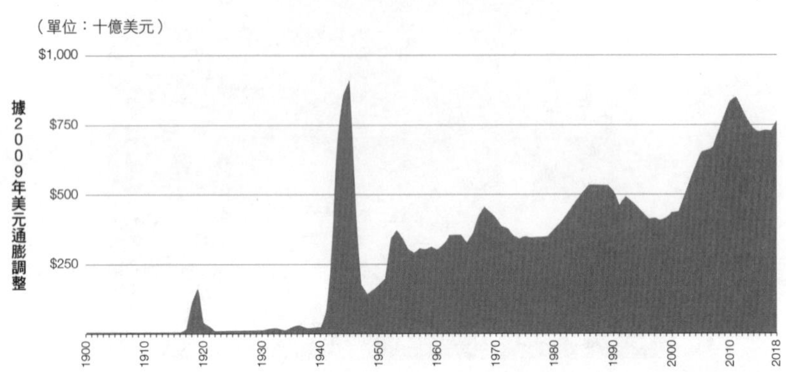

由本圖可以清楚看出，1980年代雷根當選後，美國的國防支出達到二戰過後的高峰。九一一事件之後更是大幅攀升。

（資料來源：歐巴馬白宮檔案，https://obamawhitehouse.archives.gov/omb/budget/Historicals）

所以，雷根大量推動新武器研發與換裝。在雷根當選的一九八〇年，美國三軍大部分的裝備和越戰時代相同，特別是陸軍。雷根政府決定採購七千輛以上的M1戰車、六千八百輛M2/3步兵戰鬥車、五百架以上的AH-64阿帕契攻擊直升機和一千一百架以上的黑鷹直升機，將美國陸軍武力整個更新換代，直到今天這些武器還是美國陸軍的主力。海軍則推動「六百艘軍艦計畫」（600-ship Navy），在雷根的八年任期中，建造了九艘「俄亥俄」級核潛艇（Ohio-class submarine），截至二〇一九年為止，仍占美國海軍目前擁有的十八艘「俄亥俄」級核潛艇的一半。建造了十一艘排水量達到九千六百噸的「提康得羅加」級飛彈巡洋艦（Ticonderoga-class cruiser，一般熟知的神盾級巡洋艦）。目前美國海軍也只有二十三艘「提康得羅加」級飛彈巡洋艦。

第二，雷根又推動大規模的核武更新計畫。包括讓ＭＸ洲際彈道飛彈（Missile-eXperimental，簡稱Missile-X）進入服役，這種飛彈來自於美國新的核武戰略，那就是用洲際飛彈瞄準敵方的地下飛彈發射掩體，以核武的強大破壞力摧毀蘇聯的核武。為了要擁有第一擊能力，需要有比當時美國現役的「義勇兵」三型洲際飛彈有更佳的準確度、存活率、射程和運用彈性，其中準確度是關鍵問題，因為核融合爆炸產生的衝擊波／熱作用隨著距離衰減得非常快。ＭＸ飛彈的目標是蘇聯的超級加固地下飛彈發射掩體，特別是那些裝有正瞄準著美國的SS-18撒旦飛彈（SS-18 Satan）發射掩體，這就需要精準的情報資訊和飛彈精準度的極度提高。蘇聯對此的準備就是製造更多的SS-18飛彈。若在政治上必須展開第一擊，夠多的SS-18飛彈才能摧毀夠多的美國洲際飛彈（包括ＭＸ飛彈）。若遭美國第一擊，則夠多的SS-18飛彈才能有足夠倖存的數量可供還擊。

第三，雷根推動「星戰計畫」。星戰計畫實際上是「戰略防衛倡議」（Strategic Defense Initiative，亦稱Star Wars Program，簡稱ＳＤＩ）的別名，是美國在一九八〇年代研議的一個軍事戰略計劃，目標為在太空中部署軍事裝置（如雷射）來作為反彈道飛彈系統，使敵人的核彈在進入大氣層外被摧毀。計劃由「洲際彈道飛彈防禦計劃」和「反衛星計劃」兩部分組成。簡單的說，就是「打斷手、打瞎眼」的概念。如果能在太空摧毀蘇聯的間諜衛星，蘇聯就無法偵測到美國洲際彈道飛彈發射，也就無法早期提供預警。雖然裝在地面上的預警雷達站還是可以偵測到來襲的飛彈，但那時候已經快要擊中目標了。換言之，成功的「反衛星計劃」可以讓蘇聯的反應時間大為縮短。

而「洲際彈道飛彈防禦計劃」則是在太空中攔截並摧毀蘇聯發射的洲際彈道飛彈，讓它們無法破壞美國的城市和軍事目標。一旦計畫成功，美國有可能可以贏得核戰的勝利，這被認為是破壞了原先的「相互保證毀滅」原則。

星戰計畫被認為是加速美蘇軍備競賽的一項發展，因為蘇聯必須投入更多經費在增強洲際彈道飛彈的突防能力，包括在外太空變換軌道，以及強化衛星的數量與生存力。

自由化的財政政策釋放了創新能量

在經濟政策方面，雷根的四大支柱分別為：減少聯邦政府預算、降低所得稅和資本利得稅、減少政府對經濟的控制與控制貨幣供應量，以及減少通貨膨脹。但是雷根政府新的軍事戰略增加了大量軍事預算，導致美國聯邦政府的預算赤字達到前所未見的地步。

一九八一年八月十三日，雷根簽署《經濟復甦稅法》（Economic Recovery Tax Act）。這項也稱為坎普—羅斯減稅案（Kemp–Roth Tax Cut）的稅法，為許多個人與企業帶來大幅減稅的好處。就在法案簽署前夕，IBM推出它的第一部個人電腦，使用英特爾（Intel）的微處理器與微軟（Microsoft）的作業系統。當時英特爾的營業額不到十億美元，而微軟還在起步階段。從而掀起一場資訊革命。

雷根的減稅政策對於這些新興企業家可謂天降甘霖，因為他們的收入和公司的盈餘所需繳納的稅捐因為新規定而巨幅減少，這對這些公司募集資金以求快速成長極為有利。而鼓勵市場競爭、積極進取的企業精神，以及最低限度的規範，在一個科技變化日新月異的時代，可說非常需要。在雷根第一任總統任期內，美國出現了二十世紀初期以來最壯觀的新企業創建風潮，如昇陽微系統、康柏電腦、戴爾與思科系統等這類日後的企業巨人，都成立於這段期間。

當然，雷根政府並沒有刻意獎勵資訊產業的發展，但包括前述一九八一年的立法，與一九八六年的大規模稅改法案，把最高收入人士的累進稅率從百分之七十降至約三十。此外，他的一九八六年稅改法案還造成另一項重大衝擊：它以降低公司稅率的方式，為軟體與金融服務這類「以構想為基礎」的業者提供支援，對產業的發展造成立竿見影的效果。[1]

《八一七公報》犧牲了台灣

雷根因為啟動冷戰升級，把蘇聯視為頭號目標，所以中華人民共和國的戰略重要性在雷根看來大為提升。因此，中方乃順勢要求美國解決台灣問題，特別是美國對台灣的軍售。

一九八二年八月十七日，美國和中國簽訂《八一七公報》（正式全名為《中美就解決美國向台出售武器問題的公告》），這是繼一九七二年的《上海公報》與一九七九年的《中美建交公報》之後的美中第三個公報，也是最後一個公報。以下內容是根據美國在台協會正式發布的中文版本，由於對台灣影響重大，特別摘錄全文九條中的前七條如下：

第一，在中華人民共和國政府和美利堅合眾國政府發表的一九七九年一月一日建立外交關係的聯合公報中，美利堅合眾國承認中華人民共和國政府是中國的唯一合法政府，並承認中國的立場，即只有一個中國，臺灣是中國的一部分。[2]在此範圍內，雙方同意，美國人民將同臺灣人民繼續保持文化、商務和其他非官方關係。在此基礎上，中美兩國關係實現了正常化。

第二，美國向臺灣出售武器的問題在兩國談判建交的過程中沒有得到解決。雙方的立場不一致，中方聲明在正常化以後將再次提出這個問題。雙方認識到這一問題將會嚴重妨礙中美關係的發展，因而在趙紫陽總理與羅納德·雷根總統以及黃華副總理兼外長與亞歷山大·黑格國務卿於一九八一年十月會見時以及在此以後，雙方進一步就此進行了討論。

第三，互相尊重主權和領土完整、互不干涉內政是指導中美關係的根本原則。一九七二年二月二十八日的上海公報確認了這些原則。一九七九年一月一日生效的建交公報又重申了這些原則。雙方強調聲明，這些原則仍是指導雙方關係所有方面的原則。

第四，中國政府重申，臺灣問題是中國的內政。一九七九年一月一日中國發表的告臺灣同胞書宣布了爭取和平統一祖國的大政方針。一九八一年九月三十日中國提出的九點方針是按照這一大政方針爭取和平解決臺灣問題的進一步重大努力。

第五，美國政府非常重視它與中國的關係，並重申，它無意侵犯中國的主權和領土完整，無意干涉中國的內政，也無意執行「兩個中國」或「一中一台」政策。美國政府理解並欣賞一九七九年一月一日中國發表的告臺灣同胞書和一九八一年九月三十日中國提出的九點方針中所表明的中國爭取和平解決臺灣問題的政策。臺灣問題上出現的新形勢也為解決中美兩國在美國售臺武器問題上的分歧提供了有利的條件。

第六，考慮到雙方的上述聲明，美國政府聲明，它不尋求執行一項長期向臺灣出售武器的政策，它向臺灣出售的武器在性能和數量上將不超過中美建交後近幾年供應的水準，它準備逐步減少它對臺灣的武器出售，並經過一段時間導致最後的解決。在作這樣的聲明時，美國承認中國關於徹底解決這一問題的一貫立場。

第七，為了使美國售臺武器這個歷史遺留的問題，經過一段時間最終得到解決，兩國政府將盡一切努力，採取措施，創造條件，以利於徹底解決這個問題。

很顯然的，這一公報的立場可說完全向北京方面傾斜。特別是表明對台灣的軍售將「限質、限量、限時結束」，這對中華民國的影響可說是空前的。

其次，公報中多次提到「葉九條」（參閱第十六章），代表美國首次對北京對台政策表示肯定，這也是一九四九年以來所未有。就外交領域來說，美國在公報中的表態有贊成中國和平統一台灣的意味。

此外，美國為達成與中國共同對抗蘇聯的政治目的，也有意通過軍事技術的輸出來提高中國軍隊的作戰能力。所以，在對台軍售「限質、限量、限時結束」的時候，美國開始軍售中國。這就為中國和美國共同為五十架中國殲-8II型戰鬥機改良計畫上進行技術合作提供了基礎，這就是「和平珍珠」計畫，是中國在九〇年代之前最大的對外軍事合作專案，也是當時中國空軍最重要的裝備發展計畫。美方主要是為殲-8II裝備西方八〇年代水準的射控系統，具體措施為把F-16同期型號的射控移植到殲-8II上，包括加裝AN/APG-66 (V)射控雷達、座艙顯示系統、1553匯流排、新型火控電腦等。雙方在一九八七年簽訂了向中國出口能改進55架次殲-8II的相關設備的合同，總金額高達五億五千萬美元。兩架殲-8II在八九年初運到美國，由美方人員試飛評估並進行改進。[3] **如果計畫成功，中國人民解放軍將對台灣獲得前所未有的軍事優勢。更重要的是，這項優勢是由美國提供的，意味著若中共攻台，美國的態度將可能不同於過去台海危機的時候。**

在民航機技術上，一九八五年，中國向美國麥克唐納道格拉斯飛機公司（McDonnell Douglas）購買二十六架MD-82型中型客機（台灣的遠東航空公司也有使用），美國同意授權中國組裝生產，並輸出相關生產技術。一九八五年四月十二日麥道公司與上海航空工業公司簽訂一項合同，在中國購買的二十六架MD-82中於上海組裝二十五架，合同於一九九一年全部完成。一九八五年底美方第一批MD-82部件運抵上海，一九八六年六月三十日第一架MD-82在上海組裝完畢，一九八七年七月二日首次試飛。一九八七年十一月九日，美國聯邦航空局頒發延伸到中國組裝MD-82的生產許可證。一九九〇年四月達成協議，上海航空工業公司又組裝五架MD-82和供返銷的五架MD-83。

二十六架飛機在現在看來不多，但以當時中國民航機隊的規模，已經是一筆超大合約，更重要的是美國有意將現代化的飛機製造技術、生產線及相關管理程式出口中國，之後美國還出口美軍現役的艦用燃氣渦輪機、反潛魚雷和黑鷹直升機給中國。到今天，MD-82飛機仍然是唯一曾在中國國內組裝、生產並投入期使用期最長的外國製大型客機，是當今中國產大飛機專案（C919）的參考對象，因其承載了中國一代人的「大飛機」夢想，因而在中國民航發展史中該機型具有了里程碑的意義。

海灣戰爭、南斯拉夫戰爭與美國的獨霸地位

一九九〇年八月二日，伊拉克軍隊入侵科威特，推翻科威特政府，並宣布科威特的「回歸」以及大伊拉克的「統一」。以美國為首的多國部隊在取得聯合國授權後，於一九九一年一月十七日開始對科威特和伊拉克境內的伊拉克軍隊發動軍事進攻，主要戰鬥包括歷時四十二天的空襲、在伊拉

克、科威特和沙烏地阿拉伯邊境地帶展開的歷時一百小時的陸戰。多國部隊以輕微的代價取得決定性勝利，重創伊拉克軍隊。伊拉克最終接受聯合國安理會第六六〇號決議，並從科威特撤軍。[4]

海灣戰爭是世界已經從冷戰時兩大超強對立的二元體系，轉化為美國獨強的單極體系的最直接表徵。首先，美國完全擺脫了越戰的陰影，將大量高科技武器投入實戰，展示了壓倒性的軍事優勢，雷根時代建設的軍事實力得到了完美的展現，也讓所有國家意識到美國的軍事優勢已經不是其他國家所能抗衡。

其次，這是二戰後首次美國主導的區域戰爭沒有受到蘇聯的阻撓。全世界幾乎一致支持聯合國要求伊拉克退出科威特的決議，也就是支持美國的立場。而伊拉克則完全孤立，沒有任何主要國家支持伊拉克對科威特的領土主張，或是對伊拉克實施實質援助。相形之下，美國領導的多國聯軍有四十三個國家加入。甚至連素來與美國關係冷淡，在歷次中東戰爭中都和以色列為敵的敘利亞都派兵與美軍一起作戰，堪稱二戰後國際關係史空前的畫面，美國作為世界領導者的身分可謂如日中天。[5]

從一九七三年的中東戰爭之後，美國一直和整個阿拉伯世界關係不睦，因為美國在這次的中東戰爭中支持以色列對抗埃及與敘利亞，引來了阿拉伯國家的石油禁運。石油禁運讓國際油價暴漲，之後伊朗爆發宗教革命，以沙烏地阿拉伯為首的海灣國家擔心伊朗會輸出革命，並危及本身政權，需要美國的保護，與美國關係有所改善。但伊拉克占領科威特之後，沙烏地和阿拉伯聯合大公國立刻要求美軍進駐，而在戰爭中，美國進一步加強了與波斯灣地區國家的軍事、政治合作，之後確立了美軍在該地區的軍事存在。各國都和美國建立了堅定的軍事合作關係，允許美軍常駐、實施聯合演習，而且買進大批先進武器。

這也是第一場聯合國會員國之間的戰爭，卻未能同時剷除海珊政權，為二〇〇三年的伊拉克戰爭埋下了伏筆。

海灣戰爭結束後，世界的焦點集中在南斯拉夫的解體。在南斯拉夫的解體過程中，波士尼亞與赫塞哥維納在一九九二年宣布獨立。當時「波赫」（波士尼亞與赫塞哥維納）全區約四百三十萬人口，民族的組成為百分之三十三的塞爾維亞人，百分之十七的克羅埃西亞人和百分之四十四的波士尼亞穆斯林。一九九二年，克羅埃西亞人和波士尼亞穆斯林試圖使波赫從南斯拉夫獨立，而塞爾維亞人堅決反對獨立。一九九二年四月戰爭爆發，時間長達三年半。戰爭造成約二十萬人死亡，兩百萬人淪為難民。一九九二年三月一日，波士尼亞公民投票結果公布。全民贊成波士尼亞獨立，塞爾維亞向波士尼亞開戰。雖然聯合國有派兵補給援助波士尼亞，但塞爾維亞仍是大勝。一九九五年，塞爾維亞再向波士尼亞人開火，並進行屠殺，迫使北約轟炸塞爾維亞三星期。最後塞軍投降。

一九九〇年，南斯拉夫境內的科索沃省宣布成立獨立國家科索沃共和國。恰逢南斯拉夫發生克羅埃西亞獨立戰爭和歷時三年的波赫戰爭，南斯拉夫聯盟政府暫時無暇顧及科索沃。同時一些阿爾巴尼亞民族主義者組織了科索沃解放軍，武裝對抗南斯拉夫，以達到科索沃獨立的目的。

冷戰結束後的美國領導人

雷根	老布希	柯林頓	小布希	歐巴馬
共和黨	共和黨	民主黨	共和黨	民主黨
1981-1989	1989-1993	1993-2001	2001-2009	2009-2017

雙方內戰多時之後，一九九九年一月，塞爾維亞共和國（原來南斯拉夫的主體）對科索沃解放軍和科索沃境內的阿爾巴尼亞裔人民發動屠殺。北約在美國領導下，從三月二十三日至六月十日開始對南斯拉夫發動空襲，這也是北約成立以來規模最大的軍事行動；初期十九個會員國的十三個出動了各式飛機四百九十六架和十五艘軍艦（包括一艘航空母艦）。戰爭過程中，北約曾三次增兵，至戰爭結束前夕，共有一千一百五十三架飛機和四十七艘軍艦（含三艘航空母艦）部署戰區各地。最後結果是塞軍撤出科索沃，科索沃宣布獨立，並已得到全世界一百一十一個國家承認。

美國這兩次的介入，在軍事上可說大獲全勝。全世界，甚至包括伊拉克和塞爾維亞，都承認美國才是真正的老大。相形之下是沒有哪一個國家透過援助美國的敵人，和美國打代理戰爭。當然，該區域的問題並沒有因為美國的勝利而完全獲得解決。

二〇〇一年九月十一日早晨，十九名蓋達組織恐怖分子劫持四架民航客機。劫持者故意使其中兩架飛機分別衝撞紐約世界貿易中心雙塔，造成飛機上的所有人和在建築物中許多人死亡；兩座建築均在兩小時內倒塌，並導致臨近的其他建築被摧毀或損壞。另外劫機者亦迫使第三架飛機撞向位於維吉尼亞州的五角大廈，此一襲擊地點臨近華盛頓特區。在劫機者控制第四架飛機飛向華盛頓特區後，部分乘客和機組人員試圖奪回飛機控制權。最終第四架飛機於賓夕法尼亞州墜毀。四架飛機上均無人生還。世貿現場中，包含劫機者在內，總共有兩千七百四十九人在這次襲擊中死亡或失蹤。之後，美國對阿富汗發動攻擊，掀起了「反恐戰爭」，二〇〇三年又以伊拉克持有大規模毀滅性武器攻打伊拉克。

台灣的民主化與美國再啟軍售

美國獨強的單極體系形成對台灣最大的影響應該是在這段時間中，台灣推動民主化（詳第十八章），正好符合美國的意識形態與世界觀。**因為美國經常強調冷戰結束和蘇聯解體是制度選擇的結果，也就是民主自由和市場經濟戰勝了共產極權和計畫經濟。因此，美國需要正面和反面教材。台灣恰好可以作為正面教材，適度抵銷了一九七〇至八〇年代美國為了冷戰「聯中制蘇棄台灣」對台灣的傷害。**很明顯的，《八一七公報》就是這一政策的具體產物。公報中美國承諾如果中國以「葉九條」和平統一台灣，美國就同意減少對台灣軍售。**美國對中華民國撤銷外交承認之後，台美關係**

最重要的就是軍售；台灣若得不到美國軍售，不管有形還是無形的抗統能力都會很快消失。以當時的美中情勢，倘若沒有發生六四事件、蘇聯不解體，先得到F-16等先進軍備的絕對是中共，不是台灣。

作為正面教材的好處之一就是在蘇聯解體後的一九九二年，美國同意出售給台灣一百五十架F-16戰鬥機（在台灣稱之為「鳳凰計畫」）。這是完全違反《八一七公報》的，因為這批戰機的性能遠優於過去國軍操作的F-104和F-5E戰鬥機，對台灣的空防有劃時代的提升。台灣是一個海島，空防是國防的第一線，能掌握制空權就能制海，因為沒有制空權，海軍對於敵人空中攻擊具有先天性的弱點；能制海共軍自然不能登陸，所以能制空也等於能制陸。

當然，在美國同意「鳳凰計畫」之前，法國已經同意出售六十架幻象2000型戰鬥機給台灣，美國也已經在協助台灣進行IDF「經國號」戰鬥機的研製，**但美國的這筆軍售還是具有指標性的重大意義。因為代表美國已經實質撕毀《八一七公報》，為之後台灣獲取美國先進武器的軍售打開了大門。**事實上，僅以軍事面來說，國軍在任何情況下，無論選擇有多少，只要有美製品的選項，一定是屬意向美國採購，尤其是大型的主戰裝備（戰車、火砲、軍艦、飛機……）等，原因在於美國武器性能得到保證、又不必自行研發操作準則、教範和技令，也可以透過軍購派遣人員到美受訓，強化彼此之間的軍事聯繫並從中學習。政治上，任何軍購案都是美國支持台灣的最有力象徵，也是給北京的最清晰訊號。

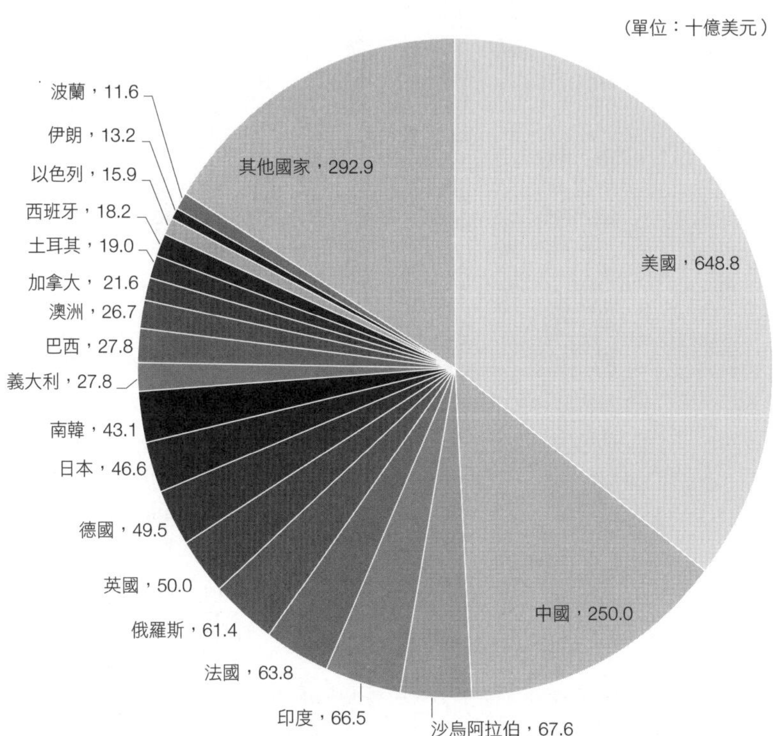

排名第一的美國約為排名第二的中國的兩倍多。兩國合計約占全軍事預算總額的一半。

資料來源：斯德哥爾摩國際和平研究所（Stockholm International Peace Research Institute）

中共當然也很清楚這一事實，所以美中最後一個公報就是要解決美國對台軍售問題。一九七〇年代，中國解決了在聯合國裡的「中國代表權」問題、解決了美國對中華民國的外交承認問題，但仍留下一個尾巴，就是在《臺灣關係法》中規定，美國要繼續向臺灣出售防禦性武器，中國認為對「中美關係的進一步發展設置了嚴重障礙。美國的這一做法已嚴重侵犯我國主權」，當然要極力爭取取消。中共的籌碼，就是做為美國抗蘇的堅定夥伴，以及對美國開放的龐大市場。《八一七公報》便是在這一背景下簽署的。

就國際關係的方法論來說，國家都會傾向於追求霸權，能成為世界霸權形成以本國為首的單極體系是最好不過的事情，問題在於所要面對的敵人是誰。美國獨強是因為解決了蘇聯。但在蘇聯解體之後，下一個敵人會是誰？「眾望所歸」的似乎是中國。中國自然也有此警覺。不過，中國在這一時間點採取的戰略堪稱正確；就是對內堅持改革開放，對外積極加入國際貿易體系，讓美國不將中國視為首要敵人；利用蘇聯解體後北方軍事壓力消失的機會，大力發展經濟，厚植經濟實力。等撐到二〇〇一年九一一事件發生、美國忙於反恐戰爭，中國就迎來了一個柳暗花明的發展階段。直到二〇一〇年中國成為世界第二大經濟體，「美國獨強的單極體系」就相當程度上等於結束了。

18 第十八章

第三波民主化浪潮與台灣民主化的國際因素

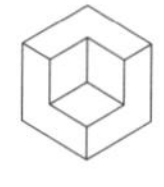

本章觀察重點

菲律賓與韓國民主化的過程？
中華民國面臨的外交危機？
中華民國民主化的獨特性？

韓國與菲律賓的民主化

第三波民主化一般指的是在一九八〇年代拉丁美洲（包括巴西、阿根廷、智利）及東亞（包括韓國、台灣、菲律賓）等國家從威權轉型為民主的過程，於一九八九年時達到高潮。雖然中國民主運動在六四天安門事件受挫，但東歐民主抗爭帶來的劇變，結束共產黨統治，間接促成了蘇聯解體。最後，第三波民主化的浪潮，在九〇年代初期席捲非洲，讓許多過去沒有任何民主經驗或實行社會主義一黨制的非洲國家也在短短幾年內，經歷了自由化、民主化及民主轉型，部分甚至完成了民主鞏固。[1]

台灣的民主化其實和第三世界的民主化關係不大，但和中國對台的實力消長和美國在冷戰中對台灣的定位關係較為密切。不過在台灣民主化的過程當中，我們的鄰國韓國和菲律賓，也幾乎都在一九八〇年代結束了長期的獨裁統治，走向定期選舉、節制權力、程序上公平競爭的民主政治，對於今天的台灣人還是有一定的啟示。

韓國其實比台灣更早有國會議員層級的大選、合法的反對黨和全國性的總統級候選人，譬如金大中就是舉世聞名的反對派政治家，早在一九五四年他就在木浦參加第三屆國會議員選舉。一九六一年五月十日終於當選議員，並在當天領取議員當選證。但在五月十六日，陸軍少將朴正熙發動「五一六政變」。韓國國會在金大中當選的第二天被解散。還沒宣誓的金大中也隨之被剝奪議員資格，之後他多次參選、有當選也有落選，也成為當局的眼中釘，多次入獄和流亡，成為聲望最高的代表性人物。

朴正熙執政的十八年裡長期維持獨裁統治，一九七二年十一月二十一日，通過「維新憲法」。這一憲法給予朴正熙對國會足夠的控制權，總統則由一萬人組成的選舉人團「統一主體國民會議」提名候選人，接著又由這些人在獎忠體育館內封閉式投票間接選出下屆總統，任期六年，沒有連任限制。可以想見這種選舉只是一種形式，很難反映民意，反對黨要得到公平參選的機會更是難上加難。

一九七九年十月二十六日朴正熙突然遇刺，首都衛戍司令全斗煥少將發動雙十二政變，實行全國戒嚴。一九八〇年五月十八日引發了光州民主化運動，是韓國民眾抗議獨裁統治的代表性民主運動，光州事件最終被軍方血腥鎮壓。一九八一年全斗煥版本的新憲法通過，第五共和成立；全斗煥當選為第五共和的第一任總統，任期七年，但不能連任。

一九八七年六月十日，全斗煥欽點民主正義黨總裁，也是軍方出身的盧泰愚為下任總統候選人，韓國各大城市爆發大規模示威（後稱之為六月民主運動），迫使全斗煥發布「六二九宣言」，釋放所有政治異議人士，並舉行公民投票修改憲法，恢復總統和國會的直接選舉，確立了沿用至今的公民直接選舉總統制。在新憲法下，每個政黨都可推薦一名候選人，無黨派人士只要集齊五千至七千名選民推薦就可參選。十月二十七日韓國國會通過了第六共和國憲法，建立第六共和國（即目

韓國獨裁者朴正熙
1963至1979年在位
1961年發動五一六政變，解散國會。
（資料來源：維基百科）

菲律賓獨裁者馬可仕
1965至1986年在位
1972年宣布戒嚴。1983年被懷疑涉嫌反對黨領袖艾奎諾的暗殺，掀起全國民怨。
（資料來源：維基百科）

前的大韓民國）。十二月十九日，盧泰愚成為韓國真正意義上首位民選的總統。

六月民主運動被視為韓國民主發展的重要里程碑，一九九二年十二月，金泳三成為第二位民選總統，也是三十年來第一位文人總統。一九九七年十二月，金大中作為在野黨「新政治國民會議」總統候選人首次勝出總統選舉，第一次實現政黨輪替。

菲律賓的民主制度起步也比台灣為早。在獨立後的一九四〇年代末期就有人民以民主程序選出的總統和國會，實施三權分立的制度。一九六五年馬可仕（Ferdinand Marcos）當選總統後，開始逐漸走向獨裁。他在一九六九年的買票和舞弊指控中連任總統。但嚴重的貪汙腐敗、日增的貧富差距，以及左派的新人民軍與菲律賓南部信奉伊斯蘭教的莫洛民族解放陣線（Moro National Liberation Front）都使各地騷亂不斷增加。依法在一九七三年任滿不能再競選連任的馬可仕在一九七二年九月以行政命令宣布戒嚴，之後馬可仕政府壓制言論自由、新聞自由及其他自由權，廢止一九三五年憲法制定新憲，取消總統只能連任一次的限制、解散國會、逮捕政敵與原將於一九七三年出馬挑戰他的參議員艾奎諾（Benigno Aquino Jr.）等異議人士，也打擊批評其政府的媒體。

一九八三年，流亡國外的反對派領袖艾奎諾自美國返國，於機場被當眾暗殺，引發國內外的一致批判。馬可仕為重建自身統治的合法性，決定提前一年於一九八六年二月七日舉辦總統大選，反對派則推出艾奎諾夫人柯拉蓉（María Corazón Aquino）參選。選舉過程中，馬可仕以執政優勢為其本身助選，又以作票方式控制選舉；選舉結果，馬可仕獲得一千零八十萬七千多票（得票率百分之五十三），而柯拉蓉則獲九百四十九萬一千多票（百分之四十七），但獲認證的監票組織「全國自由選舉運動」（National Movement for Free Elections）則統計出柯拉蓉實獲七百八十三萬萬五千零七十票（百分之五十二的選票），超過馬可仕的七百零五萬三千零六十八票，與副總統候選人勞瑞爾同時贏得大選。但政府部門在計票過程之中，發生許多選票被篡改、大量作廢等舞弊，引發激烈的爭議。二月二十二日，副參謀總長羅慕斯（Fidel Valdez Ramos）與國防部長安里爾（Juan Ponce Enrile）宣布辭職和撤回對馬可仕政府的支持。安里爾呼籲其他內閣成員傾聽民意，並表明將戰死此地。羅慕斯則稱將家庭利益置於人民利益之上的馬可仕已不適任三軍統帥，亦喪失了憲法賦予的權威。之後，百萬菲律賓人民開始在街頭舉行反馬可仕集會，發起「人民力量革命」，軍隊也逐漸倒戈支持民眾。

馬可仕不承認敗選，且於一九八六年二月二十五日自行舉辦總統就職典禮。當日群眾即包圍菲律賓總統府，最後在眾叛親離下，馬可仕在美國駐菲大使建議下搭乘美軍直升機經關島流亡夏威夷，之後在美國病逝。柯拉蓉繼任總統，再次制定新憲法，原則上恢復了一九三五年憲法，不過削減了總統權力——任期改為五年且不能連任。

外交危機與中華民國的民主化

一九四五年九月成立的台灣省警備總司令部，於民國四十七年五月十五日合併台灣省防衛總司令部、台北衛戍司令部、台灣省保安司令部及台灣省民防司令部等機構後，改組為台灣警備總司令部，與調查局成為監控台灣社會的主要機構。在法令頒布與情報機關的成立下，形塑戰後台灣的戒嚴體制，並釀成諸多白色恐怖政治案件。

一九四九年五月十九日，台灣省政府主席兼台灣省警備總司令陳誠頒布〈台灣省戒嚴令〉，並宣告自五月二十日午夜零時起實施，台灣進入戒嚴時期。〈戒嚴令〉生效後，與一九四八年五月九日頒布的《動員戡亂時期臨時條款》，形成管制戒嚴期間台灣的兩項主要法令。

五月二十四日，中華民國政府為了處置叛亂犯，制定《懲治叛亂條例》。但該法擴充解釋了犯罪的構成要件，這使其與作為《中華民國刑法》基礎的罪刑法定原則有所牴觸。此外，該法的第二條第一項之規定，即「犯刑法第一百條第一項（內亂罪）、第一百零一條第一項、第一百零三條第一項、第一百零四條第一項之罪者；處死刑，刑法第一百零三條第一項、第一百零四條第一項未遂犯罰之」，被俗稱為「二條一」。[2]這些唯一死刑的規定，以及戒嚴體制下的運作使得許多民眾因而受害。再加上案件的審理皆由軍法機關審理，使得涉案的一般平民並無法取得《中華民國憲法》所賦予的司法體系下應有之人權保障。

《懲治叛亂條例》實施的結果，造成從一九五〇年代開始台灣警備總司令部便以戒嚴時期為理由，以該法與《戡亂時期檢肅匪諜條例》等法律為法源，在擴充解釋犯罪構成要件後，縱容情治單位機關網羅所有人民的政治活動並加以限制。其中包括支持言論自由、支持組織反對黨、支持台灣獨立運動等政治異議人士，只要被政府認定有嫌疑都會被冠上反政府的罪名，也因此造成許多冤獄事件。[3]在國家公權力長期濫用的情況下，人民基本言論或隱私權完全失去保障。

十二月，中華民國政府撤退來台，形成台海對峙局面。次年六月韓戰爆發，中華民國成為以美國為首反共集團的一員。為鞏固統治，避免重蹈大陸失敗覆轍，政府乃以「反共抗俄」作為民國三十九年到民國五十八年間所施行的基本國策。在反共抗俄基本國策下，政府透過教育、媒體、法令等系統，大力塑造反共抗俄的氛圍，稱中共為「共匪」，處處可見反共抗俄相關之標語。[4]《戡亂時期檢肅匪諜條例》於一九五〇年六月公布，並且曾經一九五四年十二月修正部分條文。而在通過《戡亂時期檢肅匪諜條例》後，便由台灣警備總司令部負責逮捕被認為有嫌疑的人士。也因為只要被密報是匪諜後，政府就可以不經任何法律程序加以逮捕、審訊乃至於定罪下獄，這使得該段時期又被稱作台灣「白色恐怖時期」。

一九五二年六月五日，政府公布《台灣省戒嚴時期郵電檢查實施辦法》等各種辦法，並由台灣省保安司令部（其後併入台灣警備總司令部）負責取締，限制人身、出版、新聞、通信和言論等各種自由。

這些嚴峻的法律，被認為是中華民國「保台」所必須。不過，中華民國在台的統治權被美國所認可、甚至被美國予以保衛，其實是冷戰的產物。美國支持一個非共的中國政府，是反共戰略的必然結果。若是台灣淪入中共手中對當時的美國來說非常不利，因為那象徵共產主義的又一次勝利。在中蘇共關係良好時，這也代表蘇聯的力量可能進入西太平洋。而一個政府不能沒有領土，因此美國默認中華民國統治台灣，也要日本趕緊和台北當局簽訂和約以確認台北當局才是正牌的中國政府。既然這樣的前提確立，就可以想見中華民國鞏固統治權的行為不會遭到美國太多的批評。在冷戰中，美國也容忍南韓和中南美洲的反共獨裁者。

反攻大陸是另一個阻礙台灣民主化的重要因素。雖然並沒有真的反攻，但這一政策是長期戒嚴、實施類軍事化管制、壓制反對聲音的大好藉口。其次是利用反攻大陸的宣傳，讓台灣屬於中國一部分這個印象確立下來。因為台灣是中國的一部分，才有需要去反攻大陸、「解救」大陸同胞。

中國試爆原子彈之後，很明顯地反攻大陸策略已經不切實際。除了核武對國軍的殺傷力以外，也讓中國對美的戰略地位陡升。加上聯合國裡的第三世界國家親共國家越來越多，都使「非共的中國政府」逐漸失去支持。顯然，中華民國不能只靠當「非共的中國政府」生存，必須要進一步向民主靠攏，以「民主自由的中國政府」為號召，才可能得到美國的支持。

一九七〇年開始，中共開始向海外台灣人菁英喊話，歡迎他們到中國大陸走走看看。[5]當時有許多台灣菁英，或者是因為左派立場，或者是主張台灣獨立，總之都不見容於國民黨，因此流亡海外，這些人都是中共接觸的對象。[6]一九七一年台北在聯合國的「中國代表權」一戰中大敗，對台灣的政治影響非常巨大；雖然中華民國政府力持鎮定，但台灣人都知道國民黨政府在外交上遭受重大挫敗，一方面已經不能再代表全中國，代表過去宣傳的統治神話破產；另一方面隨著從大陸來台的外省統治階層因年邁衰老而逐漸凋零，當局意識到必須加大台灣人的政治參與，否則一方面難以維持人才的甄補，另一方面難以對抗在國際政治上已居上風的中國在政治上的攻勢。

一九七二年美國總統尼克森訪問中國，於二月二十八日在上海與國務院總理周恩來簽署全名為《中華人民共和國和美利堅合眾國聯合公報》的《上海公報》。該公報明確指出，中美關係正常化符合兩國利益；國際爭端應在尊重主權、不干涉別國內政等基礎上解決，反對任何國家在亞洲建立霸權或在世界範圍內劃分利益範圍；中國政府堅決反對任何旨在製造「一中一台」、「一個中國、兩個政府」、「兩個中國」、「台灣獨立」和鼓吹「台灣地位未定論」的活動；美方認識（acknowledges）海峽兩岸都堅持一個中國，台灣是中國的一部分，並對這一立場不提出異議（not to challenge）。美國重申它對由中國人自己和平解決台灣問題的關心，並隨著地區緊張局勢的緩和將逐步減少在台美軍設施和武裝力量。

《上海公報》公布後，台灣內部相當震撼。六月十三日，蔣經國於立法院舉行施政報告上，發表「莊敬自強」的對內施政方針，明確指出政府將會強化作為復興基地的台灣地區建設。這一年政府決定舉行立法委員增額選舉，並且增加啟用台籍人士進入政府擔任要職。

一九七二年，蔣經國決定召開「國家建設研究會」，邀請旅外的台灣學人回台參觀各項建設，並舉行大會，允許與會人員對政治、經濟等各方面提出建言。[7]**這無疑是針對中共邀訪台灣在海外人士、學者回中國大陸參訪的一種反統戰**，在現在看來不足為奇，**但在當時是言論尺度最寬的一個公開論壇，也是藉此顯示台灣方面的開明。**[8]譬如台灣是否要取消戒嚴，當時就只有國建會可以討論，還有盡快制定「省縣自治通則」，以及辦理省長選舉，因為涉及「中華民國台灣化」，在一九八〇年代以前都是敏感問題。

一九七九年美國決定撤銷對中華民國的外交承認，對中華民國來說是繼一九七一年喪失聯合國「中國代表權」、隨後的斷交潮，與一九七二年日本承認中華人民共和國之後的第四次、也是最大一次的衝擊。首先，美國撤銷承認對中華民國來說最重大的影響是安全承諾的喪失（《中美共同防禦條約》同時廢除，協防台灣的美軍全部撤離），台灣是否能夠在美國廢約、撤軍之後還能對抗中共的軍事攻擊？其次，美國積極改善和中華人民共和國的關係，此消彼長，嚴重影響了台灣的人心。中華民國政府同時還擔心美國是否會公開表達改變對台灣的法理定位。[9]最後是擔心美國放棄國民黨政府，支持台灣獨立或中共統一台灣。

就當時的國際局勢來說，這些擔憂並不是沒有道理。因為美蘇冷戰本來就讓中國的戰略價值遠高於台灣，美中的合作是台灣難擋的趨勢，因此美國對台安全承諾必然降低。而中國的改革開放讓中國社會安定、經濟起飛，對美國和海外華人同具吸引力，包括民族主義和經貿市場。此外，中華民國已經在一九七一年之後退出聯合國，接著喪失了幾乎所有重要國際組織的會籍，邦交國銳減，不但因此對於國際事務幾乎完全喪失影響力，也無法再提供美國或任何重要國家外交上的支援。若中共進一步威脅利誘各國和海外華人接受、認同北京對台灣的領土主權主張（世界上只有一個中國，台灣是中國的一部分），中華民國是沒有什麼籌碼可以阻撓的。

對此，國民黨採取的作法是繼續強化台灣的民主及台灣人的政治參與來爭取美國、海外華人與台灣內部的支持。當局決定利用國建會作為推動政治改革、虛懷納諫的表徵，也是政治改革的風向球。譬如一九七九年與會者建議「制定選舉罷免法，取代各種行政法令以規範選舉活動」，一九八〇年五月《選罷法》就經行政院送請立法院審議通過後公布實施。另外每年與會者都會建議擴大政治參與，強化中央民意代表名額。這項建議也被政府採納，到一九八六年，增額中央民意代表名額已經增為兩百零五人。

一九八〇年代末期**韓、菲兩國的政治劇變對台灣雖然沒有直接的衝擊，但是當時台灣的新聞環境已經能夠讓人民逐漸了解事態的發展。**筆者記得當時兩國情勢的變化是台灣社會最關心的焦點，特別是媒體天天緊追發展，對台灣人民無異是另一種民主啟蒙，另外，台灣上自政府下自民間都關心反對黨的發展與美國的態度。**結果是美國對兩國走向民主與反對派都予以支持，並未強力支持甚至放棄原先的反共親美領袖，**讓台灣人意識到如果類似的事情發生在台灣，美國也可能持同樣態度，對於台灣的民主化至少心理上有鼓舞作用。

此外還有人的因素；朴正熙和馬可仕都是政治強人，兩人都修改憲法延長自己任期、操縱國會，但又採取資本主義自由市場經濟，並堅決反共。結果一人死於非命，一人倉皇下野出逃。筆者認為這兩位的前車之鑑不可能沒有對蔣經國形成一定程度的警惕。

一九八五年發生「江南案」，中華民國涉嫌到美國去刺殺反政府作家劉宜良（筆名江南），重創了中華民國和國民黨政府的國內外形象。因此蔣經國公開承諾蔣家人士不會再出任總統。

總統令

總統令 中華民國七十六年七月十四日

准立法院中華民國七十六年七月八日（76）台院議字第一六四一號咨，宣告臺灣地區自七十六年七月十五日零時起解嚴。

總統 蔣經國
行政院院長 俞國華
國防部部長 鄭為元

蔣經國頒佈的解嚴令
（資料來源：維基百科）

一九八六年九月二十八日，民主進步黨宣布成立，它是由黨外運動各團體整合而成。當時它的成立並不合法，但當局決定容忍。

一九八七年七月十四日，蔣經國頒布總統令，宣告台灣地區自同年七月十五日凌晨零時起解嚴，解除在台灣本島、澎湖與其他附屬島嶼實施的戒嚴令，在台灣實施達三十八年又兩個月的戒嚴令自此走入歷史。蔣經國同時還宣布廢止戒嚴期間依據《戒嚴法》制定的三十項相關法令。

一九八七年十一月五日，行政院會議通過《人民團體組織法草案》，將政治團體列為人民團體之一，受該法約束。新籌組政黨有二十多個，直到一九八九年一月二十日，立法院三讀通過《動員戡亂時期人民團體法》，各政治團體均得依法自由成立，「並從事選舉自由活動」，並開放民眾登記政治團體，人民可依法組黨結社、組織參加集會遊行及從事政治活動。一九八七年十二月一日，政府宣布自一九八八年一月一日起，解除針對報紙「限報」（之前限制在二十九家）、「限張」（每份報紙每日限三大張）、「限印」（限印於發行地點內）的三大限制。

一九八八年一月十三日，時任國民黨主席及中華民國總統的蔣經國逝世，李登輝以副總統身分繼任總統。一月二十七日，李登輝成為代理黨主席，至七月正式出任黨主席，成為首位台籍國民黨主席，也是中華民國史上第一次由台灣本地出生的人擔任總統。

一九九一年五月，李登輝宣布終止「動員戡亂時期」，廢止《動員戡亂時期臨時條款》，並開展第一次修憲，制定憲法增修條文，使各中央民意機關開始在台灣選出全部議席。[10]至於總統的任期，《動員戡亂時期臨時條款》原本規定在動員戡亂時期總統副總統得連選連任，不受中華民國憲法第四十七條連任一次之限制，李登輝則推動修改為由台灣人民直選產生。[11]這等於實際把中華民國「台灣化」，另外又將立法院對於行政院長的同意權予以取消。[12]台灣實質上成了總統制國家。

李登輝接連推動修憲，讓台灣至少在形式上落實了民主，總統和立法院全面民選，也讓台灣在這部分和世界上的先進民主國家相比，在政府制度和政治權力上已基本相同，也讓台灣人相信台灣已經是一個民主國家。

民主化與本土化的並進

由於台灣政權的特殊性質，每當台灣在外交上遭逢挫敗時，就會引起台灣內部對於政府政策、民主政治甚至台灣法理定位的新一輪質疑。這也是韓國、菲律賓或東歐國家所沒有的。

筆者認為台灣的民主化有部分是韓國、東歐的綜合。之所以和韓國有類似的地方，是兩國都是冷戰前線的國家，過去長期阻止和限制實行民主的理由之一就是保障國家安全、阻止共黨滲透。這當然不能說全無道理，因為從東歐的歷史可以清楚看到，共產黨是可以利用民主參與的過程顛覆民主體制，特別是當外部有一個強大的共產國家可以撐腰，因此反共國家不給人民主張共產主義的自由，是冷戰時第三世界反共國家的常態。**台灣是反共國家，但卻有像東歐共黨國家那樣的列寧式政**

黨和黨國一體架構，這是韓國和菲律賓所沒有的。所以，台灣的民主化經驗非常獨特。韓國和菲律賓都有獨裁者，但沒有像台灣一樣的黨國體制，獨裁者所屬的政黨遠遠沒有像國民黨那樣掌控政治、經濟、軍事、社會、教育、文化、娛樂等所有方面。而國民黨的這種優勢地位別說一九八〇年代末期，直到今天也還相當巨大。

韓、菲兩國對反對力量的容忍度大於台灣，台灣在民進黨成立前是沒有組織性的反對力量。雖然戒嚴時代中國社會民主黨、青年黨兩黨也能公開進行政治活動，但筆者認為還要領取「反共宣傳費」的政黨不能算是對國民黨真正的組織性反對力量。

政治參與的管道和層級，台灣也遠低於韓、菲。這兩國早有國會和總統的選舉。雖然其過程有很多瑕疵，但在一九九〇年代以前，台灣是連這樣有瑕疵的選舉都沒有。韓國朴正熙獨裁統治十八年，但國會沒有十八年不改選。

在韓國和菲律賓的民主化過程中，大規模的群眾運動都是政治改革的力量。台灣在解嚴以前雖然有許多群眾運動，但沒有起到如此扭轉乾坤的作用。

因此，如果純就國內政治因素看來，台灣執政者掌握的優勢大於韓國和菲律賓，台灣民主化若要展開必須來自統治者的變革。**然而，統治者何以要變革？筆者認為還是在於國際環境的問題。**韓國或菲律賓若沒有走向民主化，並無喪失主權的危險，也不存在被另一個國家吞併的可能。韓國就算沒有發表六二九宣言，美國也不至於承認北韓（即使到了二〇一九年八月還沒有承認）。但國民黨政府面對的是冷戰加劇、敵（中華人民共和國）消我長的現實情勢；而本身的正當性（中國唯一合法政府）又嚴重被國際間否定。如果不推動民主改革，一方面美國就沒有在道德上支持台灣的理由，另一方面也會喪失政權在台灣內部的支持，如此會更容易讓中共在國際間袖手旁觀的情況下統一台灣。

台灣的民主化除了政治制度面之外，也包含了「本土化」。這是韓國、菲律賓或東歐國家所沒有的，而這也是國際環境的影響。因為中華民國主張台灣是中國的一部分，中華人民共和國也主張台灣是中國的一部分，台灣人天生就存有一定程度的中國意識和中國認同。因此台灣若在民主化的過程中不走「本土化」，不增加台灣人的政治參與、不強調台灣的主體性，只是單純像韓國或菲律賓那樣放鬆控制、還權於民，很有可能在減低國民黨對政治控制的同時增加了對另一個中國的認同。

但本土化的過程中，「台灣獨立」的主張勢必出現，並且影響一切政治改革的走向。韓國和菲律賓是先獨立後有民主，所以他們不用再面對「爭民主同時爭獨立」、「對抗外來政權」甚至「解殖」問題（這兩國獨裁領袖和民主派對解殖態度是一致的），且這些國家的國際法法理地位也都沒有爭議。但是台灣不然。中華民國堅決反對「台灣地位未定論」，因為台灣地位未定論隱含著「中華民國對台灣的領土主權是有問題的」。但台灣地位如果不是未定，歸屬於目前統治台灣的中華民國，則無異代表台灣是中國的一部分。在國際間包括美國還承認中華民國代表中國時，台灣是中國的一部分尚無立刻讓台灣面臨共產赤化的問題。

但在中華民國在國際上已經漸漸無法代表中國之後，「台灣地位不是未定，而是中國的一部分」這個說法，不論在台灣內部有多少人支持，或是對中國的定義如何，在國際上形成的印象會對台灣形成危機。**唯一對策就是提出「台灣地位不是未定，而是由台灣全體人民決定」的主張。蔣經國開始、李登輝推動並完成的民主化，實際上就是為這樣的方式開啟了道路**。然而，台灣藉由民主化所爭取的美國支持是否能抵銷美國「聯中制蘇」對台灣的傷害？台灣能否在民主化的同時，又能在中國的各項滲透和號召中維持台灣的主體性，防止台灣人的「中國基因」起到裡應外合的作用？沒有人能給出確定的答案。關於前者，所幸在台灣啟動民主化之後不到五年，蘇聯解體冷戰結束，使得這個威脅緩解。但關於後者，則依舊存在許多未知的因素。

19 第十九章

經濟全球化

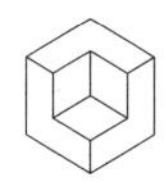

本章觀察重點

什麼是經濟全球化？
全球化帶來的問題是什麼？
台灣和全球化的關係是什麼？

全球化的特質

經濟全球化是指世界經濟活動超越國界，通過對外貿易、資本流動、技術轉移、提供服務、相互依存、相互聯繫，將全球經濟逐步結合為一體，以致貿易、投資、金融、生產等活動都出現全球化的態勢，即生產要素在全球範圍內移動，以市場需求進行最佳配置。

全球化其實不是始於二十一世紀。在大航海時代，人類已經歷經全球化的歷程，當時的歐洲人克服了地域阻隔，從而將原本僅局限於本土和國內的個人生活、社會關係，以至社會制度，轉向跨地域及全球性發展。這其實和現在學者對全球化的定義已經相當吻合。全球化的一個最重要的意義，就是超越地域限制，亦即人和事都能突破時間和空間的限制。不論多遠發生的事，都可以跨區域傳播；也可以即時行動做出回應，令人和事能以全球範圍為基礎來進行和存在。[1]

全球化是多面向的，包括經濟、政治、社會及文化層面，但也不是非在每個層面都全球化才是全球化。**現在我們認為全球化不僅是社會上客觀制度和物質層面的改變，也涉及個人對外來意識的認知、調適與反思。**

台灣作為西太平洋上的一個大島，原本就是東北亞和東南亞航線的交點。早在十六世紀，西班牙人就來到台灣，接著荷蘭占領台灣，以台灣作為國際貿易的基地，也帶進西班牙和荷蘭的文化。之後台灣在日本統治下進入現代社會，中華民國來到台灣後，以發展對外貿易作為經濟重心，更是讓台灣無法自外於全球化的範疇。

二戰後的全球化

二戰後的全球化因為以下幾個因素而突飛猛進。

第一，冷戰體制讓所有國家都更積極關心國際事務。因為美蘇都盡可能增加盟友，以掌握重要資源、設置軍事基地、控制重要通路以抗衡對方，因此許多剛獨立的新興國家，都接受了外來的科技、工業和生活方式。因為國際政治因素而加速全球化，而現在冷戰雖然結束，但是這些基礎已經存在。同時，還有「軟實力」的存在，一般指的是「能夠影響他國意願的無形精神力量」。軟實力一般難以量化，包括政治價值觀、國家凝聚力及國際參與……等等，也就是非政治或軍事方面的力量。但是一般人認為的文化、藝術、流行音樂等等如果不能達到「影響他國行為」的程度，尚不足以稱之為「軟實力」。「軟實力」概念的發明者、曾任哈佛大學甘迺迪政府學院院長的約瑟夫・奈伊（Joseph Nye）認為：

> 假設某國可以吸引其他國家模仿它，或是說服對方接受能夠產生該效果的體系，它也能達到它渴望的結果。就此觀之，在世界政治裡議題設定（set the agenda）與吸引他國的能力與對

> 他國威逼利誘的能力是同等重要的。權力的這個面向——使他國渴望你所渴望的——可稱為吸引力（attractive power）或「軟實力」（soft power）。運用高尚理念的感染力或設定政治議題來使對方認同你的偏好，這些都是發揮軟實力的資源。[2]

在此需要澄清，若干台灣社會耳熟能詳的東西，例如中國宮鬥劇，雖然在台灣社會廣受歡迎，許多人對裡面的情節和人物耳熟能詳，但它還沒有達到設定兩岸關係中的政治議題、或是讓台灣人渴望劇中情節在台灣落實的地步（實際上在二〇一九年一月，中國當局已經在中國大陸禁演禁拍宮鬥劇）。所以，這類事物還稱不上是「軟實力」。

第二，科技的高速發展。一些分析家認為今日的先進經濟體是以資訊為基礎（information-based），意義在於電腦、通訊及網際網路正成為經濟成長中的支配性因素。在資訊化的時代中，包含在產品內的資訊之價值，通常遠高於使用到的原料的價值。透過網際網路，真的已達到「天涯若比鄰」，資訊全球化已經是今天的常態。

第三是國際貿易體系的蓬勃。一般而言，二戰後經濟面向的全球化加速，跨國界的經濟活動和組織明顯增加，包括貿易、投資、全球生產網絡和跨國企業等。

目前世界上許多產品生產方式已經走向碎片化（fragmentation），也被稱為生產方式的非垂直化（de-verticalization）。一個生產垂直化的企業意味著所有的零配件和所有的工序，都由企業自家生產作業。二戰之後，工業最大的改變就是生產分工越來越細，很多產品採取跨國或跨境分工，部分企業只做供應鏈的一部分，在生產非垂直化下，一個產品的各項零組件和半製成品可能來自很多國家，這些跨國分工都需要運輸與物流業支撐，大幅度增加國際貿易的總量。

國際貿易體系讓多數國家加入國際分工，也就是進入了全球化的範疇。因為一個國家要進行國際貿易，必須建立基礎的銀行體系、外匯收付體系、海空運機能，還要有懂外語的人才，國內要能讓一定程度的國外資訊流通，貨品生產必須符合、遵從一定的國際規格和標準。

第四是區域整合的潮流出現。政治面向的全球化，是指跨國及跨地域的政治協商和制度的增加，包括跨國的政治行動者，例如跨國企業、國際聯盟如歐盟、東盟等。

第五是新型國際組織的出現。二戰後出現很多功能性國際組織，譬如可以對經濟發生危機的國家提供援助的「國際貨幣基金」，該基金經常會要求接受援助的國家開放市場與推動貿易自由化，以作為提供協助的條件，這其實都讓它們和西方國家的市場和貿易體系更接近靠攏。「世界貿易組織」並未採行加權投票。它提供一個論壇，讓一百五十三個國家能在非歧視性的基礎上談判貿易協定，也提供了協助仲裁貿易爭端的專門小組和規則，這有助於所有國家全球化。制度在此可以發揮作用，至少有些微的影響。

第六是全球治理（global governance）觀念的出現和全球公民社會的發展。這包括跨國的共同規範（如致力於減少碳排放量的全球共識）出現，以及若干全球性思想和價值，如環保和人權，逐漸成為衡量國家行為的一項標準。

貧富差距與文明衝突

全球化衍生出最大的弊病就是擴大貧富差距。二〇一四年，法國學者托瑪・皮凱提的專著《二十一世紀資本論》（*Le Capital au XXIe siècle*），揭露了三百年來資本主義社會中貧富差距擴大的趨勢。他認為全球化帶來的主要效果之一就是貧富鴻溝日益加深。二〇一七年十二月有十八位考古學家在《自然》（*Nature*）雜誌聯合發表一篇論文，論文的問題意識是——人類從一萬一千多年前狩獵採集的原始社會過渡到半農耕社會、全農耕社會，再到工業社會，財富差距和收入差距到底是越來越平等還是相反？這十八位學者通過對遍布全球的六十三個考古遺址的考察，得出了這樣的結論：從一萬多年前開始到晚期農耕社會再到工業社會，每次技術創新都使得人類財富差距拉大，這是一萬多年以來的大趨勢。[3]

全球化為什麼會擴大貧富差距？首先，商品可以自由流動，但人要流動所受的限制卻大得多，**因為「國家」仍是國際社會的主體，而「國界」主要限制的是人的流動**。很多國家輸入他國貨物和服務的金額超過GDP百分之十，但一年接受移民超過人口百分之一的國家很少。以美國來說，每年的進口額大概是GDP的百分之十，但接受的移民只占人口不到千分之四。因此有才華或管道的人可以透過流動的資本賺到全世界的錢，但多數人的工作機會和薪資則必須在人力市場全球化的情況下面臨外國人的競爭，且即使本身條件缺乏在國內競爭的優勢，也無法改變他們的居住和工作國家。

引發這一過程的其實是跨國企業。跨國企業透過直接投資、生產線外移、策略聯盟等活動，將不同的經濟活動分散到世界各地進行。因為資本家既可以把生產活動搬到成本最低的地區進行，又可以把產品和服務推銷到世界各地，還有全球性集資和投資機會，自然是全球化下的得益者。反之，工人在全球化當中明顯處於弱勢。由於企業將工廠外移、就業機會減少，發達國家的工人對工資和勞動條件的議價能力大減。發展中國家的工人處境更加困難，很多時候他們談不上有任何議價能力。資本家與工人的利益衝突，在全球化之中只會加劇，難以消融。**總之，因為弱勢人群可能會因為全球化而失去原有的工作機會，貧困有可能因為全球化而擴大**。

其次，全球化的過程克服了地域阻隔，從而將原本僅局限於本土和國內的個人生活、社會關係，以至於社會制度，轉向跨地域及全球性發展。這代表的就是商機的擴大。跨國消費成為常態。過去跨國消費指的主要是出國旅遊，但現在跨國間網購實體商品、線上觀看影音串流商品等等，都已經成為人們日常生活的一部分。

另外瑞士信貸（Credit Suisse Group AG）發布的二〇一四年《全球財富報告》顯示，自二〇〇八年金融危機以來，財富分配趨於兩極分化，尤其是在發展中經濟體。作為財富集中的標誌，全球百萬富翁從二〇〇〇年以來直線上升百分之一百六十四，達到三千四百八十萬人，其中美國占百分之四十一。報告稱，全球資產超過五千萬美元的富人約有十二萬八千人，這些人近半在美國，歐洲占近四分之一。全球百分之十最富有的人掌握全球百分之八十七的財富。[4]

在這一波全球化當中，台灣的貧富差距也隨之惡化。中研院社會所副研究員林宗弘的研究指出「全球化下兩岸經貿擴張，獲益者集中在少數資方與技術管理高層，對財產所有者減稅更導致所得分配惡化。階級不平等惡化造成階級流動的停滯，包括創業機會減少與教育階級複製。因此，多項指標顯示台灣民眾主觀上開始覺得自己的階級地位向下流動，貧富差距越來越嚴重。」[5]

所以，世界經濟論壇（World Economic Forum）發布的《二〇一四年全球風險報告》指出，未來十年，**富裕人口和貧困人口之間長期存在的收入差距，是最大也是最可能發生的全球性風險，可能對全世界造成系統性的衝擊**。因為貧困帶來的相對剝奪感以及發展遲緩，將會使需要「全球治理」的各項問題，例如人權被戕害、性別不平等、傳染病、恐怖主義等更難以解決。

在個人福祉的層次之上，**全球化帶來階級與文明衝突，加大國家間的對立**。全球貧富差距和階級分化的發展，出現了全球跨國階級和跨國階級主導的國際政治。資本主義剝削的國際化，使原本只存在單獨國家內部的無產階級與資產階級之間的矛盾與對立，演變為已開發國家中的資產階級，與本國和開發程度不如我國的無產階級勞動者之間的矛盾與對立，進而擴大了已開發國家與開發中國家之間的矛盾與對立。

國家之間的階級對立經常結合文明衝突，容易導致暴力極端主義的出現，同時使暴力極端組織成為有吸引力的收入來源。有關貧困、犯罪及恐怖主義關係的研究也顯示，貧困不僅影響個人和群體的經濟收入，還會影響其整體生活環境、教育程度、人際交往、發展軌跡和選擇，使其更容易接觸和採納暴力極端的思想和行為。此外，貧困還經常被恐怖組織作為傳播極端思想、騙取支持與同情的理由，以此蠱惑和煽動有一定經濟實力和教育背景的人為其提供資源。因此，消除貧困將有助於從多方面預防和打擊極端思想和恐怖主義。二〇一五年，世界各國領導人在聯合國峰會上通過的《二〇三〇年可持續發展議程》，該報告指出一切形式和表現的貧困，包括極端貧困，以及不斷升級的暴力極端主義和恐怖主義，都是人類面臨的全球性挑戰。

九一一事件的發生，也可能和以西方價值觀為主導的全球化有密切關係。賓拉登發動恐怖襲擊的理由就包含美國在中東地區的大量軍事干預，以及西方文化的墮落，尤其是在性開放、同性戀、藥品上癮、賭博等方面的氾濫，這些觀念對於基地組織、塔利班政權或其他一些伊斯蘭基本教義派而言是根本無法接受的。[6]在全球化的過程中，西方文化的強勢和侵略性讓許多國家產生文明衝突，是不爭的事實。

中國未實踐的承諾

中國從改革開放之後全球化速度很快。至於在全球化過程中，中國處在什麼地位，通常有兩種聲音。一種聲音說中國的體制不適於全球化，在全球化過程中肯定出問題，結果不是崩潰就是閉關的「中國崩潰論」。

另一種比較積極的說法，認為全球化有助於對中國的改造，世界會用比較先進的規則改造中國，中國在全球化的過程中將會和世界接軌。首先會**和市場經濟接軌，進而逐步和民主制度與普世價值接軌。這也是多年來西方國家及台灣支持中國改革開放的重要原因，也是中國部分人士擔心的「和平演變」**的由來。

然而，中國目前被認為只在出口貿易上達到了全球化。二〇一八年，中國宣布全年進出口總值四兆六千兩百億美元，以人民幣計超過三十兆元，再創歷史新高。其中，進口額首次突破兩兆美元，出口額接近兩兆五千億美元，中國可望繼續保持全球貨物貿易第一大國地位。全年貿易順差高達三千五百一十八億美元。

中國貿易的蓬勃發展和二〇〇一年加入世界貿易組織有直接關係。在加入世界貿易組織時，中國開宗明義承諾給予所有外國企業「國民待遇」：

中國將對所有WTO成員給予非歧視待遇，包括屬單獨關稅區的成員。中國將對包括外商投資企業在內的中國企業、在中國的外國企業和個人給予相同的待遇。除《中華人民共和國加入議定書》（以下簡稱「議定書」）另有規定者外，自加入之日起，中國在生產所需投入物、貨物和服務的採購方面，供國內銷售或出口的貨物的生產、行銷或銷售的條件方面，及由國家和地方各級主管機關以及公有或國有企業提供的貨物和服務（包括運輸、能源、基礎電信、其他生產設施和要素等方面）的價格和獲得方面，給予外國個人、企業和外商投資企業的待遇不得低於給予其他個人和企業的待遇。

取消雙重定價做法，並消除供國內銷售而生產的產品和供出口而生產的產品之間待遇的差別。

自加入之日起，全面遵守和執行給予進口產品的國民待遇的原則。

修改、調整並廢除和停止實施違反WTO國民待遇原則的所有現行法律、法規及其他措施……在全部關稅領土內統一實施與WTO有關的貿易制度。中國承諾在全部關稅領土內統一實施《WTO協定》和議定書的規定，包括邊境貿易地區、民族自治地方、經濟特區、沿海開放城市、經濟技術開發區以及其他在關稅、國內稅和法規方面已建立特殊制度的地區（統稱為「特殊經濟區」）。[7]

	中國2001年加入世界貿易組織時簽署的部分承諾內容	是否履行
1	不以技術轉讓作為市場准入門檻	否
2	加入政府採購協議（GPA）	否
3	國企基於商業考量進行採購	否
4	國企占經濟市場份額逐漸下降	否
5	外國銀行享受國民待遇	否
6	通訊市場對外國企業開放	否
7	國外電影在中國可自由發行	否
8	出口補貼大幅削減	否
9	知識產權盜竊與違反行為明顯減少	否
10	遵守技術性貿易壁壘協議、不再操縱技術標準	否
11	向「華盛頓共識」的發展目標行進	否

資料來源：林燕，〈中美貿易衝突新熱點中共有無遵守入世承諾〉，《大紀元》，2018年4月1日。該報導參考的消息來自於美國資訊技術與創新基金會（Information Technology and Innovation Foundation）於2015年公布的報告。

可以想見，中國入世事實上是一份經濟全球化的承諾書（中國承諾在全部關稅領土內統一實施《WTO協定》和議定書的規定）。然而，到二〇一九年中國的承諾仍有多項未能落實。因此從二〇一八年開始，美國總統川普發動貿易戰，以提高中國銷美產品關稅做為要求中國進一步履行承諾，結束不公平貿易的籌碼。中國方面則認定美國是在阻止中國強大。若美國的貿易戰持續下去，中國有可能另行發展貿易區塊，或以本身經濟體量自給自足，發展中國自有的市場規格和標準。

改善社會安全網與教育以面對全球化衝擊

全球化究竟有什麼好處呢？首先，就經濟學來講，國際自由貿易本來就可讓資源做最有效的配置，讓消費者的滿意度和生產者的利潤達到最大。在全球化之下，資本的配置會更有效率，規模報酬更容易達到，而無形資本的回報率因市場擴大，也會升高，因為會產生「規模經濟」效應。

雖然全球化對整個經濟體來說是好事，但在經濟體的內部時常會出現弊病，因為全球化會創造贏家和輸家。參與國際貿易的贏家一般來說是出口商，因為可以透過出口商品創造利潤和就業機會。其次的贏家便是進口商與進口商品的消費者與使用者（包括其他使用進口零配件的生產者），因進口商品可能比較便宜、品質比較好，或選擇更多元。可是誰是輸家呢？輸家就是被進口商品淘汰的國內產品的製造商與它們的雇員。有些企業可能失去競爭力而被迫關門，導致失業率上升。市場本身也不會自動補償輸家。

第二，全球化帶來的商業競爭非常激烈，因為所有人都被迫要跟全球所有的其他經濟體競爭。因此「社會安全網」就非常重要。所謂「社會安全網」，就是社會福利政策的擴大，根據中華民國衛福部的定義，就是「結合政府各部門的力量，建構一張綿密的安全防護網，扶持社會中的每一個個體，於其生活或所處環境出現危機時，仍能保有其生存所需的基本能力，進而抵抗並面對各種問題」。[8]

此外，在全球化下，因為人面臨來自全球的競爭，因此終身學習與再訓練就顯得日益重要，以便在工作發生變動時有充足的準備做因應。國家需要增加對人力資本與研發的投資，它們是創新最主要的元素，而創新則是驅動經濟成長最重要的力量。在從事這方面工作時，國際化的因素必須加入教育中。筆者以為，**在全球化下，要如何讓台灣人能夠了解台灣在世界上所處的角色和地位，與其他國家的互動狀況，以及這類互動所受限制的原因**，要比單純學習外國語言要得重要。

過度「中國化」與鎖國危機

跨國貿易可以促進相關國家的經濟發展。就台灣而言，根據跨國會計事務所勤業眾信（Deloitte & Touche）公布的「二〇一六全球製造業競爭力指標」報告，台灣位居全球製造業技術排名第七，雖然略有倒退，仍名列前茅。[9]台灣製造業能有高成長率，就是台灣參與經濟全球化所得的益處。

此外，歷年的人均GDP數據與趨勢顯示，一九九五年台灣人均GDP成長率為百分之八點一，製造業人均GDP成長率為百分之七點九八，服務業（主要為少涉國際貿易的國內就業者）人均GDP成長率為百分之四點一八；而到二〇一六年，台灣人均GDP成長率百分之一點九，製造業人均GDP成長率百分之二點一四，服務業人均GDP成長率百分之零點四五。由此可見，製造業的人均GDP遠大於服務業人均GDP，前者生產力較高係因製造業大半能全球化生產所致，但這也是造成台灣製造業人均收入高於服務業人均收入，亦即為造成台灣貧富不均的主要原因之一。

全球化使得進出口貿易成為台灣經濟成長的火車頭。根據央行二〇一五年十二月提出的分析，一九八五年到一九九九年台灣經濟成長主要由內需帶動，但二〇〇〇年以後則轉為主要靠外需推動。一九八五到一九九九年台灣的經濟成長率平均為百分之七點四七，其貢獻來源中，內需占比百分之七點三五，外需貢獻是百分之零點一三。二〇〇〇至二〇一四年台灣經濟平均成長率為百分之四點零四，其中內需的貢獻是百分之一點七六，外需的貢獻是百分之二點二九，顯示二〇〇〇年以後，台灣經濟主要都是靠出口及進口。[10]

台灣雖然受惠於全球化，但由於台灣不具國家地位，因此在全球化過程中，面臨幾項獨特的困境。

第一是在全球化之下，國際組織角色大幅增加，但台灣不被主要的國際組織所接受，因此無法在國際場合透過國際組織中的參與獲得應有的資訊及開展所需的合作。在各國因交通、資訊、貿易的全球化而密切往來的世界中，被排除在外的國家的權益格外容易受損。譬如現在跨國傳染病傳播快速，但台灣不是世界衛生組織會員，因此疫情無法在第一時間得到通報，和他國合作防疫也有很大的限制。

第二是台灣政府無法在國外有效捍衛國民的利益。在全球化的環境下，個人生活、社會關係，以至社會制度，轉向跨地域及全球性發展，因此很多狀況下各國國民會在本國以外遭遇危險或訴訟。像台灣這樣的政治實體因為不是廣泛被承認的國家，一旦發生事端就會在保衛其人民的能力上受到極大的限制。例如屢屢發生的台籍詐騙嫌犯被他國逕自送往中國，就是因為台灣仍被若干國家視為中國的一部分，因此台灣人就是中國人。台灣因為與許多國家沒有外交關係，又沒有國際組織會籍，就無法藉由在國際組織中「對於他國立場的贊成和反對」來作為籌碼，藉以捍衛台灣人的利益。

第三是近年來許多跨國界的問題因為全球化而出現，但它們仍然需要國家與國家的合作協調來處理，並制定新的遊戲規則，譬如全球暖化[11]和碳排放議題就迫切需要各國共同商議出一套完整、公平的對策。這時台灣就面臨困境，因為不具國家身分，無法參與相關國際規範和全球治理的制定，但又不可能完全不接受其約束。

對台灣而言，還有一個問題是在全球化的過程中過於「中國化」，也就是以「中國化」替代全球化。理論上全球化屬於一個社會過程，它的特色是地域阻隔對各種政治、文化、經濟、社會活動的限制不斷減退，讓一般人都因此而能夠參與更多跨地域的活動。[12]然而隨著中國經濟實力的擴大及對外的開放，**台灣的全球化其實更趨近於「中國化」，也就是台灣海峽形成的地域阻隔對各種兩岸間政治、文化、經濟、社會活動的限制不斷減退，讓台灣一般人都因此而能夠參與更多跨越台灣和中國的活動。這種「中國化」的過程克服了地域阻隔，從而將原本僅局限於台灣的個人生活、社**

會關係，以至社會制度，拉得和中國越來越接近。

其次，中國化是多面向的，包括經濟、政治、社會及文化層面。特別是因為語言相通，因此中國的所謂「軟實力」也越來越全面、深入地在台灣社會產生影響，甚至開始影響台灣人的政治意識和國際觀。**尤其是在多數台灣人沒有掌握足以了解世界其他地方的語言能力時，透過中國角度的國際報導去了解世界、了解中國，甚至了解台灣就成了最簡便的途徑。**

最後，中國化不僅帶來台灣社會上客觀制度和物質層面的改變，也涉及個人「中國意識」的增加。這對台灣的影響非常重大。

一般人常會有一個誤解，以為在全球化時代，國家這個角色會逐漸被企業、公民團體、網路，甚至個人等其他角色所取代。但事實上，**在全球化的情況下，台灣在國際社會中的「無角色」所形成的傷害，將大於冷戰時期。全球化並不會降低「國家」的重要性。首先，全球化下人員、貨物的來往仍是以國籍、產地為管理的依據；其次，跨國議題的全球治理仍是以「國家」為單位。**最後是國界的限制在全球化下不會消失，面對跨國事務，更需要釐清主權界線才能有效因應，否則連要處理的客體都會有爭議。以難民議題為例，二〇一九年六月香港爆發「反送中」抗爭後，就有人士希望台灣政府能制定《難民法》來給予港人必要時政治庇護。但是，根據《中華民國憲法》，港澳居民不算外國人，等於特殊身分的中華民國國民，因此就有所疑義。

過去台灣被鑲嵌在美日台三角架構中，只要台灣能配合美國的東亞戰略，那麼即使台灣與其他國家缺乏連結、沒那麼全球化，一些僅存於台灣的認知——譬如對國家的「台式定義」、認定自身代表中國——依然可以獲得一定的滿足。然而在退出聯合國後，台灣的國際空間就政治領域來說已經逐漸限縮，如今又面臨全球化下的困境，如果台灣再繼續存有這樣的狹隘認知，雖然看似有蓬勃的對外來往，事實上卻會帶來真正的閉關鎖國危機。

20 第二十章

對民族國家與市場經濟的反省

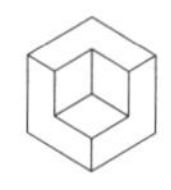

本章觀察重點

國家的重要性？
國家所面臨的問題？
市場與國家的關係？

全球化與國家地位的上升

本書從第一章開始就不斷提到國家。在二〇一九年八月發生的下面一則新聞可以讓我們再思考全球化時代中國家的角色：

二〇一九年八月，全球最大熱帶雨林，有「地球之肺」稱號的巴西亞馬遜森林正遭遇有紀錄以來最頻繁的火災。巴西國家太空署（INPE）在二〇一九年八月二十日指出，今年亞馬遜雨林已發生超過七點二萬起火災，打破歷史紀錄……法國總統馬克宏表示，亞馬遜熱帶雨林的火災紀錄數量創歷史新高，需要成為G7峰會議程上的首要議題……德國總統梅克爾附和馬克宏的提議，表示亞馬遜的情況「令人擔憂」，「威脅整個世界」。巴西總統波索納洛指責馬克宏將這個問題用於「政治利益」。他說，在巴西沒有參加的七國集團首腦會議上討論火災的呼籲，喚起了「一種錯位的殖民主義思想」……

法國、德國、愛爾蘭在內的許多歐洲國家均聲明，如果巴西不履行環境承諾，將反對歐洲聯盟與南美南方共同市場（Mercosul）簽署自由貿易協定。經過二十多年的談判，歐盟與南方共同市場在今年六月達成歷史性貿易協定，但仍取決於有關國家議會的批准，而讓協定生效的條件之一，是有效執行關於氣候變化的巴黎協定，其中包括打擊毀林和減少溫室氣體排放。[1]

這段新聞告訴我們：

第一，一個國家發生的事會影響到其他國家。這正如我們在前面所說的，這是全球化特徵之一。

第二，一個國家發生的事，未必是該國有能力解決的。

第三，一個國家發生的事，不管對國際間有多大影響，還是很難繞過該國際既有的主權架構去解決。

第四，經常是國家內部的政治架構，而非國家利益，決定國家的政策走向及行為。

從法理地位來看，國家的地位本身就是裡面被它認可為「國民」的人最大的保障。因此，我們可以看到蘇聯鎮壓國內少數民族，甚至連美國也動用過軍隊鎮壓過國內抗爭，但蘇聯雖然鎮壓了匈牙利、捷克，但沒有併吞它們，美國也沒有併吞古巴。絕不是因為匈、捷有足以和蘇聯對抗的實力，而是它們都是一個國家。蘇聯當然有消滅匈牙利、捷克或阿爾巴尼亞的「權力」（power），但沒有統治的權威（authority）。這是一個難以具體形容的概念，但在二次大戰後是國際事務的主導原則。小國固然沒有能力併吞他國，但大國也不這麼做，必然有其不能這樣做的原因。根據約瑟夫・奈伊的研究，即使存在一個可以約束各國不可隨便發動戰爭的世界政府，也不能自動解決戰爭的問題，因為大多數的戰爭是內戰或種族戰爭。在柏林圍牆於一九八九年十一月倒塌後二十年內，全世界共有七十五個地方爆發了兩百二十起武裝衝突。只有九起是國家與國家之間的戰爭（interstate wars），二十四起是有外國勢力介入的內部戰爭。[2]

為何在現今國際體系內，小國也能獲得基本安全的保障？原因之一可能是若大國能輕易併吞小國或侵犯它的主權，則所有小國甚至中型國家都會遭受威脅，因此形成一種共同約制，可能對被侵略國家予以援助（例如阿富汗），甚至其他大國也會起而干預。因為若A大國可以任意併吞小國或侵犯它的主權，B大國又默爾以息的話，縱使B大國有足以和A大國抗衡的軍事力量，食髓知味的A大國會不會來併吞B大國周邊的小國或侵犯他們的主權，而使B大國陷入被包圍或領土處於敵人武器射程內的危機呢？更可能的是在戰爭發生前，B大國週邊的國家已經向A大國靠攏了。這些考量都會使B大國不能坐視這樣的國際秩序的發生。但若A大國鎮壓國內的少數民族或反抗力量，B大國可能不會有實質反應。首先鎮壓內部通常不會讓B大國週邊國家有倒戈效應。其次，世界上的國家不分大小，有內部族群或區域反抗問題的國家太多了。任何國家都想在面臨這類問題時，保有自身決策的彈性。

從安全防禦的角度來看，以國家的身分取得軍事力量還是比武裝集團容易。一國出售武器給另一國是很平常的事，除非該國像伊朗或北韓那樣遭到聯合國制裁，但是我們仍然發現它們的軍火庫並不單調。但出售武器給另一國內部的反抗勢力，則可能遭受的國際壓力和責難都要大很多，技術上也更困難。**所以一九八二年的《八一七公報》之所以嚴重，隱含著美國終究要完全否定「台灣是獨立於中國以外的政治實體」此一內涵**。因為裡面提到了台灣問題必須被和平解決。**但如果一個政治實體是國家，那麼國家的主權是永續沒有期限的，也不會預設其未來有必須改變的可能**。因此，《八一七公報》的內容意味著美國不認為台灣是一個國家。其次是美國和中國承諾要逐步減少對台軍售，這就明指中國有權參與討論、甚至是干預台灣事務。美國在一九九〇年代因為巴基斯坦發展核武，對巴基斯坦實施武器禁運，但不需要對此向印度交代。因為印度和巴基斯坦是兩個國家。**幸運的是，在本書撰寫的二〇一九年，該公報已經等於廢紙了。**

從外交來看，國家可以和他國結盟，主權國家可以運用自己的領土和資源提供盟友作為基地，也可以在國際組織中得到會籍、出席會議，支持或反對特定議案來維護自己的利益與尊嚴。國際組織由於可以促進溝通，並鼓勵談判各方採取互惠的措施，因此儘管沒有絕對強制力，還是能夠提供一定程度的秩序。國際法與國際秩序無法阻止伊拉克進犯科威特，但它們能夠阻止伊拉克得到進一步的支持，並且有助於催生將伊拉克從科威特驅離的聯軍。

此外，國家也提供一國與其他國家合作解決一切非政治問題的基礎。因此蘇聯扶植朝鮮勞動黨，美國支持大韓民國，因為兩國都想結束對朝鮮半島的占領。朝鮮半島上的人自己建國了，託管或代管就可以結束了。歐盟要和巴西政府交涉，甚至施加政治壓力，來解決亞馬遜雨林大火問題。如果一群人想和另外一群人從事貿易，也還是透過彼此的國家來進行。英國威士忌想銷往泰國，或是日本人想吃法國的乳酪，都還是得從彼此國家的港口依據相關規定辦好進出口的手續才行。

國家可以形塑「認同」。但是究竟是認同形塑國家，還是國家形塑認同，我們都可以找到例子。「新加坡人對新加坡共和國的認同是在新加坡建國之後才開始」這個主張應該很少人會有疑問，但以色列人對以色列建國的認同肯定早於一九四八年聯合國決議以前。不過世界上一般的情況是**國家的主權讓少數人的種族、文化和歷史認同更能得到保障**。如果這些少數族群沒有國家，即使是在最民主的國家裡，都可能更容易有被歧視的問題。另一方面，在一個政治上軌道的國家裡，國民對國家的忠誠、對正義的標準的判斷、對合法權威的態度，都建立在濃厚的國家認同之上（請參見第十三章當中波蘭、匈牙利和歐盟的爭議）。

在全球化的世界裡，國家至少保障了以下幾項事務。

第一為安全。特別是今天的安全威脅已經不限於傳統軍事領域。有許多現象現在都被「安全問題化」（securitized），意思是說，決策者把它們被當作是政治上可怕的威脅，因此需要被特別慎重地處理。今天的學者與政治家擔憂的已不止於國家之間的戰爭，還有貧富差距、區域發展落差、恐怖主義，與環保生態上的災難。

第二為經濟發展。無國籍或被迫必須流亡其他國家的難民，通常也都是經濟最弱勢的人。許多和經濟發展有密切關係的事情，例如市場經濟的保障、自由貿易和社會福利的實施，還是需要由國家來進行。目前當然有許多非國家的國際實體，如跨國公司、國際NGO，但是仍需要在一個國家註冊，其運作需要依賴成員所屬的國家予以保障。舉例而言，二〇一八年歐盟執行委員會要求Google支付四十三億四千萬歐元的破紀錄罰金，理由是Google濫用Android行動作業系統優勢地位，以鞏固其搜尋引擎市場聲望。Google須在九十天內停止違法行為，否則會面臨更多處分。對此它必須在歐洲國家的法院提起訴訟。[3]

第三為民主政治。民主制度還是以國家為單位，目前還沒有世界政府的存在。每一個人若要希望她或他的人權與自由得到合理保障，經常需要有一個民主國家的國籍，而且處於這個國家容易保護得到的地方，通常就是在其地理國界以內。想想一九七九年十一月的美國駐伊朗大使館人質事件。當時反美伊朗群眾攻入美國大使館，脅持了六十六名美國外交人員，在被釋放前被扣押四百四十四天。咸信卡特於一九八〇年的總統大選中輸給雷根就是因為其在救援行動中表現出的無能。

國家被承認的前提是獨立的意願

既然國家如此重要，那到底國家形成的要件為何？台灣人最常聽到的論述，也習以為常的是《蒙特維多國家權利義務公約》（Montevideo Convention on the Rights and Duties of States）。該條約第一條指出，作為一個國際法所承認之國家應具備以下資格：一、常住人口；二、明確的領土疆域；三、政府；四、與其他國家建立關係的能力。這形成「**國家地位宣示說**」的原則，強調一個政治實體具備以上幾個條件，國家就已存在，無須他國的承認。

反之，「**國家地位創設說**」指出「被承認」是一個新政治實體或為一個國家的必要條件。一個新的政治實體必須有其他既存國家的承認，才能成為國際社會的正式成員。顯然，現代國際社會是接受此一原則的（當然需要多少國家承認才算數是有爭議的）。目前現在世界上這樣的政治實體超過十個，它們在實際上管治自身領地，內政上是事實上的主權國家，但缺乏普遍的國際承認。這些具有國家政權性質的政治實體經常也自稱為國家。至二〇一九年九月，它們包括：索馬利蘭共和國（Republic of Somaliland）、聶斯特河沿岸摩爾達維亞共和國（Pridnestrovian Moldavian Republic，又稱 Transdniestria）、頓內次克人民共和國（Donetsk People's Republic）、盧干次克人民共和國（Lugansk People's Republic）、阿爾札赫共和國（Republic of Artsakh）、北賽普勒斯土耳其共和國（Turkish Republic of Northern Cyprus）、阿布哈茲共和國（Abkhazia）、南奧塞提亞共和國（Republic of South Ossetia）、撒拉威阿拉伯民主共和國（Sahrawi Arab Democratic Republic）、科索沃共和國（Republic of Kosovo）和巴勒斯坦國（State of Palestine）。

進一步來說，要討論一個政治實體是不是「國家」、是不是具備客觀的四個要件之前，第一步就是這個實體必須「自認為是國家」，**並且有意願「被認為是國家」**。**這個意願必須要主動表達，並且要在能被承認的領域裡表達**。就像一個人在台灣考上醫學系，修完所有課程，完成所有實習，但是沒有報名並參加（主動表達想當醫師的意願）醫師國考（能得到醫師這一身分正式承認的領域，光是報名大醫盃運動競賽是沒用的），就算他的程度可能好過所有通過醫師國考的同學，也適合擔任醫師，但是他或她就不是一個醫師。沒有人能說他或她已經具備了醫師的所有條件，就自然而然是一個醫師。也不可能說因為家長、老師和同學都希望他或她是一個醫師，所以他或她當然是醫師。就算他或她通過醫師國考，行醫仍然要從那時候開始起算，沒有人能說從他或她從出生以後就已經是一個醫師。他或她也不能自稱牙醫師，雖然牙醫師和醫師只差一個字。醫師執照和一切文書上也會完整標註他或她的姓名，以凸顯他或她的專業能力，以及「被認為是醫師」的意願。

從本書探討的所有歷史中，讀者可以發現國家完全是由人建構出來的。國家不像人、魚或石虎一樣是天生的，自出生起，一個人就是一個人，就算他沒有身分證或不想辦身分證，自己願意用什麼名字或別人叫他或她什麼名字，他或她都是一個人。但國家完全是人為建構的，意思就是一切事務，包括它的範圍、名稱、權利，都需要透過主動意願的表達、同意、承認和契約。

約瑟夫·奈伊曾在《理解全球衝突與合作：理論與歷史的介紹》（*Understanding Global Conflict and Cooperation: An Introduction to Theory and History*）裡解釋道：

> 要成為一個國家，需要有別的國家承認你是一個國家。就此而論，成為一個國家好像是進入一個俱樂部：你需要既有會員的接納。那麼，其他國家又是如何來判斷要不要接納一個新國家？對此國際間沒有公認的標準，但有五個要素是它們經常需要考慮的。第一，是否有一個事

> 實上控制著某領土的政府存在？第二，是否有其他國家也主張擁有這塊領土，如果有，它們的主張孰更有理？第三，這群想要建立新國家的人民是否在歷史上曾遭壓迫？第四，這群人是否認為他們的政府是合法的？第五，但其重要性不弱於前者，若承認新國家是否會影響自身的主張與利益？像中國這樣內部充滿分離主義運動的國家往往不願承認新國家的成立，儘管對方在各方面都符合國家的定義，因為它們害怕如此一來將作繭自縛。
>
> 一旦受到一定數量國家的承認——被聯合國接受為會員是一個金牌保證——該新國家即成為世上其他國家的一員，並共同分享國家的權利、特權（privileges），與責任。它的政府將被國際社會——至少是多數國家——接受為其領土上的居民的合法代言人，並且在疆界內享有至高權威。[4]

若以「宣布獨立」作為「有意願成為國家」的要件，台灣顯然是還缺了這一步。那麼，台灣到底是什麼？如果依據「民族自決」的原則，多數台灣人以民主方式選出來的政府能代表台灣人的意見，那麼，最新一屆政府對台灣地位的看法是什麼？我們可以從外交部的《「台灣的國際法地位」說帖》得到答案：

> 「台灣是中華民國的領土」，是一項絕對符合歷史與國際法的主張。民國三十四年（西元

> 一九四五年）九月九日，中華民國政府在南京接受日本的戰敗投降，同年十月二十五日又在台北中山堂接受日本台灣總督的投降後，旋即宣布恢復台灣為中華民國的一省，三個月後並恢復台灣人民的中華民國國籍，回溯自民國三十四年十月二十五日生效。換言之，中華民國從民國三十四年十月二十五日起，即在法律上（*de jure*）與事實上（*de facto*）行使對台灣的領土主權。此一恢復主權的事實，於民國四十一年（西元一九五二年）四月二十八日中華民國與日本簽訂《中日和約》後，得到確認。[5]

儘管跨國企業、非政府組織、恐怖分子等非國家行為者對現有政府來說是個挑戰，但它們無法取代國家。而對每個國家的民眾來說，獨立的主權與有特有的語言、文化是非常重要的。就算對於自己的國家不滿意想要移民（許多人這麼做），他或她還是必須先具備某個國家的國籍，而且屬於哪個國籍對於移民的順利與否經常還有關鍵性影響。事實上，民族主義（nationalism）與對獨立國家的需求不但沒有減少，反而是增加的。在本世紀，我們大概會看到更多而不是更少的國家。[6]

然而，國家的產生也是國際秩序劇烈變遷下的產物。二次大戰結束和冷戰終結都是國家出現的高峰。本書提到南韓、北韓、南越、北越的出現，以及非洲新興國家的大批出現都是如此。所以，到底誰可以組成國家？我們從歷史可以發現，需要有一群人有**高度的共識**，才能在國際秩序有利建國時，在建國過程當中展現意志、產生代表，甚至忍受犧牲。這一群人勢必需要界線。若讓塞爾維亞的人參與科索沃獨立公投，結果顯然不會達成科索沃獨立的願望。然而，多大界線內的人才擁有自決的權力？這又是相當複雜的問題了。《聯合國憲章》所載入的集體安全制度，屬於「國家中心論」（state-centric），僅適用於國與國之間，單一國家內各民族兵戎相見時便不適用。民族自決並沒有聽起來那麼簡單。誰來決定哪些民族可以進行自決，仍是國際政治中非常複雜的問題。

市場經濟問題的根源與展望

具有充分的市場經濟目前是一般公認的提高生產力及所得最有效率的方式，甚至「具備市場經濟地位」本身就是發展經濟的條件之一，而先不論市場裡的各單元表現如何。

然而，市場經濟也有不能解決的問題，最主要的就是貧富差距。貧富懸殊進一步的加劇可能會產生嚴重的政治和社會問題，催生民族衝突，並對一國的經濟和社會穩定造成負面影響。

其次，市場經濟可能改進，但也可能惡化人類既有的問題，譬如環境汙染問題。如果汙染環境的成本較收益為低，人們就可能繼續汙染環境。因此，《京都議定書》為了達成「將大氣中的溫室氣體含量穩定在一個適當的水平，以保證生態系統的平滑適應、食物的安全生產和經濟的可持續發展」此一目的，特別規定了「碳交易」制度。汙染被視為一種標的，雖然消除它是共同的目標，但在它被消除之前是可以買賣的合法商品。[7]

眼前的這些難題其實都可以在當代歷史中追本溯源。沒有人會把馬歇爾計畫和今日的碳交易連在一起。但是今天這些被認為排碳禍首的汙染工廠，也是二戰後七十年來經濟發展的火車頭和工作機會的創造者。沒有馬歇爾計畫提供的美國水泥黏合重建磚塊，歐洲脫離廢墟的時間會延後。北約讓煙囪下辛勤的工人在罷工和示威時只需要擔心工會領袖的妥協，而非來自幾千公里外蘇聯車里亞賓斯克的另一群工人的競爭。煤鋼共同體和歐洲共同市場使它們養活了今天在外面抗議它們的年輕人的祖父和父親。

至於市場經濟究竟能不能緩解跨國的共同威脅？或許有跡可尋。除了解決碳排放以外，像跨國傳染病的問題，其實可能因為藥廠或生技產業在市場中發現巨大的潛在利潤，而有動機去發明疫苗或新藥來撲滅或緩解。如果農業和小企業能發揮提升生活水平與促進社會流動的效果，市場經濟和自由貿易也可能可以阻斷恐怖主義在生活困苦的人群中招募戰士。但是，自由貿易和市場經濟還是需要以國家為單位。即使是數十萬人口的國家，也可以驅逐或限制資產是它的ＧＤＰ數十倍的跨國企業。而且除了這家企業的母國，很少有國家會有所非議。若馬爾他可以裁罰微軟，德國又何嘗不可呢？

跨國性的共同威脅甚至還可能會提升人類對於國家角色的感激，且因為凡事都需要與國家合作以化解威脅，反而強化國家的重要性。現在的國際體系雖然被稱為國與國之間的「無政府狀態」（anarchy），然而，若與非國家行為者所可能造成的麻煩相比較，還是相對可以接受而未必需要徹底變動。

我們需要瞭解世界的模樣

國際社會的主角是國家，但同時它也為國家設下行動時需要參考依循的脈絡。筆者寫作本書的目的正是希望能協助台灣讀者理解國際社會的各項建制、互動和慣例，及其對台灣所形成的影響，這包括台灣究竟面對怎樣的國際環境？在這樣的國際環境中，主要國家的矛盾和利益是什麼？國際建制對台灣所在的國際環境形成了怎樣的指導作用？那些條約是重要的且為何重要？**還有最重要的，就是「國家」到底對我們有什麼重要性？**

今天的世界既有所變，也有所不變，對於國際事務和台灣所面對的國際問題，無論問題為何，筆者都認為任何簡單、易於明瞭，又能包山包海的答案是不可能的。筆者只希望各位親愛的讀者在看完本書之後，不只是能約略理解台灣所身處的世界是什麼樣子（how things are），還要能解釋世界是如何變成這個樣子的（how they come to be）。這是國際關係最迷人之處，也是筆者的衷心盼望。

註釋

自序　一個台灣人的反思

1 舉例而言，本態性高血壓（essential hypertension）會造成腎硬化（nephrosclerosis）、良性腎硬化（benign nephrosclerosis）、高血壓腎病變（hypertensive kidney disease），或腎血管硬化（nephroangiosclerosis）皆可用於表示本態性高血壓所引起的腎臟傷害。其病理機轉主要先造成腎絲球前血管（preglomerular vessels），包括弓形動脈（arcuate arteries）及葉間動脈（interlobar arteries）受傷，進而影響到整個腎實質。高血壓會在同一時間使一部分的入球小動脈收縮，與一部分的入球小動脈擴張。入球小動脈收縮會使腎絲球及腎小管發生缺血性壞死，進而使其失去過濾的功能及萎縮或纖維化；入球小動脈擴張則使腎絲球內壓力升高，而與腎絲球硬化、蛋白尿及腎功能惡化有關。參閱蔡宜潔、蔡敦仁，〈高血壓腎病變〉，《內科學誌》，2005:Vol.20, 232-237

2 感謝新陳代謝科醫師廖博文醫師的提示。

第一章　第二次世界大戰的結束

1 當時蘇聯的部長級職位都稱之為人民委員。

2 當時日本稱之為「大東亞戰爭」，是日本對第二次世界大戰時在遠東和太平洋戰場的戰爭總稱。其目的是為建立以日本為中心的「大東亞共榮圈」，解放受英國、美國、荷蘭殖民的東亞人民及殖民地。這個名稱是在一九四一年十二月十二日確定的，其意義為「為大東亞新秩序建設而進行的戰爭」。日本軍部同時提出「八紘一宇」的口號，意味「天下一家」。

3 因為四大盟國中，中國實力最弱，國土和蘇聯一樣被敵國侵占，但反攻實力遠弱於蘇聯，國內又存有多個政權，包括被軸心國扶植的政權。站在盟國這一邊作為中國代表的國民政府（重慶政權）並未具有絕對優勢，日本也始終透過南京國民政府（汪精衛政權）接觸談和，因此中國被認為是最可能和軸心國議和的國家。因此美國在開羅會議特別拉入中國，並且對於中國的立場（收回台澎）傾向贊成，都是在鞏固中國避免和日議和，減少日本的軍事壓力。

4 《開羅宣言》內容包括：第一，中、英、美三國堅持對日作戰直到日本無條件投降為止；第二，日本歸還自第一次世界大戰以來在太平洋區域所占的一切島嶼；第三，日本自中國人所得到的所有領土，比如滿洲、台灣及澎湖群島，應該歸還給中華民國。其他日本以武力或貪慾所攫取之土地，亦務將日本驅逐出境；第四，三大盟國稔知朝鮮人民所受之奴隸待遇，決定在相當時期，使朝鮮自由與獨立。

5 一九七一年四月二十八日，美國國務院發言人布瑞在記者會上表示，美國認為台灣地位未定，《開羅宣言》和《波茨坦宣言》是同盟國的意向聲明，從未正式執行。

6 第二條：
日本承認朝鮮獨立並予以放棄對朝鮮包括濟州島、巨文島與鬱陵島等島嶼的一切權利、權利名義與要求。
日本放棄對台灣、澎湖等島嶼的一切權利、權利名義與要求。
日本放棄對千島群島、一九〇五年九月五日獲得之庫頁島部分，以及鄰近各島嶼的一切權利、權利名義與要求。

日本放棄國際聯盟委任統治相關的一切權利、權利名義與要求，同時接受聯合國安全理事會於一九四七年四月二日所採取有關日本前述太平洋島嶼委任統治地之信託統治安排。

日本放棄因為日本國家或國民在南極地區活動所衍生的一切權利、權利名義與要求。

日本放棄對南沙群島與西沙群島的一切權利、權利名義與要求。

7 日本政府官方立場認為：「《開羅宣言》與《波茨坦公告》的內容並不適用於北方領土，因為那些島嶼從不屬於俄羅斯；即便在日俄戰爭前亦是如此。由於兩國於一八五五年建立了外交關係，俄羅斯並未聲索爭議諸島的主權。準此而論，爭議諸島並不能算是日本以『暴力與貪婪』所強行取得的領土。雖然根據一九五一年《舊金山和約》第二條第三項的規定，日本放棄對千島群島的所有權利，但該和約效力並不及於國後島、擇捉島、色丹島與齒舞群島，因為上述島嶼並非千島群島的一部分。此外，蘇聯並未簽署《舊金山和約》。」請參考日本外務省：https://www.mofa.go.jp/region/europe/russia/territory/pamphlet.pdf

8 沖繩島戰役（Battle of Okinawa），盟軍代號為「冰山行動」，是在琉球群島中沖繩本島進行的一場戰役，也是第二次世界大戰太平洋戰場中規模最大的兩棲登陸行動。戰役從一九四五年四月上旬開始持續到六月中旬，為期八十二天。美軍出動兵力合計五十四萬人，傷亡約九萬四千人，而沖繩島的面積僅一千兩百多平方公里。

9 據統計實際陣亡應為三二八〇六人，重傷者有三二七人，傷亡總數共為三三一三三人。參見：賈忠偉，〈台灣人繳給日本帝國的「血稅」——原臺籍日本兵的求償〉，《風傳媒》，二〇一八年七月一日。

10 「盟軍占領論」的由來是二戰結束時麥克阿瑟將軍下令台澎日軍向蔣委員長投降，因此中華民國是以盟軍身分占領台灣，《舊金山和約》只規定日本放棄台澎，沒有明言台澎歸還中華民國，所以台澎仍屬於盟軍占領，台灣不屬中國領土。

第二章　戰後日本、中國和台灣的三邊關係

1 一九四五年十二月二十七日，美英蘇莫斯科三國外長會議宣布成立「遠東委員會」（Far Eastern Commission），以便於盟國共同管制戰後日本。它由「遠東諮詢委員會」（Far Eastern Advisory Commission）發展而來，由美國、英國、蘇聯、中華民國、法國、加拿大、澳大利亞、紐西蘭、印度、巴基斯坦、荷蘭、菲律賓、緬甸等國組成，總部位於華盛頓，負責監督盟國對日理事會（Allied Council for Japan）。一九五一年九月八日，《舊金山和約》生效之後解散。

2 也有說法是《吉田書簡》其實是美國所擬，但美方建議最好以吉田茂的名義發表。最後吉田茂同意簽名後作為他的私函發表。

3 參見《中華民國與日本國間和平條約》，「世界和日本」資料庫，東京大學東洋文化研究所 http://worldjpn.grips.ac.jp/documents/texts/docs/19520428.T1T.html

4 一九五二年五月十三日，中華民國外交部對日和約案卷第五十四冊載明：「查金山和約僅規定日本放棄台灣澎湖，而未明定其誰屬，此點自非《中日和約》所能補救。」一九六四年二月二十九日，日本眾議院預算委員會開會時，議員岡田春夫就《中日和約》第四條質詢台灣之歸屬問題，外務省條約局局長中川融答覆：「日華和平條約第四條，雖然有岡田先生所指出的條款，簡單來說，這條規定雙方承認開戰前日華間所締結的條約均因戰爭結果而歸無效。但是，因為有些條約的涵蓋範圍廣，所以現在會受以前締結的條約影響。也可以說，有些條約的內容會沿用至今。當然這些條約的內容已消失，甚至也有一次就結束的條約。諸如台灣割讓等條約，便是完成割讓台灣一事即達成目的，之後僅具備形式上的效力。由於這是已經執行完畢的條約，就算事後廢棄，亦僅是形式上的廢棄，已經執行完畢的事項無法因此而回到未執行前的狀態。此類條約廢棄的效果，在國際法

上為非常重要的問題，國際法學者的一致見解亦如上所示，若非如此，則國際間將無法安定。割讓領土後因戰敗而使其全部恢復原狀，之前的割讓條約無效，這是不可能的。」

5 譬如當時台灣外銷主力的洋菇罐頭、蘆筍罐頭，都是透過日本商社出口到美國市場。

6 進口配額制（Import Quotas）又稱進口限額制。它是一般國家直接限制進口的常用措施。它是指一國政府在一定時期內（如一季度、半年或一年內），對某些商品的進口數量或金額加以直接的限制，在規定時限內，配額以內的貨物可以進口，超過配額則不准進口，或者徵收較高的關稅、附加稅或罰款後才能進口。

7 台灣勞動力素質高，且戒嚴時期當局不准工人罷工、不存在工會，對勞動時間又沒有嚴格限制，都對當時日本企業家是很大的誘因。

8 王鍵，《戰後美日台關係：關鍵五十年，一九四五至一九九五》，崧燁文化，二〇一八年九月，頁一九六至一九七。

9 以上中日貿易的詳細經過，主要參考霞飛，〈周恩來與中日貿易〉，《中國共產黨新聞網》，二〇一八年三月七日，http://zhouenlai.people.cn/BIG5/n1/2018/0307/c409117-29854035.html

10 陳永魁，〈中日斷交〉，國家文化資料庫，http://cna.moc.gov.tw/Myphoto/catintro.asp?categoryid=42

11 很多國家甚至規定對外條約等於國內法律，只要一經簽署，對本國國民就有實質約束力。

12 英日同盟完全是英國看上了剛崛起的日本其軍事能力，首要目的是遏止俄國在遠東的擴張，並且成功收到了奇效，日俄戰爭重創了沙俄，此後沙俄一直到崩潰為止無力再與英國進行殖民地競賽。此外，一戰爆發後，德國的情報部門不斷地嘗試策反英屬印度軍反抗英國的統治，在一九一五年二月十四日，新加坡的印度駐軍發動叛亂，一時間英方沒有其他部隊可鎮壓，是恰好停泊在新加坡的日本海軍迅速擊敗了叛軍，讓事態不至於惡化。

第三章 美國對歐亞戰後重建的援助

1 二次大戰的歐洲戰場是美國建國以來流血最多的對外戰爭。例如一九四四年年底的「突出部之役」是美國在二戰所經歷最血腥的一役，在一個月內美軍傷亡人數就接近九萬人，其中陣亡人數達一萬九千人，超過其他任何戰役。對美國陸軍而言，僅是參與突出部戰役的人數（六十萬人）與敵軍人數皆超過美國在二戰前曾參與的任何衝突。

2 Immanuel Wexler, *The Marshall Plan Revisited*, Greenwood Press, 1983, pp.100-107.

3 一九六一年，「歐洲經濟合作組織」改名為「經濟合作暨發展組織」（ＯＥＣＤ）。

4 參閱大衛・埃爾伍德（David W. Ellwood），〈馬歇爾計畫：行之有效的戰略〉，美國在台協會，https://web-archive-2017.ait.org.tw/infousa/zhtw/PUBS/Historians/chapter08.htm

5 一九四七年，波蘭舉行議會選舉，蘇聯支持的貝魯特（Bolesław Bierut）當選為總統，社會黨人西倫凱維茲（Józef Adam Zygmunt Cyrankiewicz）任政府總理，波蘭走上了共產主義的發展道路，西方的流亡政府基本被排斥在權力中心之外。一九四八年十二月，波蘭工人黨和波蘭社會黨合併，成立了波蘭統一工人黨。貝魯特任總書記。人民政府把大眾工業、交通運輸、銀行收歸國有，實行了土地改革，動員人民完成恢復國民經濟的三年計畫，波蘭從此成為共產國家。

一九四八年在蘇聯的支持下捷克斯洛伐克共產黨掌權。此後它效仿蘇聯共產黨建立了其黨組織和章程。一九四八年以後，自由選舉實際上在捷克被取消，國家政權掌握在「民族戰線」手中，而捷克斯洛伐克共產黨則占了民族戰線中的過半席次，另外的三分之一由五個其他政黨分享。實際上捷克斯洛伐克共產黨獨霸著捷克斯洛伐克的政權，而其他民族戰線內的黨派僅起輔助作用。

6 韓戰爆發後，美國決定加速日本戰後的經濟復原，因此大資本家還是非常必要，所以減低了財閥解體政策的強度。實際被分拆的只有十一家公司：日本製鐵、三菱重工業、王子製紙、大日本麥酒、帝國纖維、東洋製罐、大建產業、三菱礦業、三井礦山、井華礦業、北海道酪農協同組合。

7 可參閱呂理州，《日本戰後經濟史》（台北：時報文化，一九八九）。

8 參考維基百科，《一九四八年援華法案》。

9 王育德，《苦悶的台灣》，（台北：自由時代），頁二〇六。

10 根據一九七〇年三月四日「新台幣發行準備監理委員會」第一〇四次檢查公告，當年二月二十八日新台幣發行額為一百二十四億三千零九十八萬元，其中由黃金擔保（姑且不論這些黃金是否全部來自當年帶來），僅為十三億四百零八萬元。其他為外匯美元兩億五千萬、米五萬四千四百三十九噸和糖四萬三千九百一十七噸。這些東西都是來自台灣人生產得來，擔保了新台幣的九成左右。黃金的數量為兩萬九千一百零九公斤又一百二十八公克，折合七十七萬六千兩百四十三台兩，九十三萬五千八百八十英兩。都比各項資料中國民政府帶來台灣的黃金少——根據中國國民黨二〇〇六年八月二十三日和二〇一六年三月十日公布，國民政府運金兩百二十七萬兩（不知是英兩還是台兩）來台。周宏濤先生回憶錄則表示是三百七十五萬兩。扣掉一九四九至一九七〇年政府來台後所購的黃金，可以想見「來自大陸的黃金」作為新台幣準備金的絕對比例還更少。

11 據統計，自一九五一至一九六〇年美國對台援助金額共十億兩千八百萬美元，為同時期台灣進口總額的百分之四十七點九。不過，部分學者對此援助有不同看法，指出這段經援過程造成台灣經濟發展與對美依賴雙重進行的現象。劉進慶更指出當時工礦、交通與建設部門的美援大多集中公營部門，再流入黨庫，因此美援可說間接鞏固國民黨政府對台灣的經濟控制。又在物資短缺的情形下，有辦法在公營事業外得到經濟利益的不外可與政府交換利益的個人或集團。此外，文馨瑩指出美援蘊含經濟以外的影響因素，如軍事與技術，甚至是意識形態的忠誠關係。請見張淑卿，〈美援與台灣醫療衛生〉，http://www.ihp.sinica.edu.tw/~medicine/medical/read/read_15.htm

12 加拿大、荷蘭、比利時、義大利和西德都得到授權生產F-104戰鬥機，合計生產數量達一千五百八十九架。

13 請見外交部網頁。https://www.mofa.gov.tw/igo/News_Content.aspx?n=163B8937FBE0F186&sms=53182B822F41930C&s=924516250371DAAA

14 根據山下一仁的說法，他認為土地改革是日本政府自主發起的。根據他的研究，「一九四五年十月，松村謙三就任幣原內閣的農林大臣，在就任之後不久的記者招待會上表示，『農地制度的根本，就是要大量發展自耕農』，這便是農地改革的開端。沒有ＧＨＱ的指示，而且當時ＧＨＱ並不關心農地改革。對於農林省負責人對農地改革方案的解釋，ＧＨＱ只是回答說：『不反對』。」

第四章　日本的非軍事化與美日同盟

1 日本接受波茨坦宣言後，於一九四五年九月二十日由天皇發出第五四二號敕令，規定若盟軍最高司令部所發出的命令中有特殊需要，政府可不經國會審議，而直接以命令的方式發出，稱之為「波茨坦敕令」。

2 該條約內文簡譯如下：

第一條：在和約和本條約生效之日，由日本授予，並由美利堅合眾國接受在日本國內及周圍駐紮美國陸、空、海軍之權利。此種軍隊得用以維持遠東的國際和平與安全和日本免受外來武裝進攻之安全，包括根據日本政府的明顯要求，為鎮壓由於一個或幾個外國之煽動和干涉而在日本引起的大規模暴動和騷亂所給予的援助。

第二條：在第一條所述之權利被行使期間，未經美利堅合眾國事先同意，日本不得將任何基地給予任何第三國，亦不得將基地上或與基地有關之任何權利、權力或許可權，或陸、空、海軍駐防、演習或過境之權利給予任何第三國。

第三條：美利堅合眾國之武裝部隊駐紮日本國內及周圍的條件應由兩國政府之間的行政協定決定之。

第四條：美利堅合眾國和日本政府一經認為已有聯合國之辦法或其他單獨或集體安全的佈置，可由聯合國或其他方面圓滿維持日本地區之國際和平與安全時，本條約即應停止生效。

3 一九四六年在日本共產黨發動下，國鐵和海員於八至九月間舉行反解僱鬥爭，電產、報紙、通信、全碳等行業逐一開展全國性的十月鬥爭。他們於十一月成立「全國官廳工人工會共同鬥爭委員會」（簡稱共鬥），下轄十三個單位，會員二百六十萬餘人，計劃於一九四七年七月二日舉行全國大罷工。共鬥的罷工在駐日美軍禁止下結束。一九四八年日本公務員提出加薪要求，駐日美軍致函日本政府要求限制公務員的罷工行動。日政府逐頒令否定公務員的集體談判權，結果引致日後更多罷工。之後日本國營鐵路於一九四九年，根據《定員法》解僱十萬餘工人，鐵路工人展開反解僱鬥爭，令全國鐵路運輸癱瘓。美軍為了安定繁榮，又再次禁止工人罷工，政府更向鐵路工人發出《警告書》，由此出現一連串政治事件，有政治人物死亡，當局乘機逮捕日共和工會領導。參考梁寶龍，〈中港日韓近百年工運史簡介〉，無國界社運 BORDERLESS MOVEMENT：https://borderless-hk.com/2017/11/10/%E4%B8%AD%E6%B8%AF%E6%97%A5%E9%9F%93%E8%BF%91%E7%99%BE%E5%B9%B4%E5%B7%A5%E9%81%8B%E5%8F%B2%E7%B0%A1%E4%BB%8B/

4 該條約前言如下：

「日本國於今日與同盟國簽署和平條約。由於日本國已解除武裝，和平條約生效之時，沒有能行使其固有自衛權的有效手段。

由於不負責任的軍國主義仍未由世界被完全驅逐，處於前述狀態下的日本仍有危險。因此，日本國與合眾國簽署的和平條約生效之際，日本希望與美利堅合眾國簽署安全保障條約。

和平條約承認了日本國作為主權國，有締結集體安全保障條約的權利，而且聯合國憲章承認了所有國家擁有個別及集體自衛權的權利。

作為防衛自國的暫定措施，日本國行使上述權利，日本希望美利堅合眾國在日本國內及其附近駐紮軍隊，以阻止對日本國的武力攻擊。

美利堅合眾國為了和平及安全的目的，現時有意願駐紮部分軍隊在日本國內及其附近。然而，美利堅合眾國期待日本逐漸負起自身責任，能防衛自國以對抗直接及間接的侵略。也期待日本國避免會再成為攻擊性的威脅的軍備，其軍備僅用於基於聯合國憲章的目的及原則，增進和平與安全的目的上。」

海上自衛隊在一九九〇年之前還不到三十萬噸，只有美國的十分之一，遠不及二戰時日本帝國海軍的一百五十萬噸。

其次，美日同盟主導了日本的海軍結構。因為美國第七艦隊擁有很強的遠洋作戰力量，特別是海軍航空戰力，日本的海軍建軍戰略就基本集中在掃雷和反潛，沒有長程攻擊武器例如航空母艦、核潛艇等，和蘇聯與中國大不相同。中國解放軍海軍有一支約有五百架戰鬥機和轟炸機的海軍航空兵，作為海軍兵力的重要部分。在二戰前日本有全世界第二大的海軍航空兵力，但是現在「海自」沒有戰鬥機也沒有攻擊機，原因當然不是因為沒有錢或是沒有需要，而是因為美日同盟讓日本相信在戰時可以得到美國航空母艦的空中掩護及美海軍其他的支援。

第三是美日同盟主導了日本的海軍作戰範圍。在一九七〇年之前，日本只需要負責海岸防衛，遠洋作戰由美軍負責。現在日本慢慢將它的海軍作戰範圍擴大到一千海浬，但是任務仍然限於海運線保衛。

第四是美日同盟提供日本發展海軍所需的技術和裝備。「海自」所有主要的武器裝備不是直接來自美國，就是在美國授權下於日本生產。日本自行發展的所有武器和感測器都可追溯自美國類似設計的藍圖。美國也將先進的海軍裝備移轉給日本。目前「海自」的準則和戰術也都源於美國。

6 本案事實為：日美安全保障條約訂定後，日本政府根據該條約第三條與美國達成行政協定，通過特別措置法及土地徵用法。後美軍為擴張砂川空軍基地而與當地居民發生衝突，被告（當地居民）遂將基地之圍界破壞並深入機場內，此行為與日本依前述行政協定所制定之刑事特別法第二條之犯罪構成要件相當，故被提起公訴。被告等抗辯日美安全保障條約及行政協定違反憲法第九條第一項禁止維持戰鬥力之規定，從而依之制定的刑事特別法第二條亦屬違憲。

最高法院廢棄原審對被告之勝訴判決。其理由謂：日美安全保障條約之內容與吾主權國之和平、安全甚至國家存在有極為重大關係。該條約成立之時，內閣曾多次與美國交涉，其是否與憲法相符亦經參眾兩院慎重審議，並在認為適法妥當後予以承認。本條約既然與吾主權國存在之基礎有極為重大關係，而具有高度政治性，則其內容是否違憲之法律判斷，與締結該條約之內閣、及承認該條約之國會所為之政治的、乃至於自由裁量的判斷，互為表裡，依其性質不宜由以純司法機能為使命之司法法院審查。故除非係一見極明地違憲無效者仍屬司法審查權限範圍內，否則應尊重享有條約締結權之內閣，及享有條約承認權之國會所做之判斷，最後委諸享有主權之國民的政治性批判。參見奧平康弘，憲法，昭和六十一年，頁二一五；林紀東，「論統治行為」，軍法專刊，十二卷六期，頁二，司法院編印；日本國憲法判例譯本（三），民國七十二年，頁五十九。以上均轉引自劉宏恩，〈司法違憲審查與「政治問題」（Political Question）——大法官會議釋字三二八號評析〉，《法律評論》六十一卷第一、二期（一九九五年二月）

7 〈新「防衛大綱」與「中期防」日初步定調〉，《青年日報》，二〇一八年十二月十八日 https://www.ydn.com.tw/News/316550

8 佐道明廣著，趙翊達譯，《自衛隊史—日本防衛政策七十年》，（台北：八旗文化，二〇一七），頁六十三。

第五章　聯合國與北約的建立

1 根據《聯合國憲章》第五條：「聯合國會員國，業經安全理事會對其採取防止或執行行動者，大會經安全理事會之建議，得停止其會員權利及特權之行使。此項權利及特權之行使，得由安全理事會恢復之。」第六條：「聯合國之會員國中，有屢次違犯本憲章所載之原則者，大會經安全理事會之建議，得將其由本組織除名。」

2 台灣入聯的最後一次努力是二〇〇七年九月十八日，台北當局發動十四個邦交國企圖在聯合國大會上，就總務委員會建議不將台灣申請入聯的提案列入議程予以翻案；而中華人民共和國則動員了一百四十一個國家發言反對，雙方激辯長達四小時十五分鐘。會議期間，中華民國外交部國際組織司司長林永樂進入大會會場官員席，親身觀察各國發言情形，但被中華人民共和國代表團人員發現，最後遭會場警衛請至旁聽席。

3 二戰中向美英投降的德國戰俘處理方式即有不同。投降美軍者，戰後立刻由美國釋放返回德國。投降英國者，相當部分被英國留置作為鄉村勞動力，後來許多人獲得英國國籍成為英國公民。

4 雅爾達會議中在研究德國賠償問題時，邱吉爾與史達林就發生嚴重爭執。蘇聯在戰爭中遭受極為嚴重的損失，打算從德國的賠償中獲取盡可能多的補償。蘇聯方面主張，應根據「誰對戰爭勝利貢獻大」、「誰遭受的損失多」的原則，來分配德國的賠償。蘇聯的實物賠償方案建議：德國賠償總額為二百億美元，其中五成應歸蘇聯所有。為此，戰爭結束後兩年內，將拆遷德國的工廠、機床、鐵路車輛等國家財產。同時，在戰後十年內，德國必須每年支付實物。蘇聯認為，應拆遷德國軍事工業的百分之一百和重工業的百分之八十，剩下百分之二十的重工業就足以滿足德國的經濟。邱吉爾馬上進行反駁，批評史達林想從德國得到一百億美元的數目是異想天開，不應重蹈上次大戰後賠款問題上的覆轍。他主張，在決定德國能負擔多少賠款才算合理之前，不能確定賠款分配的具體數目。羅斯福則表示美國除了沒收德國在美國的財產外，不要德國的任何賠償，也不會像上次戰後那樣再借錢給德國。他願意支持蘇聯對賠償的任何要求，因為他認為德國人的生活水準不應高於蘇聯人，然而，應該允許德國人活下去，而不至於使他們成為世界的一個負擔。他贊成向德國索取最大限度的賠償，但要以德國人民不受饑餓為限度。史達林與邱吉爾二人爭論不休。最後，三國首腦僅同意：在莫斯科成立一個由蘇、美、英三國代表組成的賠償委員會進一步研究這個問題，並確定以拆遷德國的重工業和用於軍事目的的工業，收取德國每年的產品和使用德國勞工等方式，向德國索取實物賠償。最後羅斯福和史達林同意，應把蘇聯的方案作為莫斯科賠償委員會討論的基礎。

5 德國首都柏林在二戰中是由蘇聯攻占，但柏林仍協議由四國共同占領，之後分為東西柏林；西柏林是自一九四五年二戰結束後建立的英美法共同占領區，此地區在其存在期間行政上很大程度是西德（德意志聯邦共和國）的州，但是在法律上並非屬於西德的一部分。相對於西柏林，城市東部的蘇聯占領區稱為東柏林，並被東德（德意志民主共和國）定為其首都；但西方國家認為柏林在法律上仍為四國聯合占領區，因此不承認東柏林的首都地位。一九六一年起修築的柏林圍牆將西柏林完全與其相鄰的東德和東柏林地區隔絕開來。

6 法國和冰島不參加此一指揮系統。

7 汪浩，〈美國侵略了臺灣嗎?〉，《風傳媒》，二〇一八年一月十四日，https://www.storm.mg/article/383606

8 一九五三年，建軍不過五年的以色列空軍提出了對後掠翼噴射戰鬥機的作戰需求，首選目標是F-86，但美國政府對他們說不，他們只好把希望寄託在歐洲。一九五四年八月二十三日，以色列與法國簽訂了購買六架「超級迷幻式戰鬥機」（Super Mystère B2，裝備阿塔101D-3發動機）噴射戰鬥機和一架「諾拉特拉斯」（Nord2501 Noratlas）運輸機的契約。該合約還包括未來九架超級幻密式、兩架運輸機的選擇權。同年十二月二十七日，這項選擇權正式成為一紙價值兩百四十四萬一千美元的合約，包括九架超級迷幻式及其備件。對照以色列，一九五一年至一九五四年，美國提供了價值一億三千兩百萬美金的裝備給國民黨政府，其中三分之二是飛機與飛機料件，其他百分之十八包含了炸彈、火箭和彈藥。單單在一九五四年，美國就運送了價值達四千八百三十萬美金的裝備到台灣。到了當年十二月，承諾提供給台灣的六百五十七架軍機中，已經有四百五十六架運抵台灣，其中一百三十一架是在當年送達的。這包括七十二架F-84G雷霆式戰鬥機、二十五架F-86軍刀式戰鬥機，以及五架RT-33流星式偵察機。

9 因為美國厭惡英法在中東的殖民歷史，也不希望蘇聯在阿拉伯世界發展勢力，因此美國在一九六〇年前支持阿拉伯國家，對以色列的軍購要求在六日戰爭前非常冷淡。相形之下如沙烏地阿拉伯、約旦等以色列的敵國都是使用美製軍備。

10 汪浩，〈聯合國第2758號決議失效了嗎？〉，《風傳媒》，二〇一七年七月二十三日，https://www.storm.mg/article/301376

第六章　美元、IMF和WTO

1 德國在一九二三年至一九二四年間遇到最嚴重的惡性通貨膨脹。在一九二二年間，最高的貨幣面值是五萬馬克；而在一九二三年間，最高的貨幣面值高達難以想像的一百兆馬克。德國惡性通膨的原因是因為一戰戰敗，德國被迫支付戰勝國約三百三十億美元的戰爭賠款。當時德國的經濟不可能負擔，因此只好印製越來越多的貨幣，而這些貨幣都不與黃金掛鉤。這導致了有史以來最嚴重的通貨膨脹。一九一九年只需花一馬克的商品，一九二三年要花七千兩百六十億馬克才能買到。最嚴重的時候，一美元等於四點五兆馬克。

2 「最惠國待遇」指的是假定有AB兩國締約，之後A國不管現在和將來給予任何第三國在貿易、關稅、航運、公民法律地位等優惠和豁免，也都給予B國。享有最惠國待遇的國家稱為受惠國，依據多是一項雙邊或多邊條約的規定。最惠國待遇原則即一般所稱之不歧視、無差別待遇原則，任一會員對任何國家（不限會員）之貿易相關措施，必須立即且無條件適用於所有會員，不得對會員有較不利之歧視性待遇。此為「關稅暨貿易總協定」為擴大貿易目標所定出之第一條原則，亦是達成WTO宗旨的最大支柱。參閱行政院農業委員會，〈加入WTO農業部門因應對策答客問〉，https://www.coa.gov.tw/ws.php?id=972#6

3 「國民待遇原則」係另一形式之不歧視原則，相對於最惠國待遇，國民待遇係對本國與外國間之不歧視待遇，即任一會員對來自其他會員之輸入品所設定之內地稅，或其他國內規費以及影響此輸入品在國內之販賣、採購、運送、配銷或使用的法律及命令，不得低於本國相同產品所享有之待遇；此外，任一締約成員亦不得直、間接規定任一產品之數量或比例須由國內供應。資料來源同前註。

4 服務貿易總協定（GATS）是烏拉圭回合談判的成果，在一九九五年一月生效。早年簽訂的關稅與貿易總協定為商品貿易提供多邊貿易體制，但隨著全球化的發展，跨國服務逐漸頻繁，GATS乃將多邊貿易體制擴展至服務行業。

5 參閱外交部〈世界貿易組織（WTO）簡介〉，https://www.mofa.gov.tw/igo/cp.aspx?n=26A0B1DA6A0EBAA2

6 財政部財政史料陳列室，〈我國參與亞洲開發銀行相關史料〉，http://museum.mof.gov.tw/ct.asp?xItem=3760&ctNode=41&mp=1

7 〈亞銀年會日本與中國為低利貸款資格角力〉，《中央社》，二〇一九年五月五日。

8 所謂「境內農業總支持」（Aggregate Measurement Support, AMS），係指各國在其境內透過政府預算，給予某一特定或非特定的農產品或農民現金、貸款或優惠補貼。這對各國農產品自由貿易是不利的，但又廣泛存在，因此WTO的精神是希望各國逐漸削減境內農業支持，大體而言已開發國家被要求的削減幅度大，開發中國家較小。參見行政院農業委員會，〈未來WTO農業境內支持政策改革方向〉，二〇一六年一月，https://www.coa.gov.tw/ws.php?id=10531

9 劉怡馨，〈台灣宣示以「已開發國家」參與ＷＴＯ談判，是否將衝擊農業?〉https://www.newsmarket.com.tw/blog/113767/

第七章 中國內戰

1 洛川會議是中國共產黨中央委員會在陝西省洛川縣城北馮家村召開的政治局擴大會議，會中中國共產黨對自身在抗日戰爭中如何定位的問題上進行內部統一。會議通過了《中國共產黨抗日救國十大綱領》，並在八月二十五日發布中央革命軍事委員會命令，中國工農紅軍改編為「八路軍」。會址現設有洛川會議紀念館。

2 為了讓蘇聯盡早撤出東北，中華民國不得不以外蒙作為交換。一九四五年八月十四日中華民國政府代表王世杰只好勉強和蘇聯政府代表莫洛托夫（Vyacheslav Molotov）在莫斯科簽訂了《中蘇友好同盟條約》，此條約含有兩條主要內容：一、蘇軍三個月內從東北「撤完」；二、「鑑於外蒙古人民一再表示其獨立願望，中華民國政府同意，將在日本戰敗後舉行公民投票以確定外蒙的獨立」，沒有時限。並同意「蘇聯出兵擊敗日本後，在蘇聯尊重東北的主權、領土完整及不干涉新疆的內部事務等條件下，允許將依公正之公民投票的結果決定是否承認蒙古人民共和國」。

3 陳錦昌，《蔣中正遷台記》，（臺北：遠足文化，二〇〇七年），頁五〇至五一。

4 末光欣也，《台灣歷史日本統治時代的台灣》，（台北：致良，二〇一二），頁六四九至六五〇。

5 陳翠蓮，《重構二二八：戰後美中體制、中國統治模式與台灣》，（臺北：衛城，二〇一七），頁一六四至一六五。

6 曾健民，《陳逸松回憶錄——戰後篇，放膽兩岸波濤路》，（臺北：聯經，二〇一五），頁六十五至六十六。

7 蔣中正電示俞大維詳報研究美國防部等機關組織軍事首長人事與制度一九五四年四月二十七日〈籌筆——戡亂

時期（二十二）〉，《蔣中正總統文物》，國史館藏，數位典藏號：002-010400-00022-034

8 蔣中正令陳誠等舉行公民營工廠與軍工廠動員演習1954/04/15〈交擬稿件——民國四十二年二月至民國五十四年一月〉，《蔣中正總統文物》，國史館藏，數位典藏號：002-070200-00026-015

9 〈周至柔彭孟緝分呈蔣中正有關復興計畫綱要研究意見並附復興作戰計畫及其第一號作戰計畫和檢討等〉，〈作戰計畫及設防（二）〉，《蔣中正總統文物》，國史館藏，數位典藏號：002-080102-00008-011

10 民國四十一年國軍軍事會議空軍總司令部口頭報告1952/01/20〈中央軍事報告及建議（七）〉，《蔣中正總統文物》，國史館藏，數位典藏號：002-080102-00050-005

11 匪軍對台灣使用兵力判斷要圖及東南沿海地區匪情判斷要圖暨匪空軍戰鬥序列判斷表1950/07/13〈中央情報機關（三）〉，《蔣中正總統文物》，國史館藏，數位典藏號：002-080102-00012-003

12 中美海空軍聯防藍天十二號演習報告及總講評1955〈校閱動員及演習（四）〉，《蔣中正總統文物》，國史館藏，數位典藏號：002-080102-00060-006

13 空軍總司令部編印空軍戰備檢討報告1962/02/10〈空軍報告與建議（四）〉，《蔣中正總統文物》，國史館藏，數位典藏號：002-080102-00096-015

14 歷次國軍兵棋推演都發現這個問題，根據統計。福建境內山地丘陵面積約占全省土地總面積的百分之九十，所謂「八山一水一分田」。省內有閩西與閩中兩大山帶大體平行，閩西山帶以武夷山脈為主，斜貫閩、贛兩省，長約五百三十公里，平均海拔一千公尺。

15 國防部編印民國四十年年終總統親校陸海空軍聯勤總講評，周至柔呈蔣中正該年校閱總報告書一九五二年〈校閱動員及演習（一）〉，《蔣中正總統文物》，國史館藏，數位典藏號：002-080102-00057-002

16 國軍反攻作戰準備總綱：依據總統歷次手令對反攻作戰準備指示應列為反攻整備重點並整合陸海空軍兵力依美

援與國力可支持程度擬訂戰力整備計畫及準則，一九五七年九月，〈國軍反攻作戰準備總綱〉，《蔣中正總統文物》，國史館藏，數位典藏號：002-110703-00091-001

17 國軍在未來五年發展方向之研究報告，1960/08/19〈中央軍事報告及建議（二）〉，《蔣中正總統文物》，國史館藏，數位典藏號：002-080102-00045-004

18 〈對四十四年度軍事會議的指示——民國四十四年七月二十六日主持國軍第四次軍事會議講〉，李雲漢主編，《蔣中正先生在臺軍事言論集》，第一冊。頁三六九至三七二。

19 〈黨政軍聯合作戰演習的構想和準據——民國四十五年一月二十一日主持革命實踐研究院黨政軍幹部聯合作戰研究班第六期結業典禮講〉，李雲漢主編，《蔣中正先生在臺軍事言論集》，第一冊，頁四六〇。

20 〈美國陸軍部主管作戰副參謀長辦公室備忘錄內容為出席一九五八年四月十六日工作協調委員會之報告係關於臺灣及中國政府之報告及關於修正後之對臺灣及中國政府工作計畫等，臺灣軍援顧問團函珍珠港太平洋艦隊總司令部請增加中國國防部之預算支援〉，1958/04/17〈中美關係（二）〉，《蔣經國總統文物／文件／忠勤檔案／》，國史館藏，典藏號：005-010100-00056-001，入藏登錄號：005000000057A。

21 請見〈彭孟緝呈蔣中正外籍教官易作仁等對虎威演習所見及建議〉〈實踐學社（一）〉，《蔣中正總統文物／特交檔案／分類資料／軍事》，1958/08/12，國史館藏，典藏號：002-080102-00126-013，入藏登錄號：002000001127A。

22 〈國防部作戰參謀次長室編製襄陽演習策劃概況及構想報告暨彭孟緝黎玉璽史慕德戴倫等對該演習之講評與檢討報告〉〈校閱動員及演習（五）〉，《蔣中正總統文物／特交檔案／分類資料／軍事》，國史館藏，典藏號：002-080102-00061-004，入藏登錄號：002000001062A。

23 根據中華民國國史館記載：「一九四六年一月十日，由中國國民黨邀集共產黨、青年黨及社會賢達人士等三十六位代表召開『政治協商會議』，原訂五月五日召開制憲國民大會，後因協商破裂，國民黨宣布於十一月十二日舉行制憲國民大會，而共產黨、民主同盟拒絕出席。制憲國大代表有分配政黨名額共七百席（其中國民黨兩百二十、共產黨一百九十席、中國青年黨一百席、民主同盟八十席、社民黨四十席、其餘無黨人士七十席），各省區域代表有七百七十席，職業代表四百三十七席，特種代表（僑選、蒙藏、軍隊、婦女等）一百四十三席，共兩千零五十席。包含台灣、東北等日本占領區則在戰後選出，在十一月十五日國民大會制憲大會開幕式，國民政府蔣中正主席致詞時也提到這二處。

此次制憲國大代表，台灣分配有十八名，其中八縣各一人，臺北市一人，婦女代表一人，高山族代表一人，農會代表二人（含漁業代表一人），工會代表二人（含鐵路工人代表一人），商業代表兩人（含航業代表一人），僑選一名。農會代表為洪火煉，漁業代表為劉明朝，工會代表為吳國信，鐵路工會代表為簡文發，商會代表為陳啟清，航業代表為紀秋水，台灣華僑代表為郭耀廷。區域、婦女與高山族代表於十月三十日台灣省參議會第一屆第一次臨時大會上選出，有顏欽賢（臺北縣）、黃國書（新竹縣）、林連宗（臺中縣）、李萬居（臺南縣）、林壁輝（高雄縣）、張七郎（花蓮縣）、鄭品聰（臺東縣）、高恭（澎湖縣）、連震東（臺北市）、謝娥（婦女）、南志信（高山族）等十一位，共十八位制憲國大代表。至於制憲國民大會代表的選舉方式，並非由台灣省民直接選舉，而是採間接選舉方式，由各縣市議會以及各代表協會組織推舉候選人，並經台灣行政長官公署核定後，由台灣省參議會投票決定。當時台灣省參議會有三十名委員，多位「帶職參選」制憲國民大會代表，包含副議長李萬居外，名單中尚有洪火煉、高恭、林連宗、顏欽賢、鄭品聰、林壁輝、劉明朝等獲選制憲國大代表。時任台灣行政長官公署秘書長葛敬恩，也以特種（軍隊）代表出席南京的制憲大會。

但這批制憲國大代表屬於任務團隊，台灣代表團於十一月十五日赴南京國民大會堂報到，出席制憲國民大會。

大會於十一月二十二日選出主席團主席四十八人，吳敬恆為大會主席，台灣代表黃國書名列其中。」參見李澍奕，〈制憲國民大會與台灣代表團〉，《國史館台灣文獻館》，https://www.th.gov.tw/epaper/site/page/140/2031

24 台灣的躉售物價指數在一九四五年七月底為兩百四十二（一九三七年六月為一〇〇），八月底上升為一千一百七十一，跳升接近五倍。一九四五年八月的物價之所以大幅上升，主要原因是戰爭末期的物價管制政策在日本宣告投降之際瓦解，物價從管制的水準上升到市場均衡水準。九月底，物價指數增加為兩千五百八十五，為八月底的二點二倍。十月及十一月的月物價膨脹率尚屬溫和，分別為百分之十二點二及百分之八，談不上是惡性物價膨脹。不過，出乎許多人意料之外的是一九四六年初開始，物價膨脹率又出現大幅上升趨勢。從一九四五年初至一九五〇年底，台灣的躉售物價指數上升二十一萬八千四百五十五倍。參考吳聰敏，〈台灣戰後的惡性物價膨脹〉http://homepage.ntu.edu.tw/~ntut019/ltes/BigInflation-Historica.pdf

25 原文為：*In the Joint Declaration at Cairo on December 1, 1943, the President of the United States, the British Prime Minister, and the President of China stated that it was their purpose that territories Japan had stolen from China, such as Formosa, should be restored to the Republic of China.....In keeping with these declarations, Formosa was surrendered to Generalissimo Chiang Kai-shek, and for the past 4 years the United States and other Allied Powers have accepted the exercise of Chinese authority over the island.* 參閱：Harry S Truman, “Statement On Formosa,” January 5, 1950, https://china.usc.edu/harry-s-truman-%E2%80%9Cstatement-formosa%E2%80%9D-january-5-1950

第八章　冷戰爆發

1 一九四八年，史達林和狄托決裂，南斯拉夫和蘇聯的關係急轉直下，在這種情況下，希臘共產黨內部就應該跟隨史達林的蘇聯還是狄托的南斯拉夫產生了巨大的分歧，最終希臘共產黨內部支持蘇聯的派系占據了上風，隨後開始了在其內部政治和軍事系統中對於親南斯拉夫派系的「大清洗」。這不僅造成了希臘共產黨和希臘民主軍內部派系林立、軍紀渙散、士氣低落，也失去了大量希臘人民的支持和同情，同時還喪失南斯拉夫這個最重要的國際援助來源。最終於一九四九年，狄托決定停止支援希臘內戰，親西方的政府軍得到了最後的勝利。

2 盟軍當時規定新德國馬克與原有的「帝國馬克」與「地租馬克」（一戰後發行的貨幣，在二戰後仍繼續通用）在工資、租金等費用上均以一比一的比率兌換為新貨幣，同時對於其餘的私人非銀行信貸餘額以十比一的比率兌換，半數被凍結。絕大多數的舊幣以十帝國馬克或地租馬克兌換零點六五新德國馬克的比率兌換。此外，每個德國人均得到總計六十新馬克的補貼。由於馬歇爾計畫提供了約十四億美元的援助，因此新馬克幣值得以維持，加以新馬克可以兌換美元和英鎊，立刻造成蘇占區人民和物資的大量流向盟軍占領區。

3 第里雅斯特是義大利東北部靠近原南斯拉夫（目前是斯洛維尼亞共和國）邊境的一個港口城市。一九四五年四月三十日，三千名義大利反法西斯志願者發動抵抗納粹的起義。五月一日，狄托的南斯拉夫游擊隊占領了大半個第里雅斯特。次日，紐西蘭第二師也沿著亞得里亞海北岸的十四號公路抵達第里雅斯特。最終，德國軍隊在五月二日夜晚宣布投降。南斯拉夫決心要吞併第里雅斯特，迅速開始組織共產黨軍事管制，開始逮捕義大利抵抗力量成員，甚至發動屠殺。一九四五年五月五日，南斯拉夫派員武裝襲擊一個支持義大利的示威活動，至少五人死亡。六月十二日，在當地盟軍駐軍（紐西蘭第二師）和邱吉爾的政治壓力下，南斯拉夫軍隊最終被迫撤出該市。一九四七年，在簽訂對義和約時，規定第里雅斯特成為一個獨立的「第里雅斯特自由區」（Free Territory of Trieste），由以英軍為主的盟軍管制直到一九五四年，在倫敦簽訂備忘錄，第里雅斯特自由區解散，第里雅斯特市和A區歸屬義大利，南部的B區歸屬南斯拉夫。同年十月二十六日，正式宣布與義大利合併。一九七五年，義大利與南斯拉夫政府簽訂了《奧西莫條約》（Treaty of Osimo），第里雅斯特地區的邊界問題和少數民族地位問題，最終得到解決。

4 當時很多東歐國家的共產黨仍稱之為工人黨。

5 參見沈志華，〈共產黨情報局的建立及其目標——兼論冷戰格局形成的概念界定〉，《中國社會科學》二〇〇二

年第三期，原文網址：https://kknews.cc/history/2veo33y.html

6 一九四五年開始，捷克斯洛伐克共產黨與其他黨派組成聯合政府。一九四八年初，捷克斯洛伐克是東歐唯一還保持著民主體制的國家，但內部不遵從蘇聯領導的「反動勢力」開始增長，一九四八年二月，在蘇聯的支持下，捷共發動了二月政變，推翻了民主政府，掌握了政權。一九四八年以後，自由選舉和其他政治自由實際上被取消。這場政變震驚了西方各國。

7 關於NSC-68號文件發布的日期，以及該日期的意義，自來爭議不斷。報告的封面上就印了兩個日期，顯眼處寫著四月十四日，但小標題寫著四月七日。二手歷史研究也無法釐清這個懸案。有的歷史學者主張是四月七日，有的主張是四月十四日，也有其他的見解。參見James M. Lindsay, "TWE Remembers: NSC-68," *Council on Foreign Relations*, https://www.cfr.org/blog/twe-remembers-nsc-68

8 汪浩，〈毛澤東為什麼發動1954年臺海危機?〉，《風傳媒》，二〇一七年一月二十九日，https://www.storm.mg/article/217036

第九章　美蘇軍備競賽

1 美國空軍在韓戰之後開始研發新型超音速戰機，在十年內先後推出了F-100、F-101、F-102、F-104、F-105和F-106等100系列的戰鬥機，這些戰鬥機被統稱為「世紀系列」飛機，其實多種機型的功能是重疊的，但當時的政治氛圍是國會非常喜歡撥款研發製造新型戰鬥機，有時甚至到了超過軍方需求的地步。

2 噴射引擎讓戰鬥機速度大增，大為縮短防空預警的時間，傳統高射炮也更難以追蹤與瞄準，因此防空需要更有效率的手段以在更遠的距離發現敵機，防空武器的精準度也必須提升，因此美蘇展開了「雷達」、「防空飛彈」及「反制雷達的電子裝備」的軍備競賽。之後為了躲避雷達，飛機的攻擊方式變為低空突破，因此美蘇兩國又投資大量資源在能低空高速飛行、躲避地形障礙又能有效識別並攻擊的飛機。等到這種飛機逐漸在一九七〇年代成為雙方主力之後，低空防空武器又成為投資的對象。之後美國認為最好的方式是讓攻擊飛機「匿蹤」（stealth），讓雷達根本偵測不到它，或是在極近的距離才能偵測到，當偵測到時已經來不及反應了，於是新一輪的軍備競賽又展開。但是匿蹤飛機在空氣動力外型上有一定程度的限制和要求，對既有的戰術飛機來說，能夠在敵人防空武器的射程外發動攻擊是最安全的，因此遠距離攻擊武器又成為重心。

3 **UGM-27北極星飛彈（UGM-27 Polaris）**是洛克希德公司為美國海軍建造的一種兩段式固態燃料潛射彈道飛彈，用於替換SSM-N-8天獅星型巡弋飛彈，以作為美國海軍新一代的艦隊彈道飛彈（Fleet Ballistic Missile）。北極星是在一九六〇年一月七日於佛羅里達卡納維爾角（Cape Canaveral）進行首次試射。英國在一九六三年簽下北極星訂購合同後，該彈從一九六八年到一九九〇年代中期也曾配屬在英國皇家海軍旗下的潛艇上。北極星飛彈由核動力潛艦發射，射程一千五百海浬，發射後二十分鐘內可擊中目標。而核潛艦可隱匿在大海中數個月，以當時的科技來說，這種飛彈是無法攔截也幾乎難以有效預警的，因此對蘇聯形成極大的威脅。蘇聯海軍的建軍在北極星飛彈出現之後就完全朝因應它的威脅而改變，因為要在廣闊的大洋中能掌握北極星飛彈潛艦的行蹤並予以摧毀，這是一個即使是以今日科技都極為困難的工作。唯一有效的方法是在北極星飛彈潛艦的美國母港外守株待兔，但這就需要部署極大量的潛艦，且減低了蘇聯潛艦對其海岸的防衛和對美國戰時增援歐洲船團的威脅。同時蘇聯潛艦即使能捕捉到北極星潛艦，也不能立刻發動攻擊以免引發全面戰爭，必須等待岸上的指揮機構下令，這又需要可靠的遠距離通信。唯一有效的方法就是透過衛星，因此軍備競賽延伸到了太空。

4 譬如英國的L7戰車砲成為北約各國戰車的標準配備，連美國都採用。各國共同出資研發「海麻雀」（RIM-7 Sea Sparrow）艦載防空飛彈系統等等，而波蘭、捷克都為蘇聯生產大批軍備，除了供本國軍隊使用外，也交回蘇聯讓蘇聯分配給其他的蘇援國家。

5 從一九七九年開始，台灣每年派遣近百名現役飛行員和地勤人員以沙烏地阿拉伯皇家空軍軍人的身分軍援葉門阿拉伯共和國（北葉門）的祕密計畫，直到一九九〇年葉門統一才結束，中華民國空軍共在十二年中派出七百多位人員，操作沙烏地阿拉伯的**F-5E**戰機。

6 約旦遲至一九七七年、沙烏地阿拉伯至一九九〇年才與中華民國斷交。

7 由於中華人民共和國於一九六〇年代後期開始裝備與埃及同款的黃蜂級飛彈快艇以及冥河飛彈（中共自行反向工程製造稱為上游一型飛彈），手中無能與之抗衡武器的中華民國於一九七〇年下令「中山科學研究院」進行雄蜂計畫以設計出可以與中共抗衡的反艦飛彈。不過在基礎設施以及人才皆十分貧乏的狀況下，計畫處於緩慢進行的窘境。一九七三年贖罪日戰爭，以色列天使飛彈的優異表現鼓舞了中華民國高層。在此戰之後，中華民國於一九七五年向以色列購買了少量天使一型飛彈並安裝在陽字號驅逐艦上。藉由與以色列購買天使飛彈的機會，中華民國將天使飛彈以反向工程加以仿製。由於仿造強化過程並不順遂，因此在一九七〇年代後期中華民國引進了少量天使二型加以參考。一九七四年，海軍總司令部兵器處與中山科學研究院第三研究所展開武進一型作戰系統的研發。同時間向以色列進口四套RESHET戰鬥系統，裝備在四艘陽字號上，稱為武進二型作戰系統。此外，台灣到一九八九年，總共生產了五百二十三枚飛彈和七十七座發射架。其餘特許生產的還有五十艘毒蜂級（Dvora）飛彈快艇。

8 譬如一九五〇年代的六種「世紀系列」戰機分別來自五家飛機公司，當時美國至少有九家公司可以生產戰鬥機；但到了今天美國只剩下兩家公司（波音、洛克希德馬丁）能生產戰鬥機。

9 譬如中華民國空軍先後接收的**F-104**戰鬥機達三百零三架（含拆零機），機隊數量在全世界僅次於西德，遠多於日本航空自衛隊自製的兩百一十架（日本方面生產這批飛機經費達九百六十九億日圓，中華民國幾乎全為免費獲得）。

10 根據「全球火力」（Global Firepower），以陸海空軍裝備戰力、可動員人口、資源儲備量以及國防預算等各種指標來計算，台灣的軍力於二〇一九年名列全球一百三十七國的第二十二名，比起二〇一八年的二十四名進步兩名。但在亞洲輸給中國（第三）、日本（第六）、南韓（第七）、印尼（第十五）和北韓（第十八）。參考〈不沉的航空母艦！2019《全球火力》排名台灣排在這裡〉，《自由時報》，二〇一九年四月三日，https://news.ltn.com.tw/news/world/breakingnews/2748477

第十章　韓戰

1 《乙巳條約》，又稱《第二次日韓協約》或《第二次韓日協約》，是朝鮮王朝（時稱大韓帝國）和大日本帝國於一九〇五年十一月簽訂的不平等條約，此條約規定由日本政府掌握大韓帝國的外交權、在大韓帝國設置統監府等。《乙巳條約》的簽訂標誌著附庸國韓國正式成為日本的保護國，事實上就是殖民地。

2 可參考維基百科〈韓戰〉與〈大韓民國歷史〉條目。

3 汪浩，〈蔣介石如何應對「臺灣海峽中立化」？〉，《風傳媒》，二〇一七年十二月二十四日，https://www.storm.mg/article/375094

4 國史館，〈王世杰呈蔣中正美駐華代辦師樞安訪晤葉公超面告中共攻擊臺澎以外島嶼美將不參與防衛及備忘錄等〉，數位典藏號，002-080106-00031-003，蔣中正總統文物，1950/07/25。

5 一九五〇年八月五日，蔣中正在日記中記載：「幸韓戰發生以後，國際局勢大變，美，英各國亦不能不改變其對華政策為我協助，此實中華民國轉危為安之動機，此中微妙消息，豈非上帝與基督聖靈在冥冥中有以主之乎？」

6 東南亞公約組織組建時，美國曾有意把它發展成為東南亞版的北約。東南亞公約組織會協調各成員國的軍隊，以達到集體防禦的目的。這個組織於一九五七年在坎培拉舉行的東南亞公約組織會議中設立了部長理事會、國際參謀部及幾個與經濟、保安和資訊相關的委員會，並設立祕書長一職。當時任命的首位秘書長乃朴・沙拉信（Phot Sarasin）是一位來自泰國的外交家和政治家，曾在一九五二年至一九五七年期間出任泰國駐美國大使，並於一九五七年九月至一九五八年元旦期間擔任泰國總理。在此之後東南亞公約組織便由秘書長領導。跟北約不同的是，東南亞公約組織並未設立一支接受統一指揮的軍隊，更重要的是，並不是所有參與東約組織的國家都同意美國的主張，也就是以軍事手段牽制共產主義勢力。之後因為英國和法國採取消極態度，巴基斯坦在印巴戰爭後退出，最後該組織於一九七七年宣布解散。

7 參考鄭懿瀛，〈中美共同防禦條約〉，《國家文化資料庫》，http://cna.moc.gov.tw/Myphoto/catintro.asp?categoryid=33

第十一章　越戰

1 何燕生，《共黨治下四年的越南》，（臺北：時報文化，一九七九），頁一六八。

2 譬如蘇聯當時援助給中國共產黨最新型的R-75地對空飛彈（北約代號SA-2 Guideline）兩個飛彈營，有二十四個發射器，每個發射器有六枚待射飛彈，所以共有一百四十四枚飛彈。但蘇聯援助給越南，被發射出去而沒有被美國在地面炸毀的，就有九千八百七十六枚。可見這是不惜血本全力援助。

3 原文全文可參見「甘迺迪總統圖書館與博物館」（John Kennedy Presidential Library and Museum），https://www.jfklibrary.org/archives/other-resources/john-f-kennedy-speeches/inaugural-address-19610120

4 Robert A. Pape, *Bombing to Win: Air Power and Coercion in War* (Ithaca: Cornell University Press, 1996)，pp.177-180.

5 這次任務有兩架轟炸機在空中互撞失事，結果事後在目標區沒有發現任何越共屍體，被認為是一大失敗。但美軍仍然認為B-52在執行這種任務上很有效率，不僅可以摧毀敵人，更可以鼓舞南越軍隊勇敢攻打越共基地。David R. Mets & William P.Head, *Plotting A True Course: Reflections on USAF Strategic Attack Theory and Doctrine*,

(UK: Greenwood Publishing Group Inc.,2003), ch.3.。

6 可參考維基百科〈越南戰爭〉條目，https://zh.wikipedia.org/wiki/越南战争#cite_note-40

7 到了一九六八年，反戰浪潮已經強到讓詹森雖然是現任總統，除了軍事基地或能隔離激烈的抗議份子聚集的地方以外，無法公開露面。雖然身為民主黨籍，他甚至連當年的民主黨全國代表大會都無法參加。參見Henry A. Kissinger, *Diplomacy*, (U.S.:Simon Schuster & Triumph Publising Co.Ltd.,1995), p.675。

8 惟根據林孝庭的研究，蔣參加越戰一開始反而是出於美國的邀請：「一九六四年二月間，華府軍方曾私下向蔣介石探詢，在必要時，台灣有無意願派遣地面部隊投入越戰，蔣當即表示願意認真考慮。蔣認定美方似乎已考慮讓台灣在越戰中扮演更重要的角色，因而決定把握機會，化被動為主動。三月二十四日，他透過美國中央情報局前駐台北站長、時任中央情報局副局長的克萊恩，向華府傳達訊息稱，台灣願意以『非正規』手段，代為協助美國與南越政府執行摧毀北越與越共軍事基地設施等敵後行動，並保證台灣的參與將是祕密性質的，不會破壞美國的國際聲譽，更不會引發另一場世界大戰。」參見林孝庭，《台海．冷戰．蔣介石：解密檔案中消失的台灣史1948-1988》，（台北：聯經出版公司，二〇一五年八月），頁二九四。

9 蔣在一九六八年公開表示：「至於我們對於越戰的態度，這是要從決定不派遣國軍參與越戰的政策開始說起的。我們所以有這一個堅定不移的決定，並不是推卸責任，而實際上乃是衡量整個形勢，也可以說是減少美國的困擾為著眼的。本來自美國方面參戰之日開始，他們認定越南戰場的兵力，是愈多愈好，參戰的國家，也是愈多愈好，所以曾經間接的再三探詢要求我們派遣國軍赴越參戰，但是我們和其他東亞國家處境不同，如果國軍正式參加越戰，那共匪亦可能公然介入越戰，這樣就形成了美國和共匪面對面的作戰。這是美國所最顧忌的，亦是美國最初所不敢向我們正式提出其派兵參戰的要求之故，事實上兩年之前，如果共匪一旦傾巢而出，煽動越南民眾『殘餘的民族意識』，與美國打它的『人民戰爭』，則越戰惡劣的態勢，必且較今日更為嚴重，但是今天美國對北越之戰已經陷於上駟對下駟，進退維谷的形勢。而其決策者，仍是墨守其有限戰爭的策略，更不敢發動攻勢，採取其積極打擊要害的決心。在他這樣『不求勝』的戰略之下，即使兵力再多，也如同投入虛牝漏卮，如我們再參加越戰，則徒使我們以本當用於大陸主戰場的兵力，無益的長期消耗於越南這個聲勢上雖然反共，而精神上卻反共反得並不徹底的這一個支戰場上，作無為消極的圍堵戰爭，那是對我們以反攻大陸為第一的基本國策，完全背道而馳，這是我們所不能為的。再說，越戰既然是共匪在幕後操縱的，所以和談的最後決定權仍在共匪，如當時國軍將順美國之意參加了越戰，而共匪亦公然介入了越戰，那它對於以後和談阻撓的最佳藉口，必然就是要以台灣問題和越南問題同時解決，作為其先決的條件，換句話說，它就正好藉這個機會，把台灣問題經由談判來解決，自然這是美國無法解決而共匪卻非強之解決必不肯罷手的問題，如此越戰的和談，豈不轉移到了以台灣為中心問題，必須解決這一中心問題，而後方得解決越戰了麼?」請見蔣中正，〈復國建國的成敗關頭——民國五十七年五月五日對黨政軍高級幹部講〉，李雲漢主編，《蔣中正先生在臺軍事言論集》，第三冊（台北：中國國民黨中央委員會黨史委員會，一九九四年十一月），頁一三二七至一三二八。

10 請見郭乃日，《失落的台灣軍事秘密檔案》，（臺北：高手出版，二〇〇四年七月），第三章。

11 請見曾瓊葉主編，《越戰憶往口述歷史》，（台北：國防部史政編譯室，二〇〇八年四月），頁三八至三九。

12 總統府「忠勤檔案」顯示，我國在越戰爆發後除曾派有正式的軍事顧問團，還曾應美方要求祕密派遣飛行員，赴中南半島執行運補及作戰任務，美方雖再三保證不會讓我國飛行員涉險，絕不飛經防空飛彈部署區域，但事與願違，當年任務仍有多位飛行員命喪中南半島。越戰爆發後，我國接受南越政府的要求，除了派出駐越軍事顧問團外，也接受美軍請求，分別從華航與空軍派出飛行員協助美軍執行運補任務，這項任務命名為「南星計畫」，又依照階段的不同區分為南星一、二、三號計畫。一九七〇年，有鑑於作戰需要，美軍在同年五月與十月間，向我國提出讓執行「南星三號」計畫的C-123機組員能夠在柬埔寨與寮國擔負非經常性的空運任務。根據統計，光是一九七〇年一整年，我國駐越飛行員在越南、柬埔寨與寮國總共執行任務六百卅一架次，其中作戰任務十六架次、運補任務四百八十九架次、訓練任務一百廿六架次，總飛行時間為三千五百餘小時，總運輸量為九百七十萬六千四百磅。參考〈忠勤檔案解密我飛行員曾勇闖越戰烽火〉，《自由時報》，二〇〇七年八月二十七日，http://news.ltn.com.tw/news/politics/paper/150443

13 美國無償對國府的軍援在一九六五年（蔣考慮派兵參加越戰，越戰也逐漸升溫之時）逐步中止。

14 美國軍援台灣的海軍裝備遠多於南韓，這當然是由於南韓的地理情勢影響。以二戰時的驅逐艦（國軍稱之為陽字號）來說，台韓都以其為一九八〇年代以前的海軍主戰兵力，美國軍援國府達三十艘，南韓為十一艘。

15 一九七五年南越軍事崩潰的速度在戰史上非常少見，部隊投降的遠多於戰死，原先制訂的政戰制度沒有起任何作用。

16 蔣經國，《守父靈一月記》，（臺北：三民，一九七六），頁二二。

17 在一九五四年《中美共同防禦條約》簽訂時，蔣就認為美國想要控制國府的軍事行動，「此種苛刻之無理要求，無法忍受，但此協定又不能不速訂立」，並感嘆「弱國被侮如此，能不自強求存乎」。見〈蔣介石日記〉，一九五四年十一月十一日，引自秦孝儀主編，《總統蔣公大事長編初稿》，卷十三（臺北：中國國民黨黨史委員會，二〇〇八），頁二二七。事實上，《防禦條約》為防禦台灣，無論如何國府仍有一定主導權，美軍在台數量也不及萬人，蔣尚且擔心國府軍事行動為美所控制，更遑論在越南，地非國府所能控制，駐越美軍數量遠多於在台，主要作戰行動幾乎全為美軍所擔負，屆時國府軍會遭到美國更大的干預，是非常合理的判斷。

18 汪浩，〈尼克森救了毛澤東嗎？〉，《風傳媒》，二〇一七年七月三十日，https://www.storm.mg/article/304862

19 汪浩，〈中華民國為何被迫退出聯合國〉，《風傳媒》，二〇一七年七月九日，https://www.storm.mg/article/289332

20 五天後對於「重要問題案」表決時，除盧森堡、葡萄牙和希臘外，美國其他所有的北約盟友都投了反對票或者棄權票，阿拉伯與非洲國家也大批倒戈，使得這一提案以四票之差遭到否決。

21 參見汪浩，〈中華民國為何被迫退出聯合國？〉。

22 從一九六五年到一九七〇年年底，美軍統計空軍、海軍和陸戰隊飛機在越南一共投下了五百五十九萬多噸炸彈，是整個二次大戰加上韓戰總和的兩倍多。

23 直到越南共產黨於一九八六年十二月召開第六屆全國代表大會，正式通過「改革開放」政策，開放外商投資設廠、降低國營企業補貼，鼓勵民營企業設立等多項措施之後，越南經濟才逐漸好轉進而起飛。〈改革30年經濟起飛越南經驗北韓借鏡〉，《經濟日報》，二〇一九年二月二十六日，https://money.udn.com/money/story/5599/3665389

24 Henry A. Kissinger, *Diplomacy*, p.675

第十二章　東歐、鐵幕與柏林圍牆

1 斯德丁是波蘭的第二大海港，位於波羅的海海岸與德國邊界。歷史上曾被波蘭、瑞典、丹麥、普魯士和德國先後統治。第二次世界大戰以後，該市成為波蘭的一部分，留在那裡的德國人被驅逐到東德。

2 第里雅斯特的狀況請參閱第八章。

3 有關東歐各國政治的變遷，本段敘述主要來自李邁先著，《東歐諸國史》，（臺北：三民，二〇一四）。

4 The International Institute for Strategic Studies編，王漢興、葉信庸譯，《一九八五—八六年世界各國軍備概況》，（臺北：黎明，一九八六），頁一〇三。

5 有關COCOM及Wassenaar Arrangement，可參閱下節之介紹。

6 李煥仁著，〈高科技貨品出口管制制度及未來展望〉，《經濟情勢暨評論》，第一卷第三期，民國八十四年十一月，頁一九一。

7 一九八七年美國發現蘇聯新式潛艦的噪音大為降低。一艘潛艦能非常安靜無聲，其主要因素就在螺旋推進器。當時，西方國家所製之推進器比以前更為安靜，是因為藉由電腦來引車床作業，方能打造出三十英尺大的銅質推進器，這種推進器能消除推動水時所引起的噪音。之後經過調查，日本的東芝機械公司，以及挪威國營的康斯貝公司，違法出售車床及建造使推進器無聲的電腦設備。一九八六年美國在蘇俄的列寧格勒造船廠就已發現了這類特種設備，美國同COCOM的調查員，確定是日本的東芝公司所供應。因為該公司曾於一九八一年同意銷售蘇俄四具能製造直徑三十三英尺的推進器之最現代化的機器，是項交易的經紀人也是日本的兩家貿易公司。咸認東芝公司運用挪威康斯貝公司出品的精密電腦來安裝廠房的機器。根據調查員的報告，日本的東芝公司及挪威的康斯貝公司是用偽造外銷文件矇騙日本政府及挪威政府的官員。華盛頓方面於一九八七年三月彙集各方足資佐證的資料，向日本和挪威提出抗議，日本政府隨後著手調查，迄至五月始告終結，東芝的確違反了COCOM的規章。最後，日本通產省禁止東芝銷售貨物給十四個共黨國家一年。東芝兩位主要負責人均因涉及案而被逮捕究辦。東芝機械公司主席及其他三位高級主管雖未直接牽涉本案，也紛紛引咎辭職。至於挪威方面，康斯貝公司的負責人因發給偽造外銷執照而被逮捕，其他有關人員也分別遭到議處。參見〈日本偷售潛艦技術給蘇俄的後果〉，《情報知識》三三八期，（臺北：法務部調查局，一九八七年八月），頁三一至三一。

8 西柏林邊境沒有在早先封鎖的一個重要原因是這樣做會切斷東德的大部分鐵路交通。自一九五一年起，東德開始修築了繞過西柏林地區的柏林鐵路外環線，並在一九六一年完工，在那之後封鎖邊境才顯得更為實際。

9 來自蘇俄四萬九千零二十二人、波蘭十六萬零八百一十六人、捷克七千零五十二人、匈牙利兩千八百六十七人、羅馬尼亞五萬五千零二十五人、南斯拉夫四千五百七十九人，及東德十一萬八千六百六十一人。參見德意志聯邦國防部（The Federal Ministry of Defence），楊世發等譯《一九七九年西德國防白皮書》（臺北：黎明文化，一九八五），第一至二章。

10 同前註。

第十三章　歐洲的整合

1 鄂圖曼土耳其帝國之意義為「鄂圖曼的崇高國度」，現代土耳其語名為「Osmanlı İmparatorluğu」，英語名稱為「Ottoman Turks」或「Turkish Empire」。台灣一般根據英語拼音而翻譯為「鄂圖曼土耳其帝國」。中國大陸地區則依照鄂圖曼土耳其語稱之為「奧斯曼土耳其帝國」，或簡稱「奧斯曼帝國」。

2 這九名成員任期六年，每個成員國至多有兩名成員。其中八個成員由六國一致同意任命，另一成員則由這八個成員共同推薦。高級機構負責作出決議和提出建議，但各國企業的經營管理仍由自己負責。

3 一九九三年的《馬斯垂克條約》將本條約的名稱刪去「經濟」二字，改為《建立歐洲共同體條約》。隨後，二〇〇九年的《里斯本條約》將本條約重新打包成為《歐洲聯盟運作條約》，一般簡稱《歐盟條約》。

4 關稅同盟是指擁有共同對外關稅的自由貿易區。參與國一般會共同設定對外貿易政策。

5 《里斯本條約》為降低「超國家」色彩，刪除原有《歐洲憲法》草案若干內容。包括放棄「憲法」用字、不出現「外交部長」頭銜，取消象徵歐盟統一的國旗及國歌。

6 參見Philp Thody著，鄭棨元譯，《歐洲聯盟簡史》，（臺北：三民，二〇〇一），頁四〇。

7 https://www.consilium.europa.eu/en/european-council/

8 該報告內文請見https://archives.eui.eu/en/fonds/31984?item=BR-103

9 參見Philp Thody著，鄭棨元譯，《歐洲聯盟簡史》，頁四四至四五。

10 〈波蘭和匈牙利認為歐盟難民配額制度有損國家主權〉，https://kknews.cc/world/knvmeyq.htmlhttps://kknews.cc/zh-tw/world/knvmeyq.html

11 〈波蘭讓最高法院法官集體「被退休」，歐盟如何阻止民主開倒車？〉，《關鍵評論網》，二〇一八年七月十八日，https://www.thenewslens.com/article/99977

12 二〇一九年四月，歐盟執委會針對波蘭政府二〇一七年通過的一項改革方案，又對波蘭啟動了違反歐盟條約的指控。該法案規定法官有可能會需要因自己所做判決而面臨調查，甚至最終還有可能承擔刑事責任。〈波蘭司法改革又開倒車、威脅法官　歐盟執委會架起「大砲」啟動調查〉，https://www.storm.mg/article/1136772?srcid=7777772e73746f726d2e6d675f39313938396439376532386237356266_1565512090

13 簡恆宇，〈嚴重違反歐盟核心價值！歐洲議會破天荒通過動議啟動懲罰匈牙利程序〉，《風傳媒》，二〇一八年九月十三日，https://www.storm.mg/article/494877

14 條約英文版原文為：「The European Council shall consist of the Heads of State or Government of the Member States, together with its President and the President of the Commission. The High Representative of the Union for Foreign Affairs and Security Policy shall take part in its work.」

第十四章　核子武器的誕生、擴散與對世界政治的改變

1 鈕先鍾，《現代戰略思潮》，（臺北：黎明文化公司，一九八九），頁一五五。

2 擎天神是美國第一種服役的洲際彈道飛彈，美軍編號SM-65/CGM-16，射程最遠超過11000公里。Atlas是希臘神話裡的一個神，屬於泰坦族，被宙斯降罪來用雙肩支撐蒼天。

3 慣性陀螺儀一般用於飛彈的導航。陀螺儀在慣性參照系中用於測量系統的角速率。通過以慣性參照系中系統初始方位作為初始條件，對角速率進行積分，就可以時刻得到系統的當前方向。加速度計在慣性參照系中用於測量系統的線加速度，但只能測量相對於系統運動方向的加速度（由於加速度計與系統固定並隨系統轉動，不知

道自身的方向）。然而，通過跟蹤系統當前角速率及相對於運動系統測量到的當前線加速度，就可以確定參照系中系統當前線加速度。以起始速度作為初始條件，應用正確的運動學方程，對慣性加速度進行積分就可得到系統慣性速率，然後以起始位置座標作為初始條件再次積分就可得到慣性位置。如此飛彈就知道自己現在飛到哪裡，和目標的相對位置，再以此修正彈道。

4 「義勇兵」（Minuteman）原指美國獨立戰爭中的特殊民兵組織，可以迅速集結對抗英軍。前述義勇兵飛彈的資料，摘自FLAK聊軍事，〈核子待命班：美國戰略空軍的警戒機制小史〉。

5 參見Christopher Chant & Lan Hogg著，白逸雲譯，《八〇年代的核戰危機》（*Nuclear War in the 1980's*）（臺北：黎明文化公司，一九八五），頁二四。

6 同上，頁二七至二八。另外，美國和蘇聯都沒有正式公佈其研發、測試及維持核武的成本。根據史蒂芬.舒瓦茲（Stephen I. Schwartz）的研究，指出從一九四〇年到一九九六年，美國在核武上花費了五兆五千億美元（一九九六年幣值）。這個數字沒有包括預計未來對超過五十年的所積累的有毒或放射性廢料的儲存和處理所需的三千兩百億美金，和拆解核武器系統和處理多餘的核物料所需的兩百億美金。如果加上這些成本，美國的核武器計畫成本超過五兆八千億美金，其中只有百分之七（四千零九十億美金）花費在實際的原子彈和彈頭的研發、測試和建造上面。為了保證這些武器可以部署在飛機、導彈、潛艇和其他大量的發射系統上所進行的工作耗費了百分之五十六（三兆兩千億美金）。另外的百分之十四（八千三百一十億美金）花費在核武器相關的指揮、控制、通信和情報系統上。美國也花費了百分之十六（九千三百七十億美金）於防止核武器攻擊的各種手段上，基本上是防空、導彈防禦、反潛戰和民事防禦。參見*Atomic Audit: The Costs and Consequences of U.S. Nuclear Weapons Since 1940*, (New York, NY: Brookings Institution Press,1998)，與〈美國核武成本曝光1940-1996年至少花費5.5萬億〉，《中國網》http://www.china.com.cn/news/txt/2009-07/30/content_18236277.htm

7 Christopher Chant & Lan Hogg著，前引書，頁二十九。

8 Christopher Chant & Lan Hogg著，前引書，頁二十九。

9 安全困境的文獻最早可追溯到西元前五世紀，古希臘歷史學家修昔底德在其名著《伯羅奔尼撒戰爭史》中寫道，正是「雅典力量的增長以及由此導致的斯巴達的恐懼使得戰爭無法避免」。主要內容在說明，當行為者雙方在安全問題上彼此資訊不透明，互相不信任的情況下，對他者可能的行為做出最壞的評估，因此不斷的透過增添軍備和建立預防措施來維護國家安全，殊不知自己在他者的眼裡，卻形成最大的威脅，使他者的安全感被大幅降低，亦爭相擴充軍備，因此反而使自己處於更不安全的狀態。當國際上出現安全困境時，一般伴隨而來的便是激烈的軍備競賽（arms races），競相生產武器，大幅降低合作的可能性，於是任何意外或是危機都很容易導致領導人寧願採取先發制人的軍事行動。

10 一九五五年二月九日，美國參議院正式批准美臺「共同防禦條約」。三月十五日，杜勒斯宣布中國若再對外島發動任何重大攻勢，美國預備端出戰術核子武器。次日，艾森豪又警告，他看不出美國有任何理由、不能像用槍彈或其他武器「那樣使用戰術核子武器」。這是美國首次對中國公開進行核子威脅。

11 當時有核子砲彈、核子地雷和核子水雷，都是戰術性武器，目標都是戰場上的敵軍。

12 黃色炸藥其實是三硝基甲苯（TNT）製成的常見炸藥之一，至今仍大量應用在軍事和工業領域上。由於呈黃色晶體狀，所以被俗稱為「黃色炸藥」。每克TNT炸藥可產生四千兩百焦耳的能量。一九四五年八月六日，投於日本廣島的核彈大約等於一萬三千噸的黃色炸藥。現代的戰略核子武器大約都相當於數萬噸到數百萬噸黃色炸藥。戰術核武器則約一千噸到數萬噸炸藥。

13 《核武禁擴條約》全文可參見：https://www.un.org/chinese/peace/disarmament/t5.htm

第十五章　蘇聯解體

1 甚至德國和日本，雖然在意識形態上極度反共，但經濟上仍部分採取集權管制，在短短十多年時間裡取得工業化和增強國防實力的顯著成果。

2 一九五六年，對飛彈表示熱心的波克羅夫斯基少將（Major Gene-ral Pokrovsky）就曾指出「未來是屬於長程彈道火箭」。一九五八年三月，坦俞斯基更暗示ＩＣＢＭ是具有決定性。蘇聯官方思想一向認為某種單獨武器的本身不能決定戰爭的勝負，所以這是一種徹底的離經叛道。蘇聯戰略思想的改變相當地戲劇化。本來是幾乎完全不重視奇襲因素和核子武器以及長程投擲工具的新技術，但在五年之內卻變得完全相反。蘇聯的新戰略是受到奇襲觀念的支配以及依賴在ＩＣＢＭ領域中的進步。蘇聯第一種洲際飛彈是R-7型，但因為使用不可貯存的低溫推進劑（液氧），必須在發射前才能加注，實戰狀況下根本來不及，因此只作為象徵性的武力。第一種可實戰的洲際飛彈是R-16型（北約代號SS-7），採用了可貯存的液體推進劑（四氧化二氮／偏二甲肼）。同時，與結構複雜、體積龐大的R-7不同，R-16的設計更為緊湊，可以實現地下部署，從而大大提升了飛彈的生存能力。另外，R-16在彈體中裝備了飛行控制單元，飛彈發射後可自己導引飛向目標，從而不再需要R-7所必需的眾多地面控制站對飛彈的飛行軌道進行糾正。一九六五年，R-16飛彈部署已達一百八十六枚，它具有一萬三千公里的射程，可投擲一枚相當於三百萬噸黃色炸藥的核彈。

3 一九八四年美國國防預算為兩千五百八十二億美元，蘇聯國防預算自行公布為兩百三十四億美元，據美國估計為兩千九百五十億美元。參考《一九八五－八六年世界各國軍備概況》，頁六九。

4 參見陸南泉，《走近衰亡——蘇聯勃列日涅夫時代研究》，（北京：社會科學文獻出版社，二〇一一），頁七七。

5 陳之驊、吳恩遠、馬龍閃主編，《蘇聯興亡史綱》，（北京：中國社會科學出版社，二〇一六），頁一一四。

6 同上，頁五五五至五六二。

7 左鳳榮，〈民族政策與蘇聯解體〉，中共中央編譯局，http://www.cctb.net/llyj/llgc/shzyyj/201005/t20100520_242229.htm

8 根據俄羅斯聯邦的憲法，目前俄羅斯的地方行政區共分為八十五個聯邦主體（federal subjects），其中有三個聯邦直轄市（federal city，包括莫斯科、聖彼得堡，與黑海上的重要港口塞瓦斯托波爾）、四十六個州（provinces）、九個邊疆區（territory），另有二十二個主要是由少數民族組成的自治共和國（republic）。圖瓦共和國即為其中之一。

9 參見《走近衰亡——蘇聯勃列日涅夫時代研究》，頁一一六至一一七。

10 《蘇聯興亡史綱》，頁五五〇。

11 一九四〇年三月，史達林批准蘇聯秘密員警處死蘇聯入侵波蘭後俘虜的軍人、公務員與知識分子，而此發生一系列的屠殺，地點分布在卡廷森林（Katyn Forest）、加里寧（Kalinin）與卡爾可夫（Kharkiv）。受害者約兩萬兩千人。

12 二戰末期，史達林等蘇聯領導人為了防止車臣人與納粹德國勾結，於一九四四年下令強制遷徙近五十萬人至中亞的哈薩克等地。史達林過世之後，於一九五七年車臣人才獲准回到自己的家園。

13 《蘇聯興亡史綱》，頁七〇八。

第十六章　中國的改革開放

1 所謂「十一屆三中全會」意指「第十一屆全國黨員代表大會第三次中央委員會議」。中國共產黨每五年舉行一次全國黨員代表大會，每次大會中黨員代表（約兩千四百人）會選出本屆中央委員（約兩百人）。這兩百人在下一次代表大會召開前會開好幾次中央委員會議，就稱為「中全會」。

2 指地主、富農、反動分子、壞分子、右派分子，統稱「黑五類」。

3 陳永發，《中國共產革命七十年》（下），（台北：聯經，一九九八），頁八七二。

4 同上，頁八七六至八七八。

5 同上，頁八七九。

6 李仲維，〈兩岸貿易額去年逆勢創高突破2,200億美元〉，《經濟日報》，二〇一九年七月六日。

7 所謂「利出一孔」，語出《管子．國蓄第七十三》，原文為「利出一孔者，其國無敵；出二孔者，其兵半屈；出三孔者，不可以舉兵；出四孔者，其國必亡。先王知其然，故塞民之羨（多餘的錢財），隘（限制）其利途，故予之在君，奪之在君，貧之在君，富之在君。故民之戴上如日月，親君若父母。」意思就是國家掌握所有利益的分配。以此原則落實在今日社會，就是當權者將多數利益傾斜在少數人身上，又掌握遊戲規則，自然沒有分配到利益的人就會順從當權者的遊戲規則，以求成為那少數的優勢者，如此統治自然穩固。

8 李忠謙，〈比GDP漲得還多！中國2019軍費上看1.2兆人民幣，約台灣14倍〉，《風傳媒》，二〇一九年三月五日，https://www.storm.mg/article/1023626

9 二〇一三年九月，習近平訪問哈薩克時，提出共同建設「絲綢之路經濟帶」的倡議；同年十月習近平在印尼國會發表演講時提出共同建設「二十一世紀海上絲綢之路」，「一帶一路」建設作為中國國家的倡議首次提出。二〇一三年十一月，中共十八屆三中全會通過的《中共中央關於全面深化改革若干重大問題的決定》提出「建立開發性金融機構，加快同周邊國家和區域基礎設施互聯互通建設，推進絲綢之路經濟帶、海上絲綢之路建設，形成全方位開放新格局……」，「一帶一路」戰略正式確定。

10 〈王毅：積極研究謀劃佈局落實「一帶一路」戰略〉，《人民網》，二〇一六年一月二十七日，<http://www.zgg.gov.cn/zhtbd_5658/xxjpzsjxljhjs/jlth/201603/t20160314_570724.html>。

11 「一綱四目」為中國國務院總理周恩來制定的對台政策。一綱指的是台灣必須統一於中國。四目分別為：一、台灣統一於祖國後，除外交上必須統一於中央外，台灣之軍政大權、人事安排等悉委於蔣介石。二、台灣所有軍政及經濟建設一切費用不足之數，悉由中央政府撥付。三、台灣的社會改革可以從緩，必俟條件成熟，並尊重蔣之意見，協商決定後進行。四，雙方互不派特務，不做破壞對方團結之舉。

12 根據法務部調查局指出：「中共對臺『三戰』在經濟層面的策略運作上，採取『懷柔』的方式，企圖藉由深化對臺經濟貿易磁吸，發揮『以經促統』的效果。其作法主要是以釋出各項優惠誘使臺資企業赴大陸投資發展，優待便利臺灣特定產品前往大陸市場銷售，及擴大對臺採購等所謂『惠臺措施』的訊息，來爭取臺商及特定利益團體的心理認同和支持。以中共爭取臺商的作法為例，研判其意圖為：（一）單向地以各項優惠措施來吸引我民間企業個別與中共接觸洽談、協商，企圖以此製造『中央對地方』的假象，形成『去政府化』、『去主權化』，達其弱化我國主權地位的對臺『法律戰』目標。（二）不斷透過兩岸民間交流的場合及大眾傳播媒體造勢，釋放出提供臺商優惠措施的訊息，藉此達成其引導我方輿論發展方向，爭取經貿界人士心理認同的對臺『輿論戰』、『心理戰』目標。」

第十七章　美國獨強的單極體系

1 譚天，〈雷根減稅後市場從此凌駕政府〉，《今周刊》，二〇〇四年六月十七日。

2 英文原文為：The United States of America recognized the Government of the People's Republic of China as the sole legal Government of China, and it acknowledged the Chinese position that there is but one China and Taiwan is part of China.

3 參考：https://www.itsfun.com.tw/%E5%92%8C%E5%B9%B3%E7%8F%8D%E7%8F%A0/wiki-0968624-7010704

4 參考：https://zh.wikipedia.org/wiki/%E6%B5%B7%E6%B9%BE%E6%88%98%E4%BA%89

5 關於海灣戰爭在美國的全球獨霸地位的象徵意義，可參考麥克・曼德爾邦（Michael Msandelbaum）的《美國如何丟掉世界？後冷戰時代美國外交政策的致命錯誤》（台北：八旗文化，二〇一七年六月）。

第十八章　第三波民主化浪潮與台灣民主化的國際因素

1 杭亭頓（Samuel Huntington）在《第三波：二十世紀末民主化浪潮》（*The Third Wave: Democratization in the Late Twentieth Century*）把歷史上的民主化浪潮分為三個階段。第一波為一八二八至一九二六年，始於美國獨立運動和法國大革命，建立了以歐美為主的二十九個民主國家。第二波為一九四五至六二年，始於第二次世界大戰，許多殖民地獨立建國，創建了三十六個民主國家。第三波為一九七四至九〇年，始於葡萄牙康乃馨革命，至一九八九年蘇聯瓦解，以原本的蘇聯各個加盟共和國獨立建國為高峰，產生了七十多個民主國家。

2 修訂前的《刑法》規定如下。第一百條第一項：「意圖破壞國體、竊據國土，或以非法之方法變更國憲、顛覆政府，而著手實行者，處七年以上有期徒刑；首謀者處無期徒刑。」第一百零一條第一項：「以暴動犯前條第一項之罪者，處無期徒刑或七年以上有期徒刑；首謀者，處死刑或無期徒刑。」第一百零三條第一項：「通謀外國或其派遣之人，意圖使該國或他國對於中華民國開戰端者，處死刑或無期徒刑。」第一百零四條第一項：「通謀外國或其派遣之人，意圖使中華民國領域屬於該國或他國者，處死刑或無期徒刑。」

3 解嚴後，立法院通過「戒嚴時期不當叛亂暨匪諜審判案件補償條例」，設立「不當審判補償基金會」，針對白色恐怖時期冤、錯、假案，由政府出資辦理補償業務、名譽回復、紀念、關懷及撫慰活動。截至二〇一四年九月六日，共受理一萬零六十二件申請案，結案率達百分之九十九點九九。周思宇，〈真相仍未明不當審判補償基金會明熄燈〉，《自由時報》，二〇一四年九月七日 https://news.ltn.com.tw/news/politics/paper/811188

4 國家發展委員會檔案管理局，〈反共抗俄〉，https://art.archives.gov.tw/Theme.aspx?MenuID=524

5 中共歡迎外省籍國民黨軍政人士回中國大陸走走看看是早在一九五〇年代就已經開始，但是邀請台籍人士，特別是土生土長的台灣人（在一九四九年之後才離開台灣的），則較晚對他們提出邀請。

6 如陳逸松、陳少廷。甚至有報導指出一九七一年十二月十三日白宮國安會幕僚何志立（John H. Holdridge）寫了一份備忘錄給尼克森總統國安事務特別助理季辛吉，這份文件提到曾經代表民進黨參選一九九六年總統大選的彭明敏，一九七一年當時，曾在美國主動找上約翰．謝偉思，謝偉思在中共建政前，曾經在美國駐中國大使館工作，立場偏左，經常批評國民黨政府，中共當局把謝偉思看做是美國的民間友人，彭明敏希望謝偉思到中國大陸訪問時，拜託當時的總理周恩來，能協助安排他訪問中國大陸。彭明敏則表示否認。他表示一九七〇年抵美時，美中已開始秘密接觸，當時有位美國退休外交官曾傳話，說周恩來希望他訪中，還說中方希望他最好先派一親信前往為他鋪路，那是傳話，他從未主動表示欲訪問中共。接續又有見過周恩來的美國人傳話，說周恩來向他致意。周還向人探問，想知道他之前在日本被炸傷的是左手還是右手。後來周恩來又傳話說，本來中國宣傳台獨運動是美日帝國主義的傀儡，但後來已不認為台獨運動是美、日帝國主義的傀儡，已瞭解台獨問題的複雜性。周恩來最後甚至託人傳話，建議他訪問中共的具體日期，但後來因為當時日本首相訪中，內外情勢及周恩來身體的健康問題，沒有進展。參見〈訪中？彭明敏：又不是瘋了〉，《自由時報》，二〇〇六年九月二十六日，https://news.ltn.com.tw/news/politics/paper/93920

7 以一九七六年為例，該年國建會分為八組：文教發展、工商發展、財稅金融、交通建設、農村建設、社會福利、衛生保健及都市建設。一九九五年是最後一次在台灣召開的國建會，其總主題為「迎向二十一世紀：中華民國發展目標與策略」。共分為社會福利、財經建設、交通建設、文教發展、科技發展、醫藥衛生、環境保護、勞動問題、農業建設及兩岸關係等十組。

8 一九七九年的第八屆國建會是美國對中華民國撤銷外交承認後的第一次國建會，蔣經國特別出席致詞，表示

「希望各位在討論的時候，能夠在空間上，顧及個體與整體的平衡發展；在時間上，顧及短程與長程的互相配合。更希望各位知無不言，言無不盡；不客套、不保留地貢獻寶貴的意見。對於各位的建議，本人保證以最認真的態度來處理。做得到的，一定採行；有困難的，也會作一個明確的交代」。參閱鹿加，〈為國家獻忠言，為歷史作見證——六十八年第一次國建會紀盛〉，《台灣光華雜誌》，一九七九年八月，https://www.taiwan-panorama.com/Articles/Details?Guid=4165c6b0-4a53-49ab-b61f-bbddc7e2d7cd&CatId=1

9 一九七一年在美國與中國改善關係、台北的聯合國席位岌岌可危時，美國突然又表示「台灣主權未定」，就是最好的例子。

10 《中華民國憲法增修條文》第四條：「立法院立法委員自第七屆起一百一十三人，任期四年，連選得連任，於每屆任滿前三個月內，依左列規定選出之，不受憲法第六十四條及第六十五條之限制：一、自由地區直轄市、縣市七十三人。每縣市至少一人。二、自由地區平地原住民及山地原住民各三人。三、全國不分區及僑居國外國民共三十四人。前項第一款依各直轄市、縣市人口比例分配，並按應選名額劃分同額選舉區選出之。第三款依政黨名單投票選舉之，由獲得百分之五以上政黨選舉票之政黨依得票比率選出之，各政黨當選名單中，婦女不得低於二分之一……」

11 憲法增修條文規定「總統、副總統由中華民國自由地區全體人民直接選舉之，自中華民國八十五年第九任總統、副總統選舉實施。總統、副總統候選人應聯名登記，在選票上同列一組圈選，以得票最多之一組為當選。在國外之中華民國自由地區人民返國行使選舉權，以法律定之。」

12 總統發布行政院院長與依憲法經立法院同意任命人員之任免命令及解散立法院之命令，無須行政院院長之副署，不適用憲法第三十七條之規定。

第十九章　經濟全球化

1 參考：https://www.cuhk.edu.hk/hkiaps/pprc/LS/globalization/1_c.htm

2 Joseph S. Nye, Jr. & David Welch ,*Understanding Global Conflict and Cooperation: An Introduction to Theory and History*(Longman:2014), ch.2.

3 參見Timothy A. Kohler, Michael E. Smith, Amy Bogaard, Gary M. Feinman et al., "Greater post-Neolithic wealth disparities in Eurasia than in North America and Mesoamerica". *Nature* Vol.551, (November 2017), pp.619-623. Timothy A. Kohler and Michael E. Smith, editors, *Ten Thousand Years of Inequality: The Archaeology of Wealth Differences*. (Tucson:University of Arizona Press,2018).

4 周淼，〈日益擴大的全球貧富鴻溝與未來全球局勢的演變〉，二〇一五年四月十日，http://theory.people.com.cn/BIG5/n/2015/0410/c143844-26825836.html

5 林宗弘，〈台灣階級不平等擴大的原因與後果〉，《台灣經濟預測與政策》四十五卷第二期，二〇一五年，頁四五至六八。

6 張錫模，《全球反恐戰爭》，（台北：東觀文化公司，二〇〇六），頁五十至五一。

7 中華人民共和國商務部，〈中國入世承諾〉，http://www.mofcom.gov.cn/aarticle/Nocategory/200612/20061204000376.html

8 衛生福利部，〈社會安全網專區〉，https://www.mohw.gov.tw/cp-4435-47455-1.html

9 勤業眾信，〈全球製造業競爭力排名五國崛起威脅台灣〉，二〇一六年五月五日，https://iknow.stpi.narl.org.tw/post/Read.aspx?PostID=12397

10 〈經濟全球化下的前景與困境〉（一〇六年度中央大學余紀忠講座全文），二〇一七年八月二十三日，http://www.yucc.org.tw/news/column/7d936fdf5168740353164e0b7684524d666f820756f05883-1065e745ea64e2d592e59275b784f597d005fe08b1b5ea751686587

11 全球氣候變遷將影響各地人類的生活。科學界現在幾乎都同意，過去五十年來所觀察到的氣候暖化可歸因於人類的活動，而二十一世紀全球溫度估計會上升華氏二點五度到十度左右。這將導致氣候出現更劇烈的變化，有些地方會水患不斷，有些地方卻會缺水。北美所受影響將包括更劇烈的風暴、颶風、洪水、乾旱和土石流。自一九六〇年代以來，氣溫上升已使許多區域的不結冰季節（freeze-free season）變得更長，並導致全球積雪減少百分之十。冰河和冰帽正在融化。上個世紀海平面上升的速度，比過去三千年的平均速度快上十倍。

12 Malcolm Waters, *Globalization*. 2nd edition. London: Routledge. 2001.

第二十章　對民族國家與市場經濟的反省

1 〈亞馬遜雨林：創紀錄大火源於天災還是人禍〉，ＢＢＣ中文網，二〇一九年八月二十三日。以及，唐雅陵，〈巴西亞馬遜森林大火擴大全球壓力〉，中央社，二〇一九年八月二十四日。

2 根據UCDP/PRIO *Armed Conflict Dataset and Codebook*, version 4-2009；亦可參考Nils Petter Gleditsch, Peter Wallensteen, Mikael Eriksson, Margareta Sollenberg, and Håvard Strand, "Armed Conflict 1946-2001: A New Dataset," *Journal of Peace Research* 39:5 (September, 2002), p. 615-637.

3 吳佳晉，〈涉壟斷罰很大Google三年被歐盟罰近3千億台幣〉，《中時電子報》，二〇一九年三月三十日，https://www.chinatimes.com/realtimenews/20190320004829-260410?chdtv

4 Joseph S. Nye, Jr. & David Welch, *Understanding Global Conflict and Cooperation: An Introduction to Theory and*

History (Longman, 2014), ch.2.

5 外交部，《「台灣的國際法地位」說帖》，二〇一七年六月二十日，https://www.mofa.gov.tw/News_Content.aspx?n=E5B60D75EBD02E77&sms=779A2E76271875CF&s=A421F866010C8490

6 聯合國創立時有五十一個會員國，目前已接近兩百個。

7 所謂「碳交易」，就是世界各國同意採用市場機制，建立的以《聯合國氣候變化框架公約》作為依據的溫室氣體排放權（減排量）交易。二氧化碳、甲烷、氧化亞氮、氫氟碳化物、全氟碳化物及六氟化硫為公約納入的六種要求減排的溫室氣體，其中二氧化碳導致的問題最為嚴重，所以溫室氣體交易往往以二氧化碳為計算標準，並統稱為「碳交易」，其交易市場稱為「碳交易市場」。

目前，歐洲委員會的排放交易計畫實施的期間在二〇〇五年至二〇一二年，涵蓋範圍包括整個歐洲約六千家工廠。這些工廠目前每年已加總的二氧化碳排放量超過五億公噸。所以每一間工廠將被該國政府分配到可交易的排放配額，一單位配額等於一公噸的二氧化碳排放量。而在每一個承諾年終止前，每一間工廠將必須持有等於或大於其排放量的配額，或面對金錢上的處罰。同時在整年之中各工廠的排放量如少於其排放目標時，將能夠出售其配額，以供排放量多於該公司排放目標之公司購買。請見：劉彥蘭，〈氣候變遷前瞻：各國排放交易市場執行機制〉，社團法人環境資訊中心，https://e-info.org.tw/news/taiwan/special/2005/tasp2005-051.htm

八旗國際 5

國家的決斷

給台灣人看的二戰後國際關係史

作　　者／張國城
編　　輯／王家軒
助理編輯／柯雅云
校　　對／陳佩伶
封面設計／李東記
封面攝影／汪正翔

企　　劃　蔡慧華
總 編 輯　富　察
社　　長　郭重興
發行人兼出版總監　曾大福
出版發行　八旗文化／遠足文化事業股份有限公司
地　　址　新北市新店區民權路108-2號9樓
電　　話　02-22181417
傳　　真　02-86671065
客服專線　0800-221029
信　　箱　gusa0601@gmail.com
Facebook　facebook.com/gusapublishing
Blog　gusapublishing.blogspot.com
法律顧問　華洋法律事務所／蘇文生律師

印　　刷　前進彩藝有限公司
定　　價　480元
初版一刷　2019年（民108）10月
ISBN　978-957-8654-84-6

國家圖書館出版品預行編目（CIP）資料

國家的決斷：給台灣人看的二戰後國際關係史／張國城著. -- 一版. -- 新北市：八旗文化出版：遠足文化發行, 民108.10
　面；　公分. --（八旗國際；5）
ISBN 978-957-8654-84-6（平裝）

1. 國際關係　2. 國際政治　3. 當代史

578.1　　108017430